グループ内
組織再編

機能整備から実務まで

みずほ総合研究所＋あいわ税理士法人 [著]

東洋経済新報社

はじめに

　1990年代『選択と集中』を進めてきた日本企業は、連結会計制度導入後より一層、「連結子会社全てを含むグループ全体の企業価値を高めること」に関心を持つようになっています。

　他方、加速するグローバル化や新興国の成長、資源制約の高まりといった急激な構造変化の中、経営環境の不確実性・複雑性が高まり、商品・サービス等の短サイクル化が加速したことで、単体の事業が存続し続けることは、独自の優位性を築き上げた一部のものを除き大変難しくなっています。企業にとっては成長を目指す上でも、生き残りを図る上でも「グループ経営」という視点がより一層重要になっています。

　「グループ経営」といえば、かつては事業多角化や新規事業進出によって事業を拡大する経営スタイルのイメージがありましたが、近時は、企業を取り巻く経営環境の変化を見極め〔外部環境への適応〕、グループ全体の経営資源の最適再配分〔内部リソースの効果的な活用〕とその最適運営に軸足を置く経営スタイルへ多くの企業が転換しています。いかに、経営環境の変化に柔軟に適応し効果的な経営を追い求めていくのかが問われているといえます。

　〔外部環境への適応〕と〔内部リソースの効果的な活用〕を行うには、各企業がグループ形成の過程で築き上げてきたビジョン・方針、戦略、組織体制などの見直しを迫られることになります。それぞれの企業がグループを形成してきた過程は様々であり、グループ形成に至る沿革の中で積み上げられてきたビジョン・方針、それらの下で展開してきた各事業の戦略、事業遂行上の必要経営資源（ヒト・モノ・カネ・技術等）を、いつまでも変化しない本質的なものを忘れない中にも、新しく変化を重ねているものを取り入れていく「不易と流行」の考えに基づき、常に見直さなければなりません。国内・海外の社会・経済情勢などの外部動向を見据え、将来に向けた最適な組織体制を実現するための手段として、本書のテーマである「グループ内組織再編」に取り組む必要があります。また本テーマは、

近年の法制、税制等の制度改正による組織再編の取り組みやすさが向上してきたこともあり、脚光を浴びています。

「グループ内組織再編」を行うにあたっては、グループ内の事業と、ヒト・モノ・カネ・技術等の経営資源を再配置することになります。再配置を行う際には、事業については取引関係やそれに付随する権利義務、ヒトに関しては雇用契約をはじめとする人事・労務関連法規への影響、モノ・カネについては資産移転に係わる税務・会計処理とその影響など、実務上の様々な事項を検討していく必要があります。

「グループ内組織再編」は、経営環境への対応や最適資源配分といったグループの戦略にあわせた組織体制の追求と実務的事項（事業上の権利義務、各種法令への対応、税務・会計への影響の考慮など）を折り合わせて検討する難しさがあります。

本書の著者たちは、コンサルティングの現場で「グループ内組織再編」の数々のプロジェクトを経験し、組織再編遂行上の様々な問題に直面し、その問題に立ち向かい乗り越えた経験を持っています。本書は、そのコンサルティングの現場での経験を通じて培ったノウハウ・知見を、具体例を織り交ぜながら要点となる事項を凝縮して披露しており、グループ経営の企画・立案、管理等の業務に従事するマネジメント並びに実務担当者の皆様はもちろん、グループ経営に携われる経営者の方々にもご一読いただく価値があるものと信じております。

最後になりますが、本書の企画に賛同していただき、執筆の機会を与えてくださった東洋経済新報社の高井史之氏、大貫英範氏に深謝申し上げます。著者たちを温かく見守り、適切な指導をしていただいたことにより、無事に本書を世に送り出すことができたと思っております。

2012年2月

著者を代表して　佐野暢彦

目 次

はじめに　1

序章
本書の目的と構成

第Ⅰ部　最適なグループ経営を実現するために

第1章
グループ内組織再編の背景と全体最適の追求

1　法令・規制などの改正　15
2　経営環境変化への対応と全体最適の追求　15
3　全体最適を実現するためのグループ経営管理機能　17

第2章
組織再編の全体像（4つのステージ）

第1ステージ（基本構想策定）　24
第2ステージ（機能設計と組織再編スキームの策定）　31
第3ステージ（組織再編実行）　50
第4ステージ（運用整備）　59

第3章
事例に基づく組織再編実務上の留意点

事例1：子会社同士の合併　61
事例2：純粋持株会社への移行　66
事例3：事業子会社間の類似事業の集約　69

第Ⅱ部　税務・会計上の論点と実務のポイント

第4章
グループ内組織再編の会計

1　組織再編に関する会計基準の概要　76
2　結合企業の会計処理　79
3　分離元企業の会計処理　95
4　結合当事企業の株主の会計処理　99
5　のれんの会計処理　106
6　組織再編に伴う損益　108
7　現物配当の会計処理　114
8　組織再編時の税効果会計　116
9　純資産の部の会計処理　119
10　監査法人対応　121

第5章
グループ内組織再編の税務

1　組織再編税制の概要　123
2　繰越欠損金の引継ぎと使用制限　134
3　特定資産譲渡等損失の損金算入制限　142
4　株主課税（みなし配当と株式譲渡損益の計算）　145
5　株式等の取得価額　149
6　資産調整勘定　149
7　グループ法人税制の影響　152
8　海外子会社への現物出資　154
9　包括的租税回避防止規定について　157
10　その他諸税の取扱い（不動産取得税・登録免許税・消費税）　159

第6章 グループ内組織再編の事例紹介

1　現物分配による孫会社の子会社化　164
2　株式交換による100％子会社化　166
3　100％子会社間における分割型分割　168

第Ⅲ部　法務・諸手続き上の論点と実務のポイント

第7章 組織再編の必要手続きの概観

1　吸収合併　174
2　会社分割〜吸収分割〜　176
3　会社分割〜新設分割〜　178
4　株式交換　180
5　株式移転　182
6　簡易組織再編　183
7　略式組織再編　184

第8章 基本合意書作成から株主総会承認までの主な検討事項と実務ポイント

1　基本合意書の作成　186
2　基本的書面の記載事項　188
3　株主総会にかかわる検討項目　203
4　債権者保護手続きにかかわる検討項目　204
5　組織再編と開示　206
6　許認可にかかわる検討項目　209
7　新設分割設立会社の定款作成　211

8 労働契約承継法に係る検討項目〜会社分割の重要ポイント〜　213

第9章
株主総会承認から新体制発足までの主な検討事項と実務ポイント

1 登記関連の手続き　215
2 独占禁止法の手続き　217
3 人事・労務の諸手続き　218
4 組織関連の諸課題　219
5 個別取引契約の見直し　220
6 庶務関連その他の手続き　222

索引　224
著者・執筆者紹介　226

序章

本書の目的と構成

　本書では、筆者達がこれまでに携わってきたコンサルティングの現場における経験をもとに、グループ内の組織再編がどのような背景で注目され、どのような検討が行われ、実際にどのような手続きが行われているか、そして、どのような点に注意を払うべきかを読者の皆様にお伝えしたいと考えています。

　グループ内組織再編をテーマとして取り上げるのは、近時、グループ経営が本格的に注目を浴びている中、グループ内各事業の遂行強化やグループ経営の管理体制整備を行うにあたって組織再編が活用されることが多く、企業経営にかかわる方々にとって関心の高いテーマと考えているからです。そして、その関心の高さは、実際に組織再編を活用する際には、高度な経営判断と実務上の専門的判断の2つの観点を同時並行的に検討していく難しさがあり、「グループ経営」に携わる経営者・実務者の方々にとって組織再編の活用は、経営上の重要な事項として早期に対処しなければならないものの一筋縄では取り組みができないテーマとして認識されていることが一つの要因であるのではないかと考えています。

　この高度な経営判断を要する観点としては、親会社のグループ全体のビジョンや戦略の明示方法、グループ内事業の強化方法、グループ内事業の強化とグループ全体最適とのバランスをはかるための調整、グループ内の評価・モニタリング方法等にかかわる事項があり、これら事項について、方針・戦略の立案と管理運営があります。一方、極めて実務上の専門的な判断を要する観点としては、税務面の影響、人事・労務上の影響、各種法令の遵守、許認可事業の取扱いなどがあ

図表序-1　組織再編の検討領域

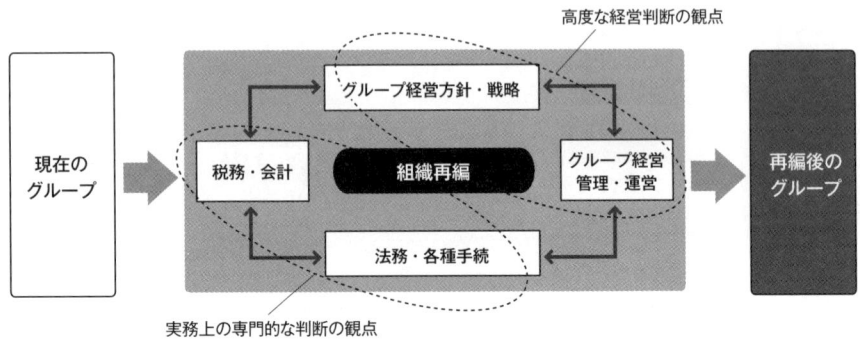

り、これらは主に、税務・会計処理にかかわる部分と、法務、各種手続きに係る事項に大別できます。組織再編を行う場合には、両者を合わせて行わなければならないという難しさがあります（図表序-1）。例えば、経営判断として、事業推進上の最適な人材配置を考えたとしても、実務的な観点では、既存の人事・労務制度や組織再編税務の税制適格要件（従業者引継要件）への影響などで、思ったとおりの人材の異動ができないこともありえます。組織再編を有効に活用するためのアプローチ方法並びにアプローチの各プロセス（ステージ）における留意すべき事項を明示することにより、この「グループ経営」に携わる皆様の役に立ちたいと考えています。

ここでいう「グループ経営」とは、「経営理念やグループビジョンといったグループの方向性を明確に示し、グループの方向性に基づきグループ内の各事業の強化とグループ全体最適のバランスを保って遂行できるよう、戦略立案・遂行や事業遂行支援、管理業務統括、ガバナンスといったグループ全体の管理機能を整備し、適切に運用すること」と定義します（図表序-2）。

本書では、「グループ経営」を効果的に実現するための組織再編（グループ内組織再編）をテーマとしています。一方、グループの成長戦略を担うM＆Aや共同持株会社の設立といったグループ外部の会社と行う組織再編については、本書では原則対象としておりません。本書では組織再編を通じたグループの経営管理面の整備にも主眼を置いており、グループ外部との組織再編については、対外的

図表序-2 「グループ経営」における必要機能

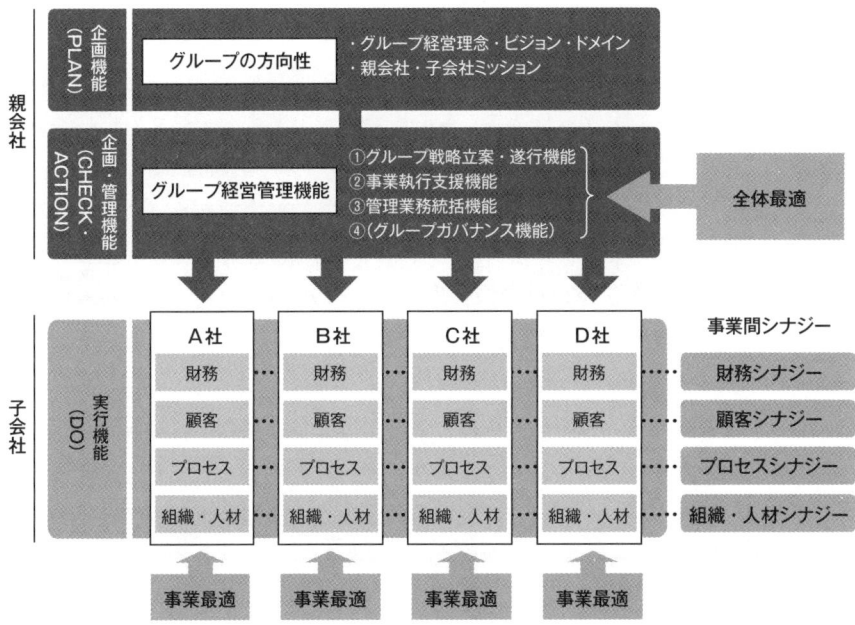

な折衝や事業・業務の統合等に重きが置かれている点で、グループ内組織再編とは一線を画すものと考えているからです。

　本書で取り上げるグループ内組織再編では、組織再編と同時に、グループ経営の管理体制を整備するケースが多いと思われます。組織再編による持株会社体制移行や、親会社・子会社間の事業分野の調整では、組織再編の実行と同時に親会社の体制の見直しが行われます。親会社の体制の見直しとは、親会社が担う経営管理機能や機能を遂行するための業務、その業務を担う人材（ヒト）や機能・業務に係る各種資産等（モノ・カネ他）の見直しをさし、「グループ経営」の観点からそれら経営資源（ヒト・モノ・カネ他）を再配置することに他ならないと考えます。

　では、なぜグループ内の組織再編が行われるのかについて考えてみます。それは、社会・経済情勢の変化や市場のグローバル化に伴う競争環境の変化など、グループを取り巻く市場・事業環境が大きく変化しており、その変化に対して適切

な体制を整える必要があるからと言えます。グループを取り巻く市場・事業環境の変化はグループ内の事業戦略に大きく影響を与えるでしょうし、事業戦略だけではなく、グループ全体の戦略や場合によってはグループのビジョンの見直しも迫られる可能性も否定できません。またグループ内部に目を向けても、当初は有効な経営資源（ヒト、モノ、カネ等）を配置できていてもグループの成長の過程のなかで、人材配置や資産配分に偏りが生じ、現状の事業遂行面での阻害要因となっているケースも散見されます。このように、外的要因である事業・経営環境が大きく変わり、内部要因であるグループ内の経営資源配分に偏りが生じつつあるなか、グループ内の個々の事業の強化とグループ最適のバランスをとりつつ、グループ内の経営資源を適切に配分し、事業遂行や管理業務を管理・運営する「グループ経営」が問われているといえます。

グループの組織再編を遂行するには、大まかに2つの観点からの検討を要すると考えます（図表序-1）。一つは、企業のグループビジョン、グループ戦略に基づく事業遂行体制の構築やグループ経営資源配分、さらにはグループのガバナンスをはじめとするグループ経営管理機能の設定から管理運営まで、高度な経営判断にかかわる観点です。この観点に基づき組織再編構想が策定され、また組織の機能設計が行われます。もう一つの観点が、税務・会計、法務、人事・労務など実務上の専門的判断に係る観点であり、組織再編構想に基づく再編スキームを選択する際や、再編スキームに基づく実行段階に大きく影響を及ぼします。

組織再編を実行するか否かの判断は、上記に示した2つの観点（高度な経営判断と実務上の専門的判断）から組織再編を行った場合が組織再編を行わない場合よりメリットを多く享受できるか否かについて、尺度の異なる観点を織り交ぜて検討することになります。

異なる尺度のいくつかを図表序-3に示していますが、例えば享受できるメリットとして、組織再編を行うことにより、グループ経営の有効性（グループ方針・グループ戦略との親和性の高い組織体制の構築や、組織運営の効率性の向上など）の向上が見込まれるのに対して、デメリットとして、組織再編の実務上発生するコストやリスクがあります。これらを比較考量して、組織再編を行うか否かを決定する必要があります。

以下本編では、グループ内組織再編について「グループ経営」の観点からのア

図表序-3 グループ内組織再編におけるメリット・デメリット

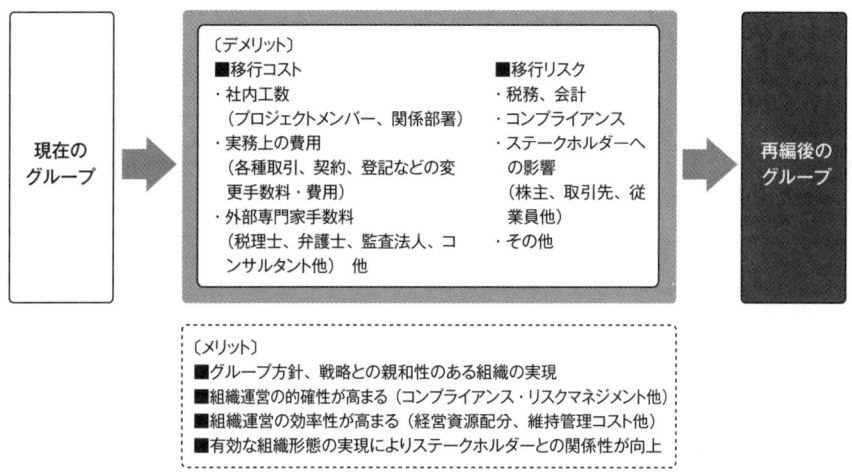

プローチと組織再編の実務上のアプローチを行いつつ、実際の企業の現場で組織再編の遂行がどのように行われているかについて解説します。その上で、専門的な検討を要する税務・会計、法務、それらと同様に検討を要する諸手続きについて、実務面での留意すべき事項を解説します。

　本書は、3部構成となっています。
　第Ⅰ部「最適なグループ経営を実現するために」では、「グループ経営」の観点を中心に、組織再編実現に至るまでの基本構想、グループ経営管理機能設計と同時に検討されるべき組織再編スキーム（手法）の検討時の留意点を例示し、実例を交えた解説を行います。経営層、企画部門、管理部門の役職者を主なターゲット読者として解説をしています。
　第Ⅱ部「税務・会計上の論点と実務のポイント」では、組織再編の実務上大きな影響を及ぼす、税務上の取扱い並びに会計処理上の課題を中心に詳細な実務内容を織り交ぜながら解説しています。グループ経理・グループ財務部門に携わっている方々を主なターゲット読者としています。
　第Ⅲ部「法務・諸手続き上の論点と実務のポイント」についても、第Ⅱ部と同

様、組織再編上の実務上大きな影響を及ぼす、会社法を中心とする法務面や実務上の諸届け等の手続き面について、留意点を明記しつつ解説しています。グループ総務、法務、経営企画部門に携わっている方々を主なターゲット読者としています。

第Ⅰ部 最適なグループ経営を実現するために

第1章

グループ内組織再編の背景と全体最適の追求

　経営環境が目まぐるしく変化する現在、企業ビジョンや経営方針に則して設定された企業戦略は、様々な観点で見直しを迫られることが少なからず起こっています。例えば、市場環境に合わせたビジネスモデルの刷新などの事業再構築を行うケース、新規事業領域進出や、機能強化の一環として積極的なM&Aの活用を取り入れるケース、また、重複事業の集約やノンコア事業を切り出すケース等が考えられ、それ以外にも様々なケースが想定されます。これらの戦略上の見直し（事業再構築に係る全社戦略の再設定、新たな成長戦略の採用、既存事業集約・事業の切り出し等の既存戦略の見直し）に伴い、見直した戦略との整合性を保ちつつ、事業遂行上の最適組織を実現するため組織再編が行われることがあります。

　現状の大企業・中堅企業においては、複数の事業を営むと共に、いくつかのグループ会社を保有していることが大半です。複数の事業、会社を有する場合、それぞれの事業・経営環境が変化することに応じて、事業・企業単体の強化とグループ企業全体最適とのバランスを図りつつ、グループビジョン、グループ戦略に基づく「グループ経営」を遂行することになります。「グループ経営」を遂行していく上で、事業最適、全体最適のバランスを図りつつ、戦略遂行のため適切な経営資源配分を行う、グループ経営を適切に行うための経営管理機能の整備が欠かせません。

　ここでは、「グループ経営」を遂行するためのグループ経営体制がどのように検討されているか、背景を整理しつつ確認をします。

1　法令・規制などの改正

　グループ経営に係る法令・規制に関する大きな流れとしては、国際会計基準導入による単体の企業情報から連結の企業情報がディスクロージャーの中心となっています。

　税制面では、2001年の組織再編税制の導入や2002年連結納税制度、2010年グループ法人税制などにより、企業グループを前提とした制度改正が行われています。法改正では、1997年独禁法改正による純粋持株会社の解禁、2006年会社法施行などがあり、1990年代の後半から現在に至るまで、法令・規制の改正に伴い、グループ管理のさまざまな仕組みが導入可能になりました。

　とりわけ、会社法における内部統制システムに関する取締役会決議や金融商品取引法で要請される財務報告にかかわる内部統制への対応など、グループ経営に大きな影響を与える制度が制定されて以降は、事業モデル転換のためのグループ組織の大幅な見直しや、海外の各地域特性に合わせた円滑な事業活動を行うための統括会社の設置や、事業の多角化や新規事業進出による事業拡大が行われています。

　法令・規制の改正では、企業グループを前提としたコンプライアンスやリスクマネジメントといった企業統治にかかわる各種規制が強化される一方で、組織形態の見直しにかかわる法制、税制が整備されてきているといえます。

2　経営環境変化への対応と全体最適の追求

　社会・経済情勢が大きく変化し、市場のグローバル化が進行する中、企業グループが置かれている経営環境は大きく揺れ動いています。企業グループとしてこの経営環境変化に如何に対応するかの巧拙が、企業グループの存続に影響することでしょう。

　ここで、企業グループにとっての経営環境を考えてみます。経営環境の捉え方にはいくつもの解釈があろうかと思いますが、ここでは、大きく外部環境と内部環境に区分けして考えます。

外部環境は、社会・経済情勢といった大きな要素もありますが、直接的な影響を受けるのが企業グループ内に保有する各事業が置かれている事業環境になるでしょう。事業環境を言い換えれば、事業上の競合会社との競争環境ということになります。競争環境は事業ごとに異なりますので、保有する事業の数だけ対応すべき競争環境があることになります。単一の事業（競争）環境に対応するだけでも、その事業が属する事業環境の変化に応じた事業の再定義（市場の捉え方とビジネスモデル）やポジショニングが必要となるなどの事業戦略の変更や、戦略変更に伴う事業推進体制・組織の見直し等、経営上の様々な取り組みが必要となります。これが複数の事業環境への対応となれば、個別事業だけではないグループ全体最適の観点から事業戦略、推進体制、組織等の調整を行うなど、さらに多くの経営上の取り組みが必要となります。これら体制・組織の見直しは、事業プロセス（購買・物流、製造、生産物流、販売・マーケティング、サービス）と管理業務（人事・労務、総務、経理など）のいわゆるバリューチェーンの見直しへとつながります。

　内部環境は、グループ内における経営資源（ヒト・モノ・カネ・技術・情報など）が主な要素となります。先ほど説明した外部環境への対応から事業推進体制や組織の見直しが行われ、バリューチェーンが見直されると、同時並行して人材、資産、商流といった経営資源が再配置されます。また、永年の様々な過程を経て形成された企業グループですので、その当時は必要と思って投資した事業や資産が、現時点ではその必要性が薄れていることもあり、将来を見据えた最適な経営資源の配置が求められるでしょう。

　このような外部環境、内部環境を合わせた経営環境の変化から、事業の「選択と集中」が迫られ、グループ事業の強み・弱みの明確化や事業領域の重複・不足の解消（再編）など、より効率的・効果的な「全体最適」の視点が追求されるようになっています。全体最適が実現されている状態とは、グループ内に保有する個別の事業遂行それぞれが計画通りに行われ、各々事業間でのコンフリクトが発生せず、相乗作用が発揮できている状態と考えます。

　また、執行役員制度やカンパニー制度など権限委譲の範囲拡大や意思決定の迅速化が進む一方で、社会や投資家から企業グループ全体のガバナンスとグループ各社に対するリスク監視機能強化の要求もあり、グループ経営にかかわる機能強

化が求められています。

　グループの全体最適を実現させるためには、事業遂行面とガバナンス面から、明確化されたグループの方向性（理念、ビジョンなど）に基づき、グループ会社への指示命令系統や権限と責任を整理したうえで、グループ全体最適実現のための必要な機能を整備する必要があります。

3　全体最適を実現するためのグループ経営管理機能

　グループの全体最適を実現するために、事業遂行面とガバナンス面から、グループ経営管理に係る機能整備が求められていることを説明しました。全体最適を実現し、グループ価値の向上を図るために必要な機能（＝グループ経営管理機能）として、便宜的に4つに分類して整理をしています。
①グループ戦略立案・遂行機能
②事業執行支援機能
③管理業務統括機能
④グループガバナンス機能

①グループ戦略立案・遂行機能
　この機能は、グループ経営理念・ビジョン・ドメインといった企業グループにとっての羅針盤というべき方向性に基づき、その方向性に向かって、いつまでに（when）、どの事業領域で（where）、どのような経営資源を使って（who、what）、どのような戦略をもって（how）遂行していくのか、立案から遂行までを主に検討する機能と位置づけます。そしてこれら立案から遂行に至るまでの検討の中で、このグループ戦略立案・遂行機能は、グループのドメインや場合によってはグループビジョンなどについて、そもそもの目的（why）についての見直し（新規事業分野への進出や、既存事業の撤退他）を検討する機能を併せ持つものとして、本書では定義します。当該機能においては、親会社事業部や子会社・関連会社が策定する事業計画について、事業計画の立案、ないしは策定された事業計画の査定といった形で関与します。主に経営企画部門における機能と言えます。

②事業執行支援機能

　グループ内各事業における一連の事業活動である、目標設定と数値計画などの事業計画の策定、目標設定、予算策定、業績の事業執行上の親会社事業部門と子会社・関連会社間、子会社・関連会社間の調整や業績指標の設定、指標のモニタリングを行う機能と定義します。グループ内の事業執行の推進と、事業間調整を行う企画部門、関連会社管理部、事業統括部などにおける機能といえます。

③管理業務統括機能

　グループ全体の管理業務である、経理・財務、総務、人事・労務、システム、法務、広報、CSRなどの活動について、グループ全体の視点で管理調整を行う機能として定義します。当該機能においては、ヒト、モノ、カネ、情報といった、経営資源を扱う機能として、②事業執行支援機能との連係が重要になります。

④グループガバナンス機能

　グループのビジョンやグループ戦略に基づき、遂行される事業活動や管理活動の各業務が適正に行われるよう、法令遵守やリスクマネジメントの観点を含め、調整する機能として定義します。グループ経営に携わる取締役（会）、取締役の執行状況を監査する監査役（会）、内部監査、内部統制、コンプライアンス、経営計画、財務、総務、関連会社管理など、経営全般にかかわる機能と言えます。

　上記①～④のグループ経営管理に必要な諸機能を整備していく上では、以下の2つの観点から整備を進めていくべきと考えます。
・事業遂行面を中心としたグループ経営管理機能整備（主に①②③）
・ガバナンス面を中心としたグループ経営管理機能整備（主に④）
　まず、事業遂行面を中心とした経営管理機能整備についてです（図表Ⅰ-1-1）。
　企業経営においては、本業である各事業が適切に運営され、その結果として収益性や企業価値の向上に結びつくことが求められます。そして、その事業を複数所有していることから"グループ経営"が行われます。
　グループ経営では、事業各々の最適化（事業最適）がグループ全体の最適化（全体最適）に必ずしも結びつかないことから、全体最適の観点から事業遂行をどの

図表 I-1-1 「グループ経営」における必要機能（再掲）

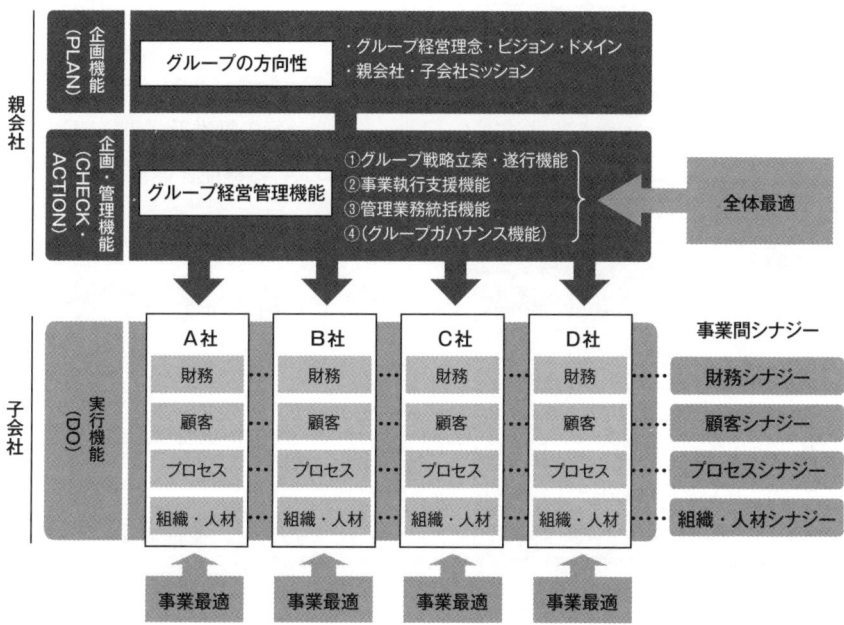

ように調整していくかがポイントとなり、その観点からグループ経営管理機能を整備していく必要があると考えられます。

例えば、新製品の開発のため積極的な投資を行うメーカーの事例を考えてみます。商材ごとに事業を分け、それぞれの事業で研究開発を行う場合、個別事業にとって最適な研究開発を追求することになります。しかし、複数の事業を効果的・効率的に運営する観点（事業間シナジーの追求）からは、事業間で重複するような研究開発テーマについては一元化を図ったり、各事業で活用可能な汎用性の高い研究開発のテーマに優先的に投資配分を行うなど、効率的な投資を行うことなどが必要となります。

ただ、一概に事業間のシナジーを追求すべきとはいえません。ある事業では競合他社との熾烈なシェア争いをしており、差別化のためには、新商品開発が欠かせない場合など、個別事業への投資を優先的に行うことが必要な場合もあります。

ここで、事業最適と事業間シナジーのどちらを優先させるのか、適切な判断を

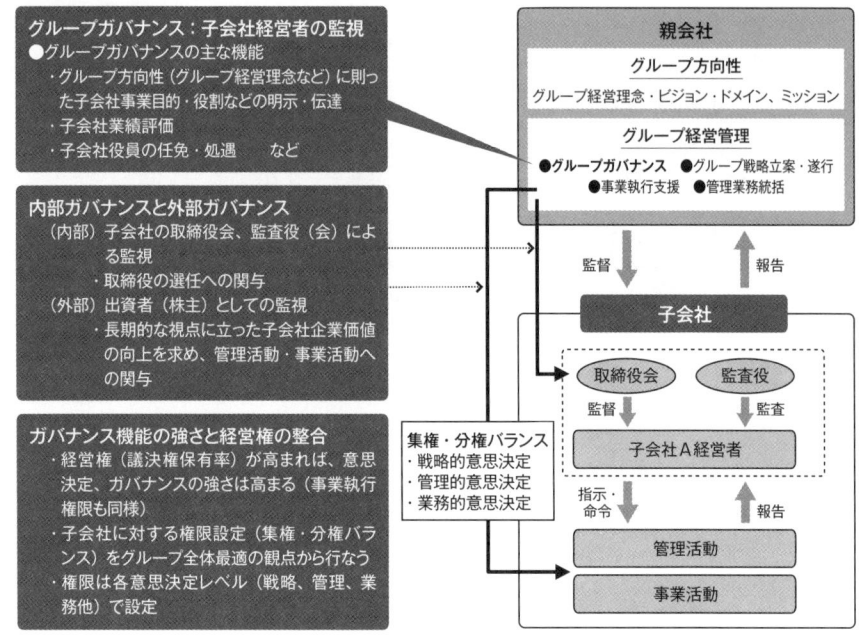

図表Ⅰ-1-2　グループガバナンス機能の設計

行いつつ、全体最適を追求することとなります。その際の適切な判断の拠り所となるのが、グループ全体の方針や戦略、グループのドメイン、ミッションなどグループの方向性になります。グループの方向性に基づき、経営資源配分や事業遂行、各種管理活動をグループ全体の視点で統制します。その統制を行うための管理機能としてグループ経営管理機能を整備していくことになります。

　次に、ガバナンス面を中心としたグループ経営管理機能の整備です（図表Ⅰ-1-2）。

　ここで対象となるガバナンスは、子会社経営者の監視になります。一般論としてガバナンスは、内部のガバナンス（取締役会、監査役（会）など）と外部のガバナンス（株主、出資者）の双方の監視が働くことになります。

　親会社は、株主の立場として子会社の取締役の選任もできますし、子会社の管理活動・事業活動に関しても、グループ経営者の立場で各種規程や契約（関係会

社管理規程、経営指導契約他)に基づき大きな影響力を行使できます。親会社が大きな影響力を持っているが故に、子会社が事業遂行面で親会社への依存体質が抜けきれず自主運営ができないといった問題や、親会社(もしくは親会社株主)の専横により、子会社において恣意的な取引を強要されるなどの不正行為が発生してしまうなどの問題を抱える懸念があります。そうした問題が発生しないようにグループ全体の方向性を明示・伝達したり、子会社に対する適切な権限を付与したり、また子会社で行われている様々な活動が適切に行われているかをチェックするなど、子会社管理上の適切な管理機能を整えていくことになります。

グループ経営管理機能と整合性を保ちつつ整備を進める各種制度として、組織業績評価制度、グループ人材管理制度などが考えられます。個別事業の推進にかかわるPDCAと、事業間連係に係るPDCA、グループ全体最適の推進にかかわるPDCAのそれぞれをバランスよく運営していく必要があると考えます。

事業間連係を行うためには、個別事業、事業間、グループ全体でそれぞれの観点で必要となる情報を互いに共有すべきであり、親会社・子会社間における経営情報の伝達・吸い上げだけではなく、事業会社間、部門間などでも共有する必要があり、そのために各種会議体の設置やグループウェアなどハード面の整備と、会議体で共有された情報の組織内への伝達ルール等のソフト面の整備が必要となります。

また、PDCAを適切に回すためには、それぞれの事業活動や部門活動が適切な業務として構築されている必要があると同時に、業務遂行について適切な評価・改善ができる仕組みや、組織・部門における適切な評価制度の設定が必要となります。

そして、適切な制度や仕組みがあったとしても、その制度・仕組みを運営していくのは人材に他なりません。適材適所に人材を配置できる仕組みが必要となります。

グループ経営管理の実効性を高めるためのポイントとして、グループで有する各々の事業が適切に運営されるように事業最適、事業連係とのバランスを取りながら、全体最適の観点で経営管理が行えるように適切な機能設計を行うことは前述した通りです。

グループの方向性に基づき事業遂行は行われるものの、事業環境は顧客動向、

競合他社動向、市場動向など絶えず変化することから、グループ経営管理機能に求められる役割が変化することを十分想定しておく必要があります。子会社の自主性をより推進するのであれば、子会社の権限付与を拡大していき、それに伴い、モニタリング項目も強化し牽制機能を強化させるなど、その時々の状況に合わせた機能設計を行っていく柔軟性も求められます。

最後に、グループ経営管理機能は運用面では業務活動として整理され、それぞれの業務を担当する人材が割り当てられることになります。適切に設計された機能が効果的・効率的に運用されるためには、人材の育成が欠かせません。機能を適切に設計することと、育成された人材が適材適所に配置されることを、両立させていくことが必要となります。

これまでグループ内組織再編が行われる背景を確認しつつ、「グループ経営」に必要な機能の整備の重要性を指摘しました。目指すべきグループ経営体制を構築するためには適切にアプローチする必要があります。以下では、グループ内組織再編をどのように実行していくのか、アプローチの全体像とアプローチの段階（ステージ）ごとの留意すべき事項を解説します。

第2章

組織再編の全体像
（4つのステージ）

　グループ内組織再編の目的は"グループ経営の有効性を高めること"に尽きるといえます。グループ経営ビジョン実現のための最適な経営体制の実現、中堅・中小企業を中心とするいわゆるオーナー企業の円滑な事業承継の遂行、重複事業、業務の集約化による効率的な経営の実現、経営と事業の執行を分離し機動的な事業執行ができる体制の実現のためなど、様々な目的のもとで組織再編が行われます。以下では、グループ内の組織再編を実行に移すまでにどのような検討が行われているのか、一般例に基づいた全体像を示し、その中で特にポイントなる事項を列挙し説明します。

　グループ内の組織再編を行うにあたっては、企業グループ全体のビジョンや戦略（以下、グループ戦略）を踏まえてグループ組織体制を検討することが大前提となります。あるべきグループ組織体制に対して、現状のグループ組織体制との乖離（ギャップ）を組織再編という手段を講じて改善を行う。これがグループ内組織再編の実質的な中身ということになります。

　グループ内組織再編のプロセスを、図表Ⅰ-2-1に示した4つのステージ「基本構想策定ステージ」「機能設計・組織再編スキーム策定ステージ」「組織再編実行ステージ」「運用整備ステージ」に区分けしています。本書では、基本構想段階から、組織再編実行までを主な対象とし、人材の育成・活用の色採の強い「運用整備ステージ」を除く3つのステージそれぞれでどのようなことを検討すべきかについて解説します。

図表 I-2-1　グループ内組織再編の4つのステージ

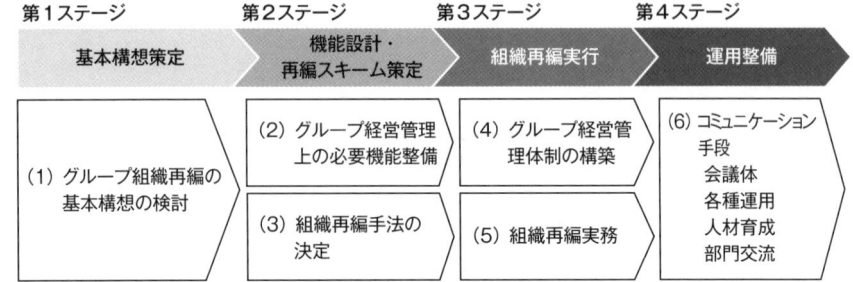

第1ステージ（基本構想策定）

　このステージでは、グループ戦略を踏まえたグループ組織のあり方である「グループ組織構造」を検討します。グループ組織構造を設計していく上では、グループ内の事業と機能、経営資源（ヒト・モノ・カネ・情報など）をバランスよく配置していくことを検討します。

　例えば複数の事業を保有するA社があり、A社が保有する事業の一つに工作機械の製造・販売事業Xがあったとします。事業Xの大口顧客が、大手メーカー甲であり、その大口顧客であるメーカー甲が、調達活動について地方の生産拠点に実質的な権限委譲を行ったとします。A社事業Xにとって、大口顧客甲社との取引維持拡大が生命線であるとした場合、甲社の調達活動変化に対してどのように対応するかが重要な経営課題となります。

　この経営課題に対して、甲の生産拠点との接点を有する現地で迅速な意思決定を行えるように、今まで本社にあった販売部門と合わせて製造部門を分社化する方針を立てたとします。（図表 I-2-2）。

　ここでは、分社化するというグループ内組織再編の方針を踏まえて、グループ内再編を行うか否かを、組織再編を行うことのメリットからデメリットを差し引いたものと、現状のままでいる場合のメリットとデメリットと、どちらがグループ経営にとって価値ある行動となるかを選択することになります（図表 I-2-3）。

図表 I-2-2　グループ内組織再編検討事例

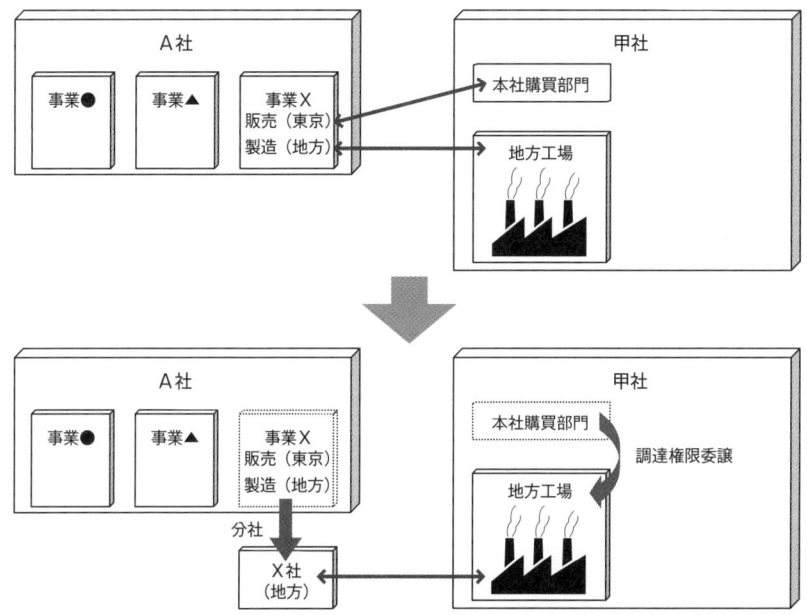

　図表 I-2-2のケースでは、事業遂行上は、事業Xにとっての大口取引先との接点強化が重要なものであれば、甲社の生産拠点の近隣にて機動的な意思決定がしやすい体制移行はメリットがあるといえます。メリットがあるといっても、事業Xにとってのみメリットがあるのか、A社の他のグループ事業にも波及効果があるのかでも享受するメリットの大きさも変わります。

　一方、組織再編に伴い、事業Xの営業人員や資産が分社化されたX社に移る組織再編上の実務手続きに伴う作業負荷や、法対応、税務対応などの手続き疎漏によるリスクを抱えます。また人材の異動にかかわる人事・労務上の制約や、事業継続にかかわる許認可への対応など様々な作業負荷、リスクを抱えることになるとともに、不動産等の資産を移転する場合には、移転にかかわる登記費用他コスト面も考慮する必要があります（組織再編のデメリット）。

　上記のように、組織再編を行わなければ、組織再編に伴う様々な負荷やリスクを抱えずに済みますが（現状維持のメリット）、現状のままでは大口取引先甲社の

図表 I-2-3　グループ内組織再編の主な目的と再編遂行の判断

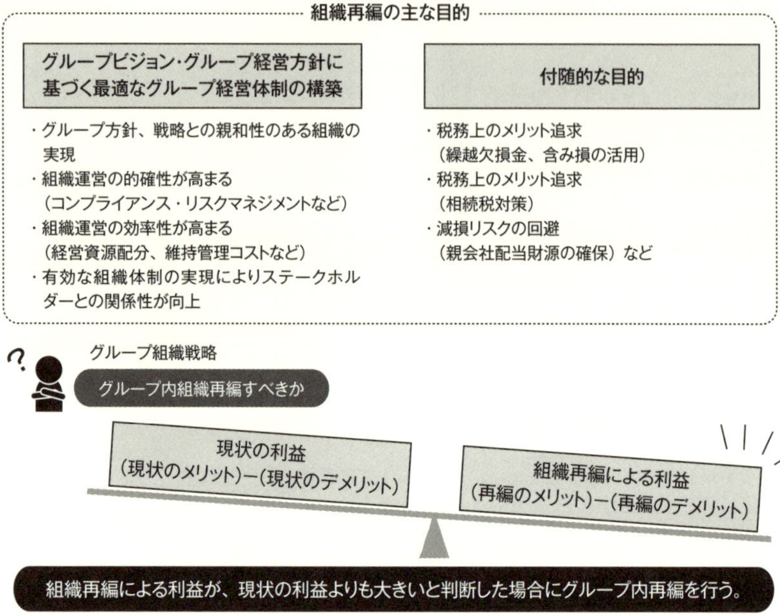

組織再編の主な目的

グループビジョン・グループ経営方針に基づく最適なグループ経営体制の構築
- グループ方針、戦略との親和性のある組織の実現
- 組織運営の的確性が高まる（コンプライアンス・リスクマネジメントなど）
- 組織運営の効率性が高まる（経営資源配分、維持管理コストなど）
- 有効な組織体制の実現によりステークホルダーとの関係性が向上

付随的な目的
- 税務上のメリット追求（繰越欠損金、含み損の活用）
- 税務上のメリット追求（相続税対策）
- 減損リスクの回避（親会社配当財源の確保）など

グループ組織戦略
グループ内組織再編すべきか

現状の利益（現状のメリット）−（現状のデメリット）　⇔　組織再編による利益（再編のメリット）−（再編のデメリット）

組織再編による利益が、現状の利益よりも大きいと判断した場合にグループ内再編を行う。

生産拠点との接点が薄れ、取引維持がやっとで、取引が縮小していく可能性があります（現状維持のデメリット）。

ここでの解説は、事業会社A社が、事業Xを分社化するか否かについて、メリットとデメリットを洗い出し検討する際の留意点について説明しました。

再編によるメリットを検討することは、グループビジョンやグループ戦略との適合性を検討することと実質的にはイコールとなります。

組織再編による事業推進上のメリットを検討する主な視点として以下の3つの視点があげられます。

自社：グループ内再編を行うことで、目指すべき姿に近づけるかどうか
競合：グループ内再編を行うことで、競合との競争に勝てるかどうか
市場：グループ内再編を行うことで、市場動向にグループ全体がキャッチアップしているか、または先行できるかどうか

自社の目指すべき姿については、グループの方向性の中でグループビジョンと

図表Ⅰ-2-4　グループの方向性検討フレームワーク

		テーマ	メリット・デメリット発生の判断基準
自社	戦略	グループビジョンと組織形態の整合性	再編により、グループビジョン、グループ戦略の遂行を加速させるかどうか
自社	経営資源	経営資源の最適配分	再編により、グループ内で経営資源が、より適切に分配されるようになるかどうか
自社	業務プロセス	業務プロセスの効率化	再編により、グループ内業務の集約、効率化が図れるかどうか
競合	業務プロセス	業務プロセスの効率化	再編により、競合企業に比べ調達・製造・販売・管理機能等の業務プロセスが効率化、強化されるかどうか
競合	収益性	高収益の確保	再編により、競合に比べ、高い収益性を実現できるか
市場	市場規模の推移・動向	市場動向との整合性	市場動向、市場規模に見合った組織体制か
市場	成長ドライバ	成長市場への参入	成長市場の出現に、組織がキャッチアップしているか
市場	市場特性	市場特性と組織形態の整合性	市場特性（PLC）に合致した組織の持ち方をしているか

検討すべき項目

- グループ事業ドメイン
- 組織再編の目的
- 子会社ミッション

して明確化されているはずですので、そのビジョンに向かって進んでいく際に、グループ内組織再編が有効かどうかを検討することになります。これに対して、競合と市場については、グループ内の事業ごとに競合先や属する市場が異なるので、競合先や市場の捉え方について腐心される企業が多いかと思います。

ここでは、グループ事業のドメインやグループの事業を担う親会社事業部、子会社・関連会社それぞれのミッションと整合性を持たせつつ、現実の競合会社や実際の市場を的確に認識し、何のためにグループ内組織再編を行うのかに立ち返りつつ、検討する必要があります（図表Ⅰ-2-4）。

これらの検討を行うに際しては、それぞれの企業グループが置かれている状況は多種多様であり、グループの置かれている経営環境も違えば、グループを形成してきた歴史や経緯、グループを構成する事業会社の事業内容や、事業会社間での事業関連性など様々な点で異なることを考慮する必要があります。

特に事業の捉え方については、事業子会社単位でビジネスが区分けできるケースもあるでしょうし、ビジネスの単位と事業子会社の単位が明確に分けられないケースや、複数の事業子会社それぞれがビジネス上のバリューチェーンを構成しているのであれば、バリューチェーンを構成する事業会社をまとめてビジネス単位として捉える方が、グループの戦略との整合性が取れるケースもあるでしょう。

　自社グループが保有するビジネスの単位を明確に捉え、ビジネス単位で競合先や、市場の状況を把握した上で、図表Ⅰ-2-4にあるような検討を行います。ビジネス単位のドメイン（活動範囲や領域）やミッションの設定を行う中で、そのドメインに対して、事業執行を行う適切な組織を設定するために組織再編が手法として活用されることがあります。

　組織再編は本来、グループビジョンの実現、グループ戦略遂行のための最適な体制を構築することを目的として活用されますが、それ以外の副次的な効果を狙い、組織再編の活用を検討するケースもあります。

　例えば、同族経営をしている非上場会社の株価に影響を与える組織再編のケースです。グループ事業の持続的な発展を目指し、親会社であるA社は、会社分割の手法により事業部門を保有しない純粋持株会社体制に変更するとします（図表Ⅰ-2-5）。

　A社は事業部門を保有せず、B社と新会社の株式を保有することとなります。A社は、アパレル事業から得られた事業収入はなくなり、B社と新会社からの配当収入や子会社管理にかかわる管理収入などを得ることになります。

　ここで、企業価値としての株価に着目します。株価の算定方法は数種類ありますが、主なものとして、純資産価額をベースにしたもの（純資産価額方式）、類似する企業に準じた価額をベースにしたもの（類似業種比準価額方式）があります。その他にも保有する株式に対してどの程度の配当を行ってきたかに基づき算出される配当還元方式や、事業が生み出すキャッシュフローを価値換算した価額をベースにしたもの（収益還元方式）があります。

　純資産価額方式では、A社保有資産のうちアパレル事業にかかわる資産は新会社に移りましたが、その対価として、新会社の株式を保有していることから、資産価値で等価交換をしており、原則として株価への影響はありません。

　一方、類似業種比準価額方式では、分割前は主たる事業がアパレル事業でした

図表 I-2-5　株価に影響を及ぼす組織再編の事例

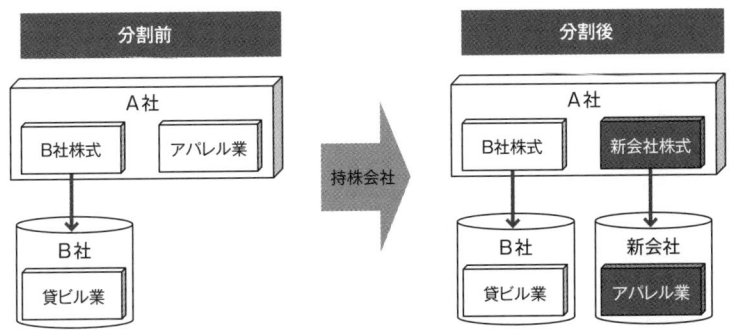

が、分割後は子会社の管理業に変わっています。類似する業種が変わることから株価が変わることになります。

このことから、類似業種比準価額方式による株価算定を活用する場合、株式の価値が変わり、株主が保有する株価に影響を与えることになります。特に非上場の同族会社の株主にとっては、資産承継上、相続財産の株式を算定する上では大きな影響を与えることになります。

また、いわゆる事業承継税制（非上場株式等についての相続税（贈与税）の納税猶予の特例）を活用する場合にも、親会社だけではなく子会社などでも事業承継の優遇措置を受けられることから、グループ内の組織再編が活用されることがありますし、後継者が複数存在する場合、事業部門を法人として分社し、それぞれの事業会社を後継者に継がせることを検討する場合もあります。

事業承継税制を活用する場合、その制度の要件として納税猶予後5年間の事業継続などが求められています。もし事業承継税制の対象となった法人について、事業を切り出して、グループ内の他の子会社に事業を移した場合、組織再編上の税務面で問題がなくても、事業承継税制上は、要件を満たさなくなる可能性があります。従って、事業承継税制を活用した法人については、安易に組織再編行為ができないということになります。

非上場会社の株価対策のケースを中心に説明しましたが、上場会社でも検討されるケースとしては、事業上の収益環境が芳しくなく、保有資産の減損リスクにさらされ、大幅な収益悪化が懸念される場合、事業部門とともに保有する資産を

図表Ⅰ-2-6　経営承継円滑化法の概要（事業承継税制）

中小企業における経営の承継の円滑化に関する法律（非上場株式等についての相続税の納税猶予の特例）

【概要】
後継者である被相続人等が、相続等により、経済産業大臣の認定を受ける非上場会社の株式等を被相続人（先代経営者）から取得し、その会社を経営していく場合には、その後継者が納付すべき相続税のうち、その株式等（一定の部分に限る）にかかわる課税価格の80%に対応する相続税の納税

納税猶予制度適用の主な要件	要件の主な内容
会社の要件	次のいずれにも該当しないこと ①上場会社、②中小企業者に該当しない会社、③風俗営業会社④資産管理会社、⑤総収入金額がゼロの会社、従業員数がゼロの会社
後継者（相続人等）の要件	①相続開始から５カ月後において会社の代表者であること、②先代経営者（被相続人）の親族であること、③相続開始のときにおいて、後継者及び後継者と同族関係等がある者で総議決権数の 50%超の議決権を保有し、かつ、これらの者の中で最も多く議決権数を保有することとなること
先代経営者（被相続人）の要件	①会社の代表者であったこと ②相続開始直前において、被相続人及び被相続人と同族関係等がある者で総議決権数の 50%超の議決権数を保有し、かつ、後継者を除いたこれらの者の中で最も多く議決権数を保有していたこと
事業継続要件	相続後５年間において事業を継続すること
その他一定の要件	・担保提供（納税が猶予される相続税額及び利子税の額に見合う担保を税務署に提供） ・従業員等の雇用要件（一定の基準日において雇用の８割以上を維持すること） ・その他

図表Ⅰ-2-7　事業承継上の主な対策と組織再編の関係

事業承継上の主な対策		組織再編
暦年贈与	―	直接の影響なし
相続時精算課税	―	直接の影響なし
非上場株式の納税猶予制度（事業承継税制）	→	組織再編活用の制約となる可能性あり
株価の適正化	←	組織再編により影響を与える可能性あり

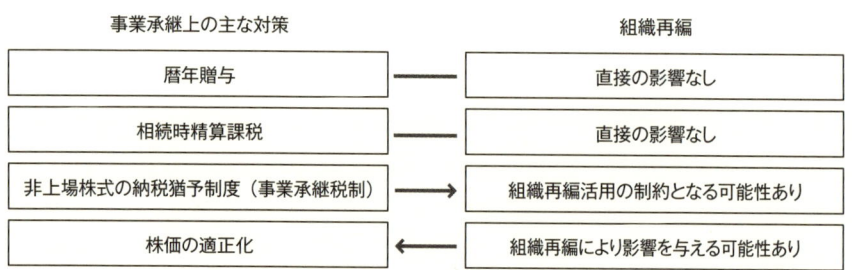

切り出すことで親会社本体では減損リスクを回避し、安定した配当政策維持のために配当可能利益を確保することが想定されます。また、グループ内の子会社に存在する繰越欠損金や、含み損を抱える資産の有効活用なども検討されることも多くあります（※この繰越欠損金、含み損を抱える資産の活用については、組織

再編税制上の制約がありますので、詳細については第Ⅱ部で解説します)。

第2ステージ（機能設計と組織再編スキームの策定）

　このステージは、基本構想段階で検討されたグループ戦略の推進体制を実現するための新たなグループ組織体制の基本構想に基づき、新たな体制を実現させるために必要な組織再編手法の選択を主に行います。手法については、後述する組織再編手法の概観において取り上げていますので、後ほど確認してもらえればと思いますが、主な手法としては、合併、会社分割、事業譲渡、株式移転、株式交換、現物出資、現物分配などがあります。自社グループの組織体制の見直しのためには最適な手法は何か、または最適な手法の組合せは何かを検討します。

　ここでは、組織再編の手法を選択する際には、組織再編税制の適格要件（保有資産を時価ではなく簿価で移すための前提条件）の充足が重要なポイントとなります。基本構想で設定された組織体制の実現のために、事業や事業上の必要資産、事業に従事する役員・従業員を移行させることに組織再編の適格要件がどのように影響するのかを確認します。

　第1ステージの基本構想で検討されたグループ組織体制実現に向けて行われる事業、資産、人員などの再配置と、それを実現するための手段として第2ステージで検討される組織再編手法の選択、そしてグループ内の組織再編行為が課税対象とならないように充足すべき組織再編税制の税制適格要件、第3ステージで検討するグループ経営管理体制が、それぞれ影響し合います。これらがどのように影響しあうのかを確認します。まずは、税制適格要件について、その概要と本件の論点になる事項について解説した上で、組織再編手法の選択と機能設計をどのように検討していくかについて解説します。

1．機能設計と組織再編税制との関連性
(1) 組織再編税制における税制適格要件について
　組織再編をテーマとして取り上げていますが、特にグループ内の組織再編で大きな論点となりやすい税制適格要件について基本的事項を解説します。
　組織再編の手法を活用することによって、資産が法人をまたいで移動すること

になりますが、その際、原則として譲受する側の法人では、時価で資産を受け入れることになります。しかし、組織再編税制における税制適格要件を満たせば、時価でなく、簿価で譲受することができます。通常の取引では、時価が簿価より高ければ、その時価と簿価の差額に対して譲渡益が発生したものとみなされ、譲渡した企業は課税されます。グループ内の法人間で資産を移しただけであり、グループ全体にとっては、譲渡による益も損も発生していないにも係わらず課税対象となってしまう不合理なことになります。そこで、グループ内の組織再編を行う際には、簿価で譲渡できるよう税制適格要件を充足するやり方が一般的です。

税制適格要件については、第5章の「1　組織再編税制の概要―2）税制適格要件」において解説していますが、グループ内の支配関係で3つの区分があり、①100％グループ内における組織再編、②50％超グループ内における組織再編、③共同で事業を営むための組織再編で、それぞれ充足すべき要件が異なります（図表Ⅰ-2-8）。

まず、①では、ⅰ）株式等の交付要件＝組織再編の対価として資産負債を受け入れる側の法人の株式以外の資産が交付されないこと（言い換えれば、現金などを対価とする組織再編ではないこと）、ⅱ）支配関係継続要件＝組織再編後も完全支配関係が継続する見込みであること（言い換えれば、組織再編後も、100％グループ内の関係を継続する見込みがあること）、この2つの要件を満たすことが必要です。

次に、②では、上記①の「株式等の交付要件」と「支配関係継続要件」の2つの要件に加え、以下のことが必要となります。ⅲ）従業者引継要件＝組織再編により移転する事業にかかわる従業者の概ね80％以上が組織再編により事業を受け入れる側の法人において組織再編後も当該法人の業務に従事する見込みであること（言い換えれば、移転する事業の役員と従業員の80％以上が組織再編後も移転先の事業に従事する見込みであること）、ⅳ）事業継続要件＝組織再編により移転する事業が組織再編後も引き続き営まれる見込みであること（言い換えれば、組織再編後に移転した事業から撤退や売却しないこと）、ⅴ）主要資産等引継要件＝組織再編により移転する事業にかかわる主要な資産および負債が分割承継法人または被現物出資法人に移転すること（会社分割、現物出資の場合の要件）。

③でいう「共同で事業を営む」とは、グループ内の再編というよりは、グルー

図表 I-2-8　税制適格要件の概要

```
適格要件とは（合併の場合）
```

①100％グループ内における組織再編
　ⅰ）組織再編の対価に株式以外の資産がないこと
　ⅱ）再編後も同一者による支配関係が継続する見込みであること

②50％超グループ内における組織再編
　ⅰ）組織再編の対価に株式以外の資産がないこと
　ⅱ）再編後も同一者による支配関係が継続する見込みであること
　ⅲ）被合併法人の従業者の80％以上が合併法人の業務に従事する見込みであること（従業者引継要件）
　ⅳ）被合併法人の主要な事業が合併法人において引き続き営まれる見込みであること（事業継続要件）

③共同で事業を営むための組織再編
　・組織再編の対価に株式以外の資産がないこと
　・被合併法人の従業者の80％以上が合併法人の業務に従事する見込みであること（従業者引継要件）
　・被合併法人の主要な事業が合併法人において引き続き営まれる見込みであること（事業継続要件）
　・被合併法人と合併法人の事業に関連性があること
　・売上等の規模の割合が5倍を超えない、又は役員などの引継ぎがある見込み
　・再編後も当事者が交付を受けた株式を継続して保有すること

プ外部との組織再編を前提としているところがあるので、本章では、詳細については省略します。

　ここで注目してもらいたいのは、②のⅲ）「従業者引継要件」、ⅳ）「事業継続要件」、ⅴ）「主要資産等引継要件」です。

　グループ内の組織再編において、完全支配関係（100％子会社等）にない出資比率50％超の法人と組織再編を行う際には、事業や資産、人材の移転について、一定の制約があることを理解しておいてください。

(2)　グループ経営管理上の必要機能整備

　次に、グループ経営管理上の必要機能整備についてです。グループ経営を推進していく上で、グループ経営管理に求められる機能は様々です。そしてその機能は相互に関連し合うことが多く、グループの経営管理機能を整備する上で個別機能を分類していく方法も様々であると考えます。本書では、グループ経営上の必要な管理機能を「経営管理機能整備フォーマット」（図表 I-2-9）に基づき整理することにします。

　このグループ経営管理機能整備フォーマットは、「序章」でも示したグループ経営管理機能を、①グループ戦略立案・遂行機能、②事業執行支援機能、③管理業

図表Ⅰ-2-9　グループ経営管理機能整備フォーマット（例）

グループ経営管理機能分類		グループ経営管理上の必要機能
グループ戦略立案・遂行機能	グループ戦略・事業戦略立案	□グループ戦略の立案・策定 □事業戦略の立案・策定または評価
	役割の明確化	□本社の役割等の明確化と周知徹底 □各事業・子会社の役割等の明確化周知徹底
	戦略遂行・管理体制の整備	□本社における戦略遂行にかかわる必要体制の整備 □本社・各事業間の連係にかかわる必要体制の整備
	モニタリング	□グループ戦略の進捗管理・実績評価 □事業戦略の進捗管理・実績評価
事業執行支援機能	事業執行支援にかかわる戦略立案・策定	□グループ全体のバリューチェーンにかかわる方針策定 ・グループ全体の調達・購買、生産・物流、販売、広報、インフラに
	事業執行支援にかかわる運用制度の構築・整備	□グループ全体のバリューチェーンにかかわる管理・運営 ・グループ全体の調達・購買、生産・物流、販売、広報、インフラに
	モニタリング	□グループ全体のバリューチェーンにかかわるモニタリングの実施 ・グループ全体の調達・購買、生産・物流、販売、広報、インフラに
管理業務統括機能	管理業務にかかわる戦略立案・策定	□グループ全体の管理業務にかかわる戦略立案・策定 ・グループ全体の財務戦略、人事制度、処遇、教育等の人事方針、投 グループインフラ構築・整備方針の立案、策定
	管理業務の運用にかかわる制度の構築・整備	□グループ全体の管理業務にかかわる運用制度の構築 ・グループ全体の財務戦略、人事制度、処遇、教育等の人事、投資、 ラ構築・整備にかかわるPDCA
	モニタリング	□グループ全体の管理業務にかかわるモニタリングの実施 ・グループ全体の財務戦略、人事制度、処遇、教育等の人事、投資、 ラ構築・整備にかかわる評価
	情報	□グループ間連携計画立案・運用 ・グループコミュニケーション手段の立案・策定 ・グループコミュニケーションの運用・評価の実施
グループガバナンス機能	方針の明確化	□グループ経営理念・ビジョン設定 □経営方針・経営計画等の策定 □経営方針・経営計画等の周知・徹底
	役割の明確化	□本社の役割等の明確化 □グループ内会社の役割等の明確化 □経営トップ、役員の全社最適経営に対する参加
	グループ内管理体制整備組織構造・組織体制の整備	□取締役・取締役会の役割・責任 □組織体制の整備 □本社への報告、承認態勢の整備
	モニタリング	□グループのモニタリングに関する方針の決定 ・グループ監査方針 ・グループ内部統制方針 ・グループリスクマネジメント □各種運用制度の有効性の評価 ・コンプライアンス、リスクマネジメント、内部統制 ・業務の効率性、シナジー他

の概要	親会社（本社部門）	親会社（事業部門）	事業子会社
かかわる方針の策定			
かかわるPDCAの策定			
かかわる評価			
資方針、広報・IR方針、グループ組織整備方針、			
広報・IR、グループ組織整備、グループインフ			
広報・IR、グループ組織整備、グループインフ			

務統括機能、④グループガバナンス機能の4つに分類し、それぞれの機能について細分化したものです。そしてそれぞれの機能は、グループ内のどこで保有されているのか、保有されるべきなのかを整理することができます。このフォーマットでは、機能の保有箇所を親会社（本社部門）、親会社（事業部門）、事業子会社で区分けするようにしています。

まず、グループ経営管理機能を「グループ戦略立案・遂行機能」「事業執行支援機能」「管理業務統括機能」「グループガバナンス機能」に区分けし整理します。

グループ内の組織再編が実行されることにより、各法人が担う経営管理機能が変わる場合には、グループ経営管理機能の再設計を行うとともに、再設計された機能にかかわる業務や、機能・業務遂行を担う組織・人材の配置も見直す必要があります。そして、機能の再設計に伴う業務の見直しに合わせて、親会社・子会社間で有する権限設定についても見直す必要が生じます。

例えば、グループ戦略立案・遂行機能におけるグループ戦略・事業戦略の立案・策定についてです。グループの戦略を立案・策定するのが、親会社（本社部門）であることについて異論はないと思います。一方、事業戦略については一般的には事業執行を担う親会社（事業部門）、または事業子会社で立案・策定することが多いと思われます。しかし、事業子会社では事業戦略を立案・策定せずに、親会社が策定した事業戦略に基づいて事業執行を行っている場合もあります。同じ戦略立案・遂行機能でも、グループ内の親会社（本社部門）、親会社（事業部門）、事業子会社の中のどこがその機能を保有するべきか、グループの方針やグループの事業環境によって左右されますが、グループ内の位置づけは、親会社・子会社間の権限設定との整合性を保つ必要があります。

親会社・子会社間の権限設定を先ほどの例に沿って説明すると、事業計画の立案・策定を行うのが事業子会社だとすると、事業子会社は、事業戦略立案・策定に関する権限を保有していることとなります。事業子会社は元々、事業執行を担いますので、事業戦略の立案・策定から事業執行までを独自で行うことができます。事業遂行面で顧客に近い現場での意思決定が優先される場合、事業子会社に権限を与え、現場に近いところで柔軟に意思決定を行うことが必要となる場合もあります。しかし、子会社が自社事業の最適化を目指すあまり、グループ全体の利益と反するような意思決定を行う可能性もあります。一般的に、「グループ経

図表 I-2-10　集権・分権に関する課題とグループ経営管理機能への影響

分権・集権に関する課題

<エージェンシー理論>
・子会社はその情報格差を自己の都合のよいように利用しようとする誘因を持つ。
①情報量の不一致
②利害の不一致

<コミットメント問題>
・親会社の介入(モニタリングの強化)は、子会社のモラールを低下させる。
・結果として本来目指した権限委譲・分権の度合いを弱める。
・現場情報が不十分な中で親会社が判断を誤ることもある。

<モニタリング>
・モニタリングには事後的モニタリング(成果)と事前・中間的モニタリング(プロジェクト評価や経営活動の監視等のプロセス)がある。
・モニタリングの精度とコストとのバランス。

グループ経営管理機能への影響

〔グループ経営管理機能〕
・グループ戦略立案・遂行機能
・事業執行支援機能
・管理業務統括機能
・グループガバナンス機能

親会社が保有する機能内容に影響
親会社・子会社の意思決定権限の設定状況により、親会社として保有すべき機能に影響を及ぼす

親会社が保有する機能に応じて必要なモニタリング・内容が決まる

〔モニタリング項目・内容の決定〕
・事前モニタリング…計画策定・予算立案他
・中間モニタリング…月次報告、業務監査他
・事後モニタリング…業績評価、役員処遇他

営」における親会社・子会社間の権限設定については、図表I-2-10にあるように集権・分権にかかわる課題を抱えることになります。

(3) 集権・分権バランス

　集権・分権のバランスをどのように保つのか、そして設定された集権・分権事項に合わせてどのようなモニタリングを実施するのか、適切に設定する必要があります。事業子会社に権限を与えて(分権)、事業執行全般を任せるのであれば、業績評価などのモニタリング項目については親会社が行い、適切な評価を実施しバランスをとるようにします。親会社はモニタリングを実施するにあたり、事業子会社の定性的な評価項目ではなく、業績責任を負わせるような評価項目を設定するべきと考えます。グループ経営管理機能を設計する上では、その機能をグループ全体の集権・分権バランスの観点から親会社と子会社に適切に配置し、そのバランスを定期的に見直す必要があります。

図表Ⅰ-2-11　親会社の収益構造検討のステップ

STEP 1
最初に主要な支出項目を積み上げ、概算支出額を決定する。その後、安定的かつ固定的な収入項目を決定する。

STEP 2
次に子会社利益との相関が低い経営指導料などの収入総額を決定し、大枠の利益額を算定する。
ただし、ここでは多額の利益を確保できるという考え方は取らず、多少の利益が出るという程度にとどめるのがポイント。

STEP 3
子会社からの配当を算定し、そこから想定できる利益を積む。この部分は株主への配当原資となる。

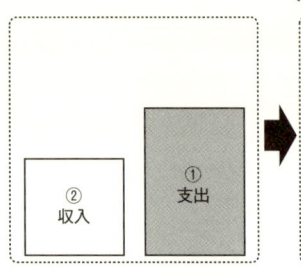

①支出　②収入
③経営指導料収入　④利益
⑤子会社からの配当　⑥利益

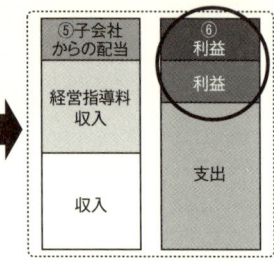

＜ベース収入＞
・不動産賃貸収入
・業務受託収入
・商標使用料収入
・子会社以外の受取配当金
・受取利息

＜必要コスト＞
・人件費
・諸経費
・支払利息

経営指導料の適正水準というものは存在しないが、根拠としては上記の関係が成立する水準で決定していれば問題はないと考えられる。

子会社からの配当はゼロになる可能性があるため、これを含めない状態で経営指導料を算定する。

(4) 親会社収益構造の設計

　グループの経営管理機能の整備と合わせて検討を要するのが、親会社の収益構造の設計です。特に事業部門を切り出した純粋持株会社の場合は、収益構造の検討は必須です。ここでは、事業執行部門を有しない純粋持株会社を想定して検討してみます。前述のとおり純粋持株会社である親会社は、集権・分権バランスを考慮しつつ、保有すべきグループ経営管理機能を設定します。純粋持株会社で保有する機能が決まれば、保有機能を担う組織や人員体制・業務内容が決まり、その機能を維持していくためのコストが算定できます。収益構造を設計する上で実務上重要なことは、コスト算出からスタートすることです。組織を維持していくための人件費を中心とするコストを基に収益がどの程度必要になるかを検討します。

　純粋持株会社では事業執行部門を有しないことから、グループ内の事業子会

の管理業務受託収入や経営指導料収入、グループ内の不動産設備などを保有し事業子会社に貸し出して得られる不動産賃貸収入、グループの資金管理を担い事業子会社へ資金を貸し付けて得られる利息収入、無形固定資産である商標や知的財産権などの使用料などを組み合わせて収益構造を設計します。当然のことながら持株会社なので、子会社からの配当収入も期待できますが、配当収入は子会社の業績に左右されることからその他の収益項目と合わせて収益構造の設計を検討する必要があります。そして、親会社は株主に対して安定的に配当をしていくことが求められますので、上記に記載したグループ経営管理機能維持、確保のためのコストの他に、配当政策上の保持すべき配当原資も確保する必要があります。

収益項目には、不動産賃貸収入、利息収入、商標・知的財産権使用料等のように、資産保有を前提とした収益項目があることを認識しておいてください。

(5) 親会社のグループ経営管理体制の構築・整備

親会社のグループ経営管理体制の構築・整備については、図表Ⅰ-2-12に示した、3つの観点から検討していく必要があります。

1) グループ経営管理機能の設計

親会社と子会社間の集権・分権バランスの踏まえ、親会社で保持すべきグループ経営管理機能を設計し、その上で設計された機能を担う組織、人員体制を確保する。

2) 収支構造（P／L）の検討

親会社の組織・人員体制維持と配当政策の観点から、必要な収益構造を設計する。

3) 保有資産・負債（B／S）の検討

資産保有を前提とする不動産賃貸収入、利息収入、商標・知的財産権使用料などの収益項目と、保有機能、収益構造との調整を行う。

これら1)～3)は互いに関連し合うことから、実際に親会社の機能を設計する際には、保有すべきグループ経営管理機能を担う組織・人員体制を設計した上で、想定P／L、想定B／Sをシミュレートしながら調整します。

図表Ⅰ-2-12　親会社におけるグループ経営管理体制整備の３つの観点

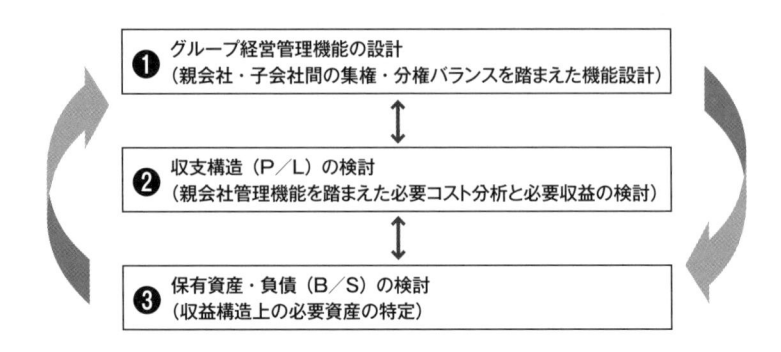

❶ グループ経営管理機能の設計
（親会社・子会社間の集権・分権バランスを踏まえた機能設計）

↕

❷ 収支構造（P／L）の検討
（親会社管理機能を踏まえた必要コスト分析と必要収益の検討）

↕

❸ 保有資産・負債（B／S）の検討
（収益構造上の必要資産の特定）

　グループ経営管理機能の設計と親会社組織体制の整備について、検討のプロセスを踏まえながら解説してきましたが、このステージの最後に、グループ経営管理機能の設計と親会社組織体制の構築が組織再編を通じて行われた際の留意事項を解説します。

　前述の組織再編税制の税制適格要件の項において、出資比率50％超100％未満のグループ内の法人の組織再編においては、従業者引継要件、事業継続要件、主要資産等引継要件があるため、事業や資産、人材の移転について、一定の制約があることを説明しました。

　これまでのグループ経営管理機能の設計と親会社組織体制の整備のプロセスを確認してもらえればわかるとおり、機能設計・組織体制整備では、役員・従業員、事業、資産が法人をまたいで移動することが想定されます。税制適格要件にある、従業者の80％以上の確保や、事業の継続、主要資産の引き継ぎの各項目が充足できるのかどうかを改めて確認する必要があります。後ほど、事例に基づきここで記載してきた内容・論点について解説します。

　このステージ（機能設計と組織再編スキーム策定ステージ）では、グループ経営上の事業遂行面、機能設計面を見据えつつ、税制適格要件を充足するための各種制約を考慮した適切な組織再編スキーム（手法）を検討する必要があります。冒頭の「はじめに」に記載したグループ経営にかかわる高度な経営的判断と、組織再編手法の各々の特徴を把握した上で実務上の専門的検討を合わせて行う必要があります。

2. 組織再編の各手法の特徴

本ステージのテーマである再編スキーム選択の主なポイントは上記に記載したとおりですが、実際には、組織再編の各手法についてその特徴や制約事項などを理解しておく必要があります。

以下では、組織再編時に活用される主な手法である会社分割、事業譲渡、業務移管、株式移転、株式交換、合併、現物出資、現物分配について概要を解説します。

(1) 会社分割

会社分割とは、図表Ⅰ-2-13にあるとおり、会社の事業または一部を他の会社に承継させることです。言い換えると、会社の事業の全部または一部にかかわる資産・負債や契約関係などを切り出して他の会社に承継させることです。このと

図表Ⅰ-2-13　会社分割（吸収分割）

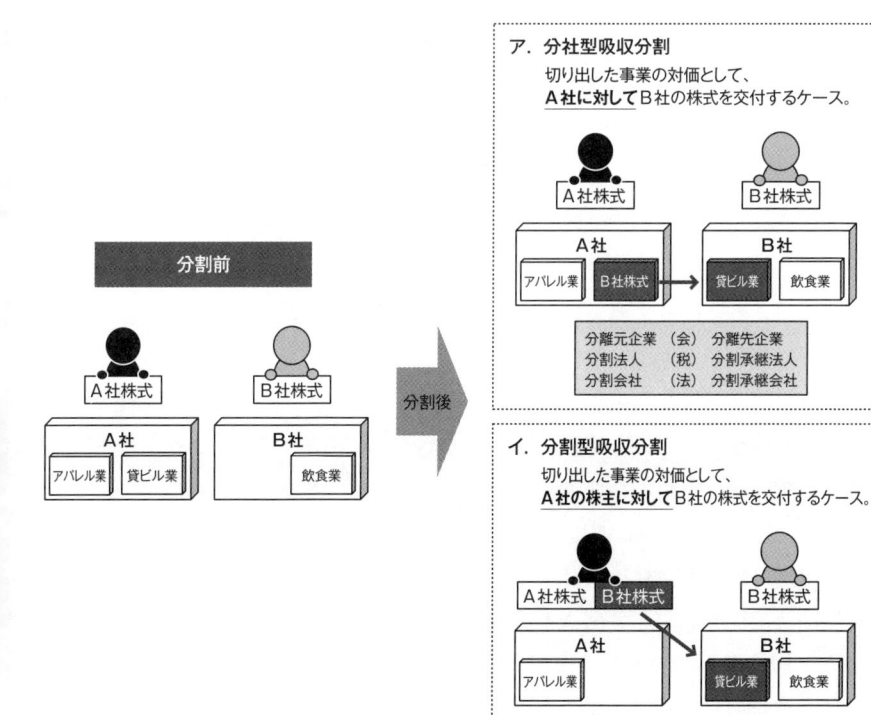

図表Ⅰ-2-14　会社分割（新設分割）

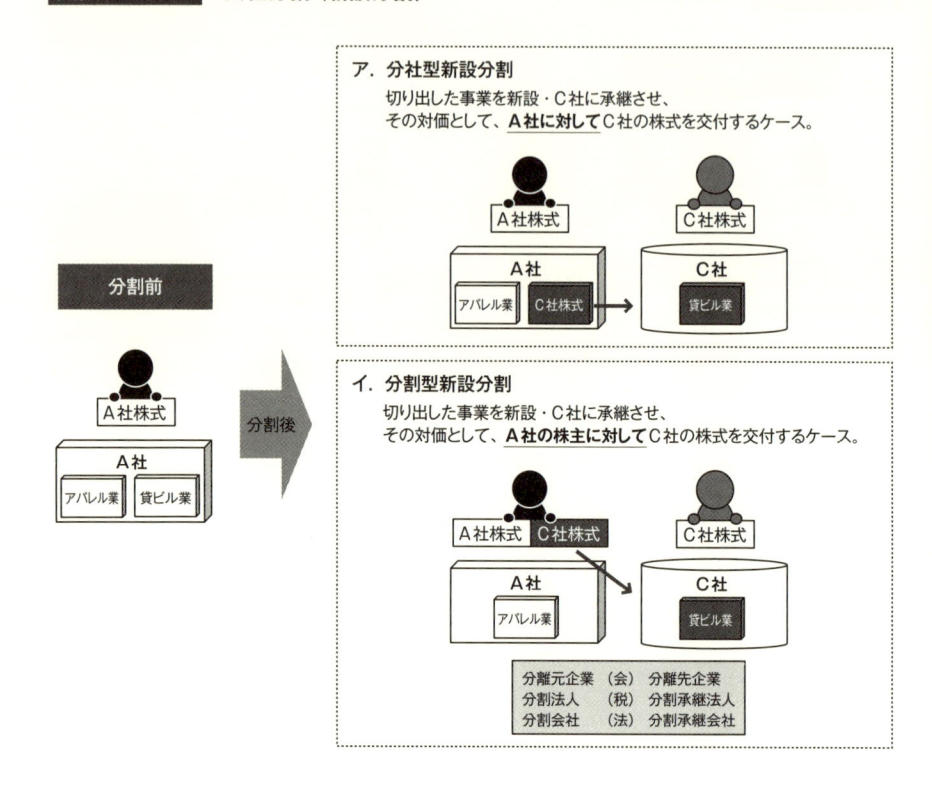

分割前

A社株式
A社（アパレル業、貸ビル業）

分割後

ア．分社型新設分割
切り出した事業を新設・C社に承継させ、その対価として、**A社に対して**C社の株式を交付するケース。

A社株式 → A社（アパレル業、C社株式）
C社株式 → C社（貸ビル業）

イ．分割型新設分割
切り出した事業を新設・C社に承継させ、その対価として、**A社の株主に対して**C社の株式を交付するケース。

A社株式／C社株式
A社（アパレル業）
C社株式
C社（貸ビル業）

分離元企業	（会）	分離先企業
分割法人	（税）	分割承継法人
分割会社	（法）	分割承継会社

き、分割前の会社は、切り出した事業の価値だけ企業価値が減少してしまいます。そこで、切り出した事業の価値と同額の対価を受け取る必要があります。組織再編では、対価として、切り出した事業を承継した会社が発行する株式を受け取ることが多いです（後で詳細を説明しますが、特に企業グループ内の組織再編では切り出した事業にかかわる資産（移転資産など）を簿価で承継させることが多く、簿価で承継させるための条件は移転資産の対価として現金などの株式以外の財産の交付がないこととされます）。

　事業を切り出した会社を会計上は（図中では（会）と表記）分離元企業、税法上は（同（税）と表記）分割法人、会社法上は（同（法）と表記）分割会社と呼びます。切り出された事業を承継した会社を同様に、分離先企業、分割承継法人、分割承継会社と呼びます。本書第Ⅰ部では、主に税法上の呼び名である分割

図表Ⅰ-2-15　事業譲渡

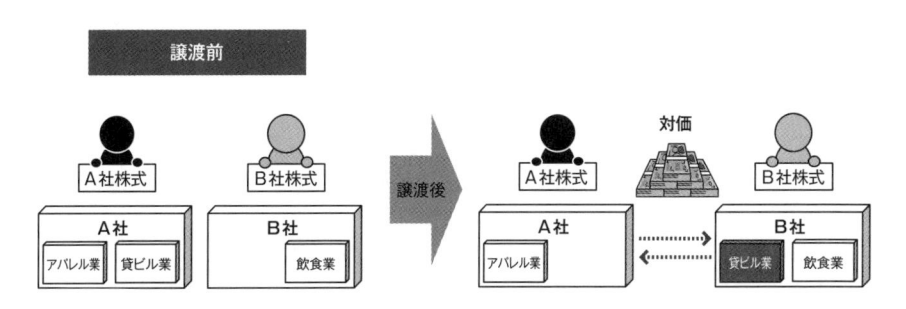

譲渡前

A社株式　　B社株式　　　　　　　　　　A社株式　　対価　　B社株式

A社（アパレル業、貸ビル業）　B社（飲食業）　→譲渡後→　A社（アパレル業）　　B社（貸ビル業、飲食業）

法人、分割承継法人を使用します。

　さて、分割承継法人は分割法人に対して、移転資産等の対価として、分割承継法人が発行する株式を分割法人に交付します。分割法人では、交付された株式を会社が保有する場合と、分割した日に株主に割り当てる場合の2パターンで対応します。交付された株式を会社に割り当てる場合（図表Ⅰ-2-14右上）を分社型分割、株主に割り当てる場合（図表Ⅰ-2-14右下）を分割型分割といいます。

　図表Ⅰ-2-13の説明では、分社型吸収分割、分割型吸収分割と"吸収"という呼び名が付いていますが、分割法人から切り出された事業を承継する分割承継法人が既存の会社である場合、この呼び名を使います。一方、図表Ⅰ-2-14にあるように、分割承継法人が事業を切り出す時点では存在せず、切り出された事業を元手に会社を設立する場合には、"新設"という呼び名を使います。

(2) 事業譲渡

　事業譲渡は、事業を売り渡す取引行為です。そのため本書では組織再編手法とは考えておりません。もっとも会社分割と事業譲渡は、事業の全部または一部を切り出して譲り渡すという点で、非常に似ています。しかし、会社分割との大きな相違点は、譲り渡す資産の価格は、必ず取引行為としての適正価格である時価となるところです。また、会社分割は事業を他の会社に承継させる行為であり、分割対象事業にかかわる権利関係を包括的に承継するのに対して、事業譲渡は包括的な承継ができない点で異なります。

(3) 業務移管

　業務移管は、組織再編行為ではありません。例えば図表Ⅰ-2-16にあるように、親会社A社では工作機器の製造・販売を行い、子会社B社はA社が販売した製品の保守・メンテナンス事業を行っていたとします。B社の保守・メンテナンス事業は原則、A社からの発注に基づいて行うため、事業規模は小さく少人数です。グループ全体の効率性を考えた場合、子会社C社が営んでいる販売代理店としての販売事業と保守メンテナンス事業との関連性が高いと判断し、B社の保守メンテナンス事業をC社に移転させることにします。会社分割や事業譲渡であれば、切り出した事業にかかわる資産（移転資産など）に対する対価が必要です。このケースでは、保守・メンテナンス事業として有している資産がほとんどなく、移転する従業員も少人数、かつ事業規模も小さいことから、A社が発注先をB社からC社に変更することで足りることが想定されます。

　※会社分割、事業譲渡、業務移管の比較

　グループ内組織再編を検討し、一部事業を切り出し、グループ内の他社に移す場合、これまでに取り上げた、会社分割、事業譲渡、業務移管の3つの手法が活用されることが多いと思われます。この3つの手法は、事業を切り出して、他の会社に移すという意味で、同じ効果が期待できますが、それぞれに特徴があり、手続きの負担や税務上の影響などが異なります。

　図表Ⅰ-2-17で主な論点を整理していますが、移転する資産を簿価で譲渡できるのが、税制適格要件を充足した会社分割です。それ以外の手法は、時価で譲渡することになります。また、会社分割は事業に付随する様々な契約、例えば、調達先との購買にかかわる基本契約や金融機関との銀行取引約定、リース契約などを適格・非適格にかかわらず包括的に承継できるのに対し、事業譲渡ではそれぞれの契約に従って譲渡対象かどうかを事業譲渡契約に記載する必要があります。また、人事・労務に関しては、事業移転に伴い従業員を転籍させる場合、会社分割では適格・非適格にかかわらず、労働契約承継法に則った手続きをとることで従業員一人ひとりの個別同意は不要ですが、事業譲渡、業務移管は対象となる従業員すべての個別の同意が必要となります。また、業務移管では移管に伴う契約書を作成する必要がなく、会社分割、事業譲渡に比較して、手続き面での負担は軽いといえます。ただし、業務移管に伴い事業価値が移転していると当局から認

図表Ⅰ-2-16　業務移管

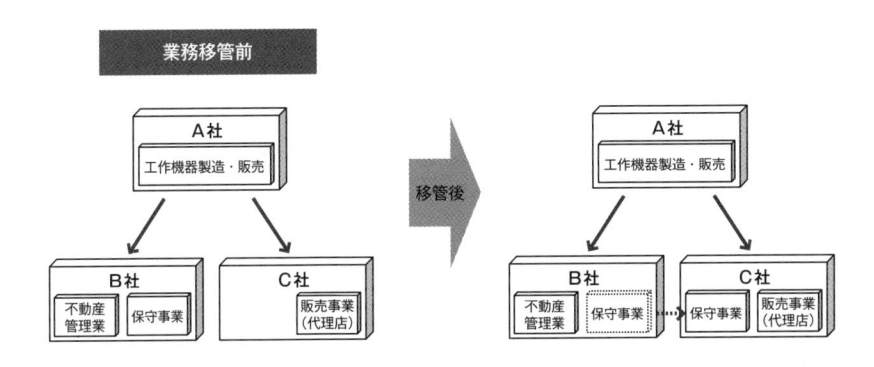

業務移管前

A社（工作機器製造・販売）
　↓　　　　↓
B社（不動産管理業／保守事業）　　C社（販売事業（代理店））

移管後

A社（工作機器製造・販売）
　↓　　　　↓
B社（不動産管理業）→保守事業　　C社（保守事業　販売事業（代理店））

図表Ⅰ-2-17　再編スキーム選択時の主な論点整理（会社分割、事業譲渡、業務移管の比較）

	適格分割	非適格分割・事業譲渡	業務移管
移転資産負債の譲渡損益	簿価での譲渡	時価での譲渡となり譲渡損益を計上	資産を譲渡した場合に損益があれば計上が必要
みなし配当	適用なし	非適格分割では、みなし配当の適用可能性あり	適用なし
契約・権利	包括承継	非適格分割：包括承継 事業譲渡：個別契約	個別契約
人事・労務	労働契約承継法	非適格分割：労働契約承継法 事業譲渡：個別同意を要する	個別同意を要する

識されると、課税対象となる懸念があります。

　それぞれの特徴を踏まえて、実施すべき組織再編の目的や移転する資産の内容などを考慮し、適切な手法を選択する必要があります。

(4) 株式移転

　図表Ⅰ-2-18のとおり、株式移転は、A社の株主とB社の株主がそれぞれ保有する株式のすべてを新たに設立する会社C社に取得させることで、既存のA社、B社は法人格を変えることはなく、株主がC社に変わるものです。要するにA社とB社は、C社の100％子会社となり、C社を完全親会社とする同一企業グループに属することになります。よく経営統合の際に、合併ではなく共同持株会社を設

図表Ⅰ-2-18　株式移転（対外的な再編のケース）

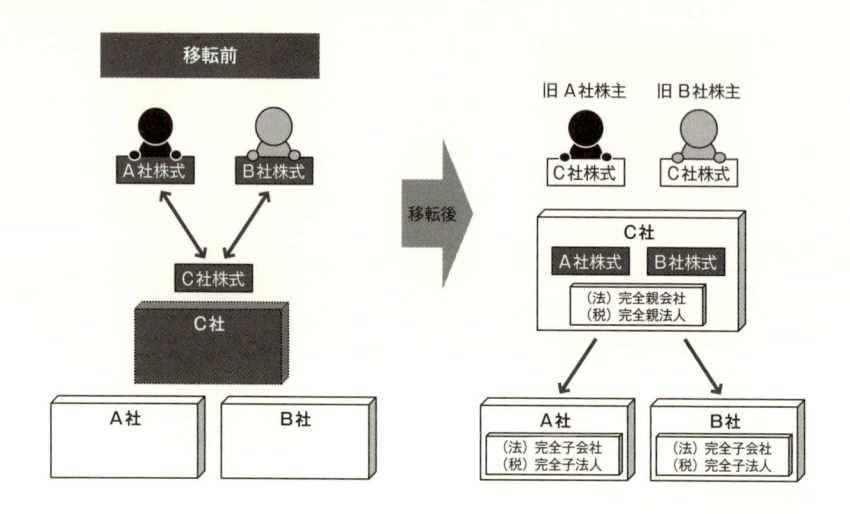

立するのは、この株式移転の手法を活用することにより、2つ以上の株式会社が法人格を残したまま同一企業グループを形成でき、合併時のように合併時までに各種制度（人事、業務、システム他）を合わせる必要がないからです。

　それと同様に、グループ内再編を行う場合にも、株式移転による持株会社設立が検討されることがあります。図表Ⅰ-2-19では、株主が所有していたA社株式を新設されるC社に株式移転により取得させます。これにより、A社はC社の100％子会社となって、持株会社の設立となり、同時に旧A社株主はC社株式を取得することになります。

　株式移転では、保有する株式を対象としていることから、特定の資産や負債だけを移すことができない点に注意を要します（株式交換も同様）。

(5) 株式交換

　株式交換とは、株式会社がその発行済み株式の全部を他の株式会社に取得させることです。図表Ⅰ-2-20のケースでは、B社株主が、保有する全株をA社に取得させ、B社株式の対価としてA社発行の株式を保有することになります。その結果として、B社がA社の100％子会社となります。

図表Ⅰ-2-19　株式移転（グループ内再編のケース）

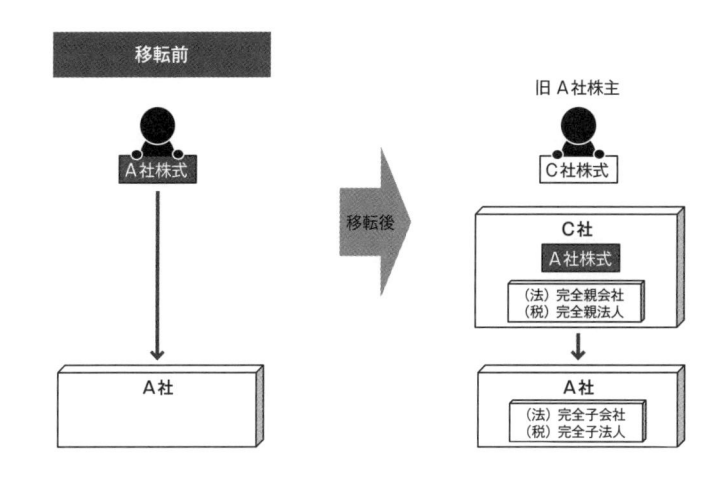

図表Ⅰ-2-20　株式交換

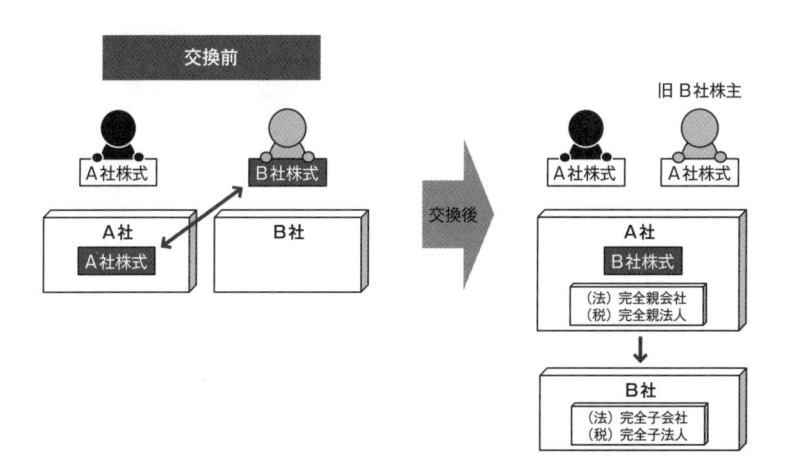

(6) 合併

合併とは、2社以上の会社の契約により、当事会社の一部または全部が解散し、包括的に存続会社に移転することです（図表Ⅰ-2-21）。

手法としての合併には、新設合併と吸収合併の方式があります。一般的には吸収合併を選択することが多く、吸収合併であれば存続するほうの会社（存続会社）

図表 I-2-21　合併（新設合併、吸収合併）

1）新設合併

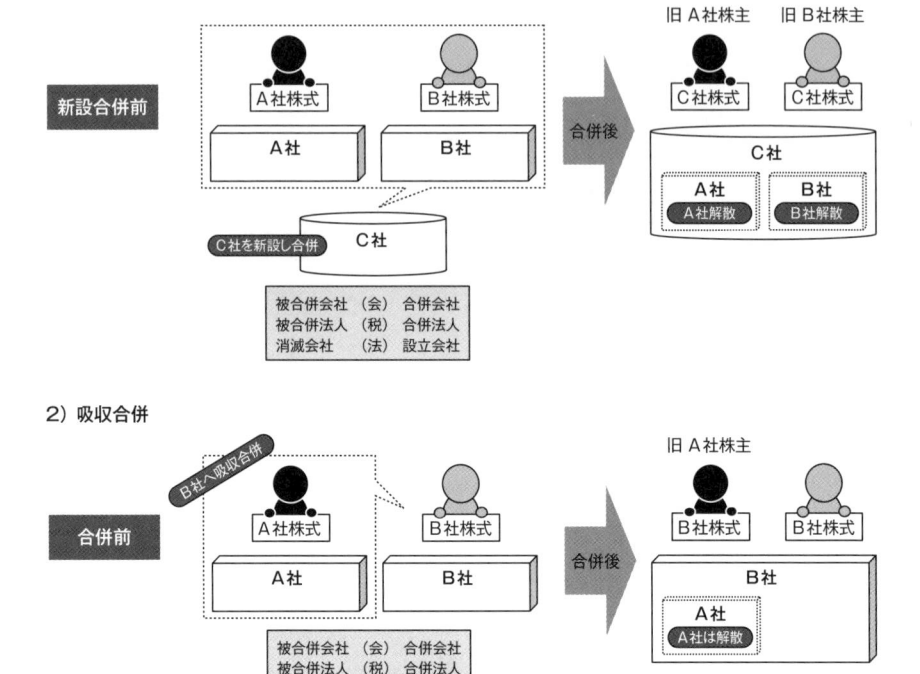

新設合併前：A社（A社株式）、B社（B社株式） → C社を新設し合併 → 合併後：C社（A社解散、B社解散）、旧A社株主・旧B社株主はC社株式を保有

被合併会社（会）	合併会社
被合併法人（税）	合併法人
消滅会社（法）	設立会社

2）吸収合併

合併前：A社（A社株式）→B社へ吸収合併、B社（B社株式） → 合併後：B社（A社は解散）、旧A社株主はB社株式を保有

被合併会社（会）	合併会社
被合併法人（税）	合併法人
消滅会社（法）	存続会社

の制度、仕組みに合わせて消滅会社を承継していけばよく、全く新しい制度・仕組みを構築していく新設合併よりは負担が少ないと考えられます。さらに、保有不動産が多い場合、存続会社であれば不動産移転に伴う登記費用は発生しませんが、吸収合併の消滅会社と新設合併の場合は当時会社共に不動産移転登記費用の負担が発生します。

　吸収合併にした場合、今度は存続会社をどちらにするかが論点となります。存続会社の決定は、対外的な合併を行う場合には、企業規模（売上、従業員数）や企業価値、収益性、成長性、業歴や、グループ内部の人的関係などを考慮してどちらがイニシアチブをとるべきかの観点から決められる場合が多いようです。

　グループ内の組織再編を行う場合も、子会社間でどちらがイニシアチブをとる

図表 I-2-22　現物出資

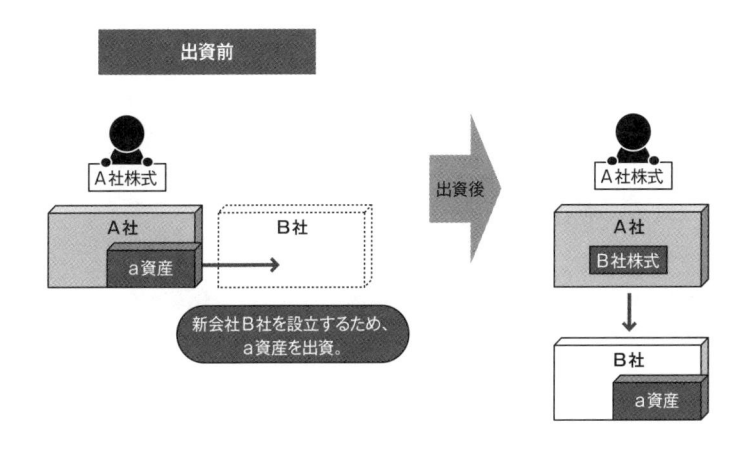

のかといった観点もあろうかと思いますが、実務上は、簿価での移転が可能な税制適格要件を充足できるか、その他諸制度との兼ね合いでどちらを存続会社としたほうがグループにとってメリットがあるのかのといった観点も踏まえる必要があります。

(7) 現物出資

現物出資は、金銭以外の財産を持ってする出資のことです。A社が保有する資産をB社に出資することから、B社はA社の100％子会社となります（図表 I-2-22）。

組織再編後の形態を比較すると、現物出資は分社型会社分割（移転資産等の対価である株式を分割法人に割り当てられるもの）と、よく似ています。しかし、会社分割と現物出資は、会社分割が分割する事業に関して有する権利義務の全部または一部を包括承継するのに対し、現物出資は単に資産を移すのみである点が大きく相違します。

(8) 現物分配

現物分配は法人がその株主に対し、利益の配当として金銭以外の資産の交付をすることをいいますが、これが所定の要件の下で行われるとき、税務上簿価での

図表 I-2-23　現物分配

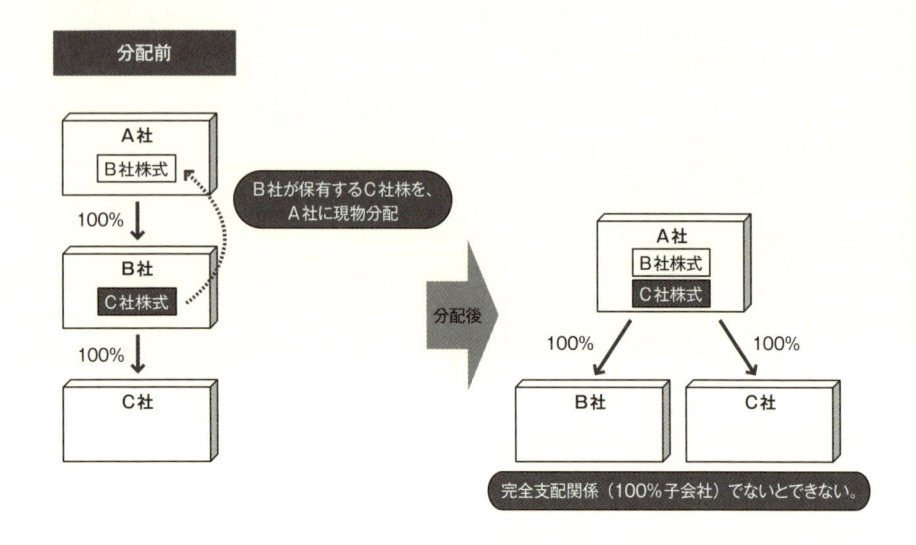

分配前

A社 [B社株式] →100%→ B社 [C社株式] →100%→ C社

B社が保有するC社株を、A社に現物分配

分配後

A社 [B社株式／C社株式] →100%→ B社、→100%→ C社

完全支配関係（100％子会社）でないとできない。

配当が認められる適格現物分配となります（詳細要件については、第5章で解説）。

図表 I-2-23では、親会社A社の100％子会社B社があり、そのB社の100％子会社（A社からみれば孫会社）としてC社があります。このとき、B社保有のC社株式を、B社がA社に対して現物分配をすることにより、C社はB社の子会社（A社の孫会社）から、A社の子会社となります。これを適格現物分配といい、この適格現物分配は完全支配関係（100％子会社）でないとできません。

第3ステージ（組織再編実行）

このステージでは、組織再編の実務と呼ばれる、組織再編期日における会社登記が完了するまでに行われる、会社法、金融商品取引法他で定められた手続き（図表 I-2-1「第3ステージ（5）」）と、グループ経営管理体制の構築面で必要となる手続き（図表 I-2-1「第3ステージ（4）」）について解説します。

再編手法が決定された後の実務上のスケジュールの設定を行い、組織再編実務の実施事項が確定し、各部門の作業タスクが決定されます。

(1) 実務上のスケジュール設定

次ページ図表 I-2-24 は、組織再編スキーム確定に伴う実施項目を記載したスケジュール表の作成例です。

スケジュールの作成では、再編実務のタスクを一つひとつ洗い出してこれをスケジュール表に落し込み、再編実務全体の整合性と効率性を考慮しながらスケジュールを調整していきます。

最初に再編期日をいつにするのかを定め、再編期日から逆算し、実施すべきイベントをどこで行うかを検討します。ここでいうイベントの主なものは、株主総会（基本契約書の承認）と組織再編の実行を社内決議する取締役会（上場会社では適時開示事項）となります。その他にも、グループ内の意思決定機関での決議なども重要なイベントとして位置づけられます。

これらのイベントに合わせて、会社法、金融商品取引法、証券取引所規則などに則した実施項目と、事業遂行上の必要手続き（許認可の取得・届出、取引先への通知、各種契約の見直しなど）を適切なタイミングで実施・完了できるよう調整します（法務関係実務のスケジュール調整については、第Ⅲ部で解説しています）。

(2) 主な実施項目とスケジュール設定に影響を与える項目

以下では、組織再編を行う上での主な実施項目とスケジュールに影響を与える可能性のある検討項目を例示しています。

組織再編スキームを選択する上での主な検討項目

<税務上の主な実施項目>

■組織再編税制への適合（非適格再編時の検討事項）

適格要件の充足、繰越欠損金・含み損の利用制限・引き継ぎ制限

みなし配当課税、資産・負債調整勘定の取り扱い、その他

■グループ法人税制の影響（グループ企業間の資産譲渡、現物分配等の譲渡益課税の繰り延べ）

対象資産、適格現物分配、その他

■その他の税務・会計

株主（オーナー家）に対する税務上の影響（非上場会社）

図表Ⅰ-2-24　会社分割（新設分割）スケジュール（事例）

【会社分割】スケジュール（事例）		3月			4月			5月			6月			7月		
		上旬	中旬	下旬	上旬	中旬	下旬	上旬	中旬	下旬	上旬	中旬	下旬	上旬	中旬	下旬
親会社																
新設会社																

	実施項目	3月			4月			5月			6月			7月		
		上旬	中旬	下旬	上旬	中旬	下旬	上旬	中旬	下旬	上旬	中旬	下旬	上旬	中旬	下旬
000	事業切り出し手法（スキーム）の検討															
0010	各種手法の比較・検討															
0011	事業切り出しに係わる会社方針（経営方針）の確認															
0012	各種手法のメリット・デメリット															
0020	切り出す事業の特定															
0030	手法（スキーム）の決定															
0040	実行スケジュールの策定															
1000	分割手続き（取締役会における分割計画（契約）書承認決議まで）															
1010	新会社の機関設計・保有資産等の検討															
1020	新定款記載事項の検討															
1021	事業目的の変更															
1022	役員の検討															
1030	新会社組織・人員体制、収支構造の検討															
1031	新会社収支構造の検討															
1032	新会社必要な組織の検討															
1033	新会社必要人員の検討															
1040	不動産賃貸借契約の移転交渉															
1041	対象不動産の洗い出し															
1042	方針の決定															
1050	分割事業の許認可等に係る手続き															
1051	許認可の調査															
1052	許認可必要手続の実施															
1053	登記関連事項の調査															
1054	登記関連必要手続の実施															
1055	対外的な重要契約の調査															
1056	対外的な重要契約に係る必要手続きの実施															
1060	分割契約（計画）書の作成															
1100	分割手続き（総会決議関連、その他）															
1110	債権者保護手続き															
1111	官報公告手続き															
1112	個別催告															
1120	事前開示書類備え置き															
1130	事後開示書類備え置き															
1140	労働契約の承継															
1141	社員への説明															
1142	承継法上の通知															
1150	適時開示手続き															
1160	分割子会社の設立登記															

8月			9月			10月			11月			12月			○○年1月			2月			3月			4月		
上旬	中旬	下旬	上旬	中旬	下旬	上旬	中旬	下旬	上旬	中旬	下旬	上旬	中旬	下旬	上旬	中旬	下旬	上旬	中旬	下旬	上旬	中旬	下旬	上旬	中旬	下旬
									取締役会	(分割計画書承認)		総会招集通知	株主総会		←債権者保護期間(1カ月以上)→ ・官報公告 ・個別催告、あるいは日本経済新聞への公告									取締役会	株主総会	

8月			9月			10月			11月			12月			○○年1月			2月			3月			4月		
上旬	中旬	下旬	上旬	中旬	下旬	上旬	中旬	下旬	上旬	中旬	下旬	上旬	中旬	下旬	上旬	中旬	下旬	上旬	中旬	下旬	上旬	中旬	下旬	上旬	中旬	下旬

第2章 組織再編の全体像（4つのステージ）

海外資産の移転にかかわる課税関係

その他（事業計画、資金管理、資産・負債管理、システム設定、会計処理と税務処理との相違による影響など）

＜会社法上の主な実施項目＞
■機関決定事項（組織再編行為の決議）
定款記載事項（事業目的、取締役、資本金など）、契約書（合併契約、分割契約など、その他）
■債権者保護手続き
債権者保護手続きが不要な場合（重畳（併存）的債務引受）、官報公告、個別催告（電子公告、日刊紙への公告）

＜その他事業継続に必要な許認可申請にかかわる実施項目＞
■再編対象会社において事前の取得が前提となる許認可（事例）
建設業関連許認可、運輸関連許認可、その他

＜人事労務上の主な実施項目＞
■組合（社員代表）との適時、適切な交渉と従業員への配慮
不利益変更とならない制度変更
必要な通知（会社分割時の労働契約承継法対応、など）
その他

(3) 相互の関連性

　これらの実施項目には、手続きを行う上で相互に関連する項目がいくつかあります。図表Ⅰ-2-25は、会社分割のケースをもとに、組織再編の実務上の実施項目とその関連性について記載したものです。このケースでは、親会社が保有する事業を切り出して、子会社化する分社型会社分割のケースを想定してください。会社分割を行う場合には、会社法上、組織再編行為として会社分割に関する株主総会決議が必要となります。株主総会では、具体的に、吸収分割契約書（新設分割の場合は、新設分割計画書）の締結を決議します。

図表 I-2-25　組織再編スキームと必要実施項目相互の関連性

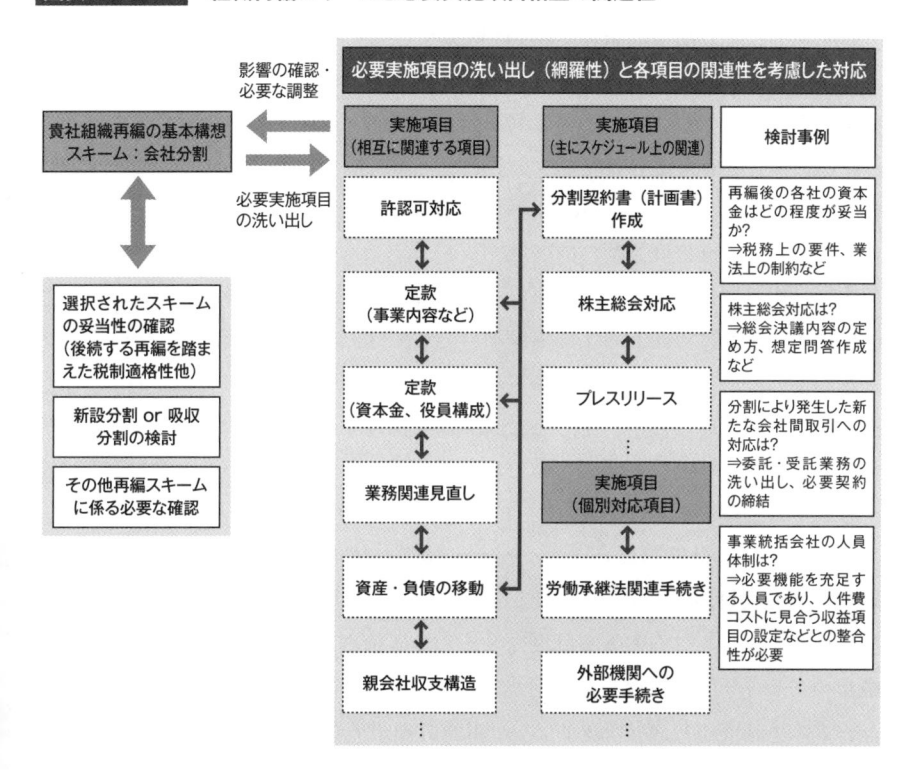

貴社組織再編の基本構想 スキーム：会社分割	⇔ 影響の確認・必要な調整	必要実施項目の洗い出し（網羅性）と各項目の関連性を考慮した対応		
		実施項目 （相互に関連する項目）	実施項目 （主にスケジュール上の関連）	検討事例
↕	必要実施項目の洗い出し	許認可対応	分割契約書（計画書）作成	再編後の各社の資本金はどの程度が妥当か？ ⇒税務上の要件、業法上の制約など
選択されたスキームの妥当性の確認（後続する再編を踏まえた税制適格性他）		定款 （事業内容など）	株主総会対応	株主総会対応は？ ⇒総会決議内容の定め方、想定問答作成など
新設分割 or 吸収分割の検討		定款 （資本金、役員構成）	プレスリリース …	分割により発生した新たな会社間取引への対応は？ ⇒委託・受託業務の洗い出し、必要契約の締結
その他再編スキームに係る必要な確認		業務関連見直し	実施項目 （個別対応項目）	
		資産・負債の移動	労働承継法関連手続き	事業統括会社の人員体制は？ ⇒必要機能を充足する人員であり、人件費コストに見合う収益項目の設定などとの整合性が必要
		親会社収支構造 …	外部機関への必要手続き …	…

　吸収分割契約書の中身には、会社分割により移転する事業と事業に関する資産・負債、権利・義務などとともに、分割承継法人の定款内容（事業目的、取締役、資本金など）が記載されます。分割承継法人の定款内容を記載するのは、分割法人から分割承継法人に対して事業を切り出して移すため、分割承継法人の事業内容に変更が生じ、定款内容の変更が必要となるからです。事業内容の変更は、許認可事業については分割後の届出を行うことで足りるものもあれば、分割実施前に、分割する事業にかかわる認可を分割承継法人が取得しておかなければならない場合もあるため、許認可事業は新設分割を用いて事業を移すことはできないことになります。なぜなら、新設分割では会社分割時に事業が移転して新たな会社（新設分割承継法人）が設立されますので、事前の認可取得ができないからです。このような事前の認可取得が必要な事業を切り出す場合は、会社分割を

行う前に、出資等により準備会社を設立して、準備会社に認可を取得させます。その準備会社を分割承継法人として吸収分割を実施することが多いようです。

その他、資本金額を変更する場合は、監査対象会社の該当、税務上の影響（中小企業の法人税の軽減措置、外形標準課税の免除）や、下請法対象企業の該当などについても考慮する必要があります。

(4) グループ経営管理体制の構築

次に、組織再編の実務と同時平行して行うべき、グループ経営管理体制の構築を見ます。それにかかわる主な実施項目としては、組織再編後のグループ全体の人事制度の設計（グループ人事制度）や、事業子会社の業績評価制度設定、子会社役員の処遇制度の設計、そして、親会社が保有する事業子会社への権限の明確化や、保有する機能に基づく分掌業務の明確化などの組織の権限、業務などに関する規定の整備等があります。

グループ全体最適の観点から、グループで一体管理を行う領域を特定し、グループ内の人材活用を主眼として、グループ共通人事制度を構築する企業が増えています。グループ内の人事制度にかかわる等級制度、報酬制度、評価制度を整備し、グループ間の人材交流が円滑に行えるようにします。図表Ⅰ-2-26は、グループ人事制度の共通プラットフォーム設計のイメージです。

組織再編に伴い、事業子会社のミッションが再定義されるため、事業子会社の求められる役割期待に応じた業績評価制度の設計を合わせて行うこともあります（図表Ⅰ-2-27）。

また、子会社役員の処遇制度の見直しと合わせて、業績評価制度を整備することがあります。親会社・子会社間の集権・分権バランスの課題である、エージェンシー理論やコミットメント問題（37ページ図表Ⅰ-2-10）を踏まえた適切な評価制度を整備する必要があります。

グループ経営管理機能の見直しに伴い、親会社と子会社における取締役・執行役員クラスの処遇方法について、グループ全体の観点から見直されることがあります。親会社・子会社間の集権・分権バランスとの整合性を保ちつつ、事業執行の強化やグループガバナンスの向上、次世代の経営幹部候補の育成など様々な観点を織り込み、グループの方向性に基づいてグループ全体最適を実現するように

図表 I-2-26　グループ人事制度のイメージ

グループ一体で管理範囲の特定

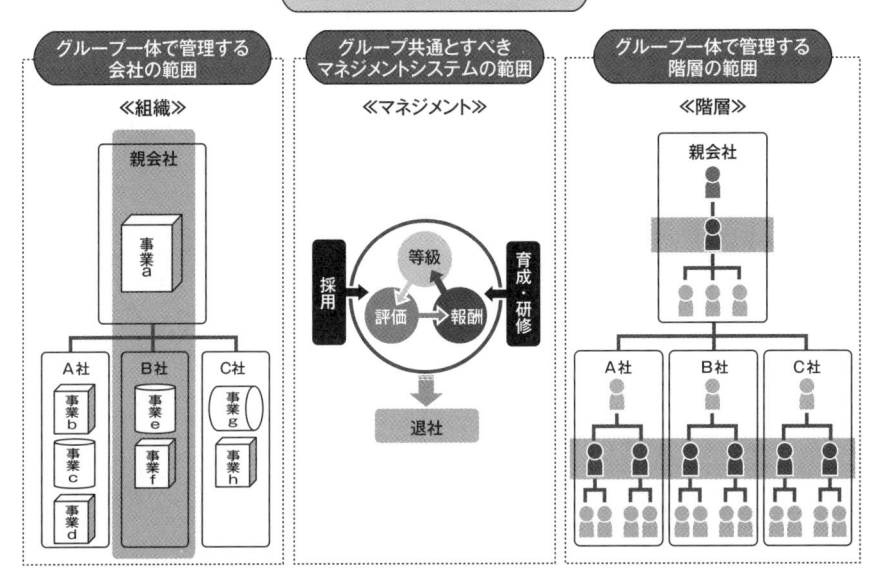

- グループ一体で管理する会社の範囲 《組織》
- グループ共通とすべきマネジメントシステムの範囲 《マネジメント》
- グループ一体で管理する階層の範囲 《階層》

図表 I-2-27　子会社の業績評価制度の整備（例）

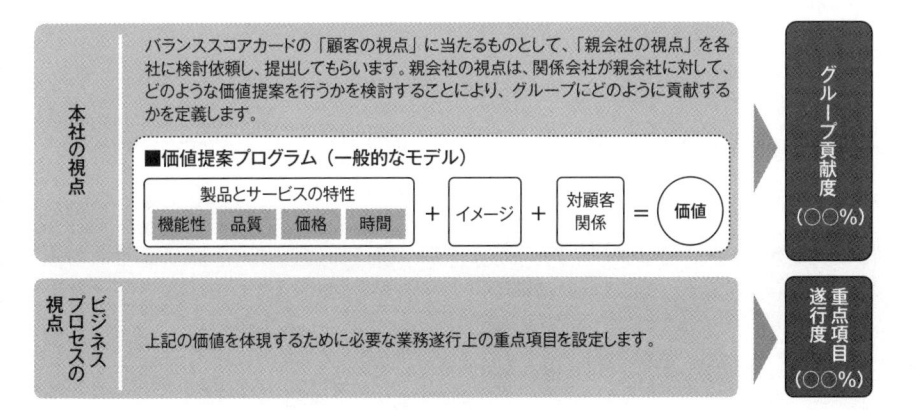

本社の視点	バランススコアカードの「顧客の視点」に当たるものとして、「親会社の視点」を各社に検討依頼し、提出してもらいます。親会社の視点は、関係会社が親会社に対して、どのような価値提案を行うかを検討することにより、グループにどのように貢献するかを定義します。 ■価値提案プログラム（一般的なモデル） 製品とサービスの特性（機能性・品質・価格・時間） ＋ イメージ ＋ 対顧客関係 ＝ 価値	グループ貢献度 (○○%)
ビジネスプロセスの視点	上記の価値を体現するために必要な業務遂行上の重点項目を設定します。	重点項目遂行度 (○○%)

設計します（図表 I-2-28）。

図表 I-2-29は、組織再編後のグループ経営管理体制ならびに保有する経営管

図表 I-2-28　子会社役員の処遇制度の整備

子会社の役員処遇体系に関しては、親会社における役員並びに上級管理職処遇との整合性に配慮しながら制度構築します。

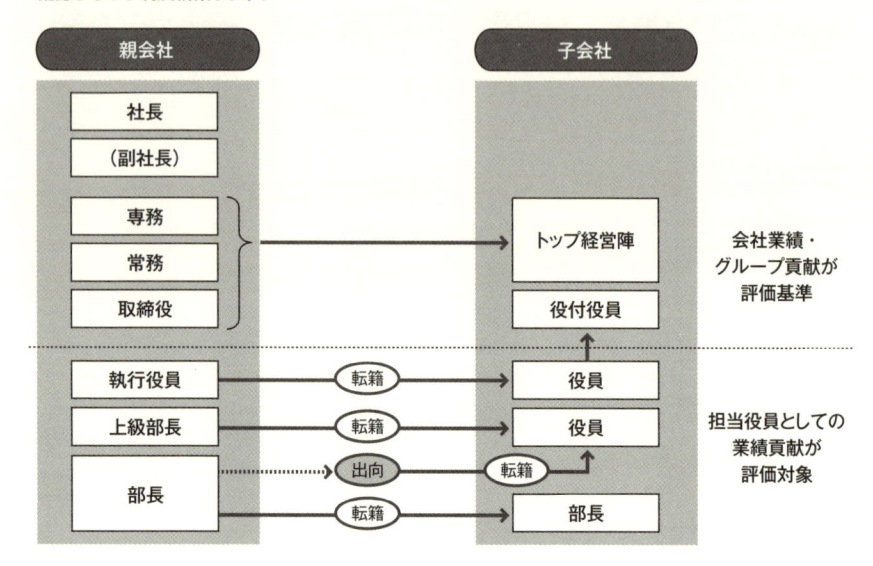

親会社
- 社長
- （副社長）
- 専務
- 常務
- 取締役
- 執行役員
- 上級部長
- 部長

子会社
- トップ経営陣
- 役付役員
- 役員
- 役員
- 部長

親会社の専務・常務・取締役 → 子会社のトップ経営陣
執行役員 →（転籍）→ 役員
上級部長 →（転籍）→ 役員
部長 →（出向／転籍）
部長 →（転籍）→ 部長

- トップ経営陣・役付役員：会社業績・グループ貢献が評価基準
- 役員・部長：担当役員としての業績貢献が評価対象

図表 I-2-29　組織関連規程の整備

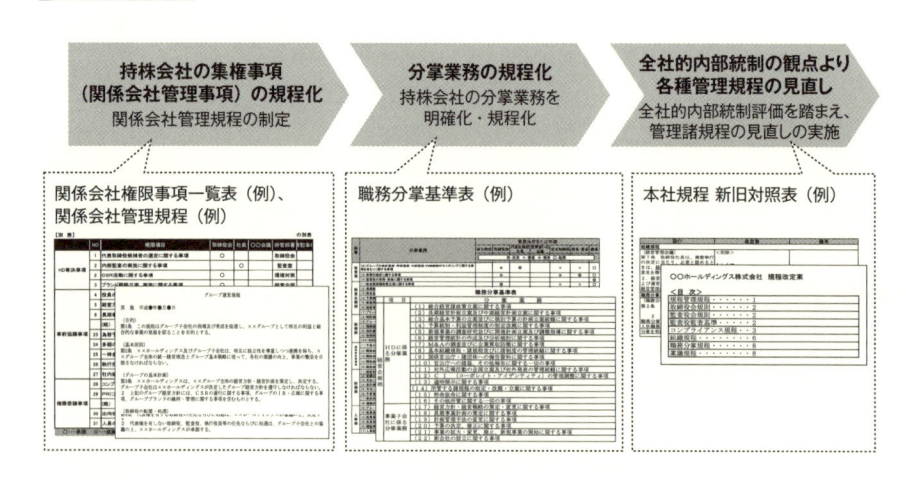

持株会社の集権事項（関係会社管理事項）の規程化
関係会社管理規程の制定

→ 関係会社権限事項一覧表（例）、関係会社管理規程（例）

分掌業務の規程化
持株会社の分掌業務を明確化・規程化

→ 職務分掌基準表（例）

全社的内部統制の観点より各種管理規程の見直し
全社的内部統制評価を踏まえ、管理諸規程の見直しの実施

→ 本社規程 新旧対照表（例）

理機能が変更されることに伴い、各種権限（主に親会社が子会社に対して有する権限）や分掌業務の見直しが必要となることから、それらを規程として見直したものです。上場企業であれば規程の整備はもちろん、金融商品取引法にかかわる内部統制の体制も変更され、各種統制（全社統制、業務プロセス統制、IT統制など）の文書化された書類の見直しも必要となります。

第4ステージ（運用整備）

　グループ内組織再編が行われる背景は、グループを取り巻く市場や競合の動向などがめまぐるしく変わる経営環境に応じて、グループ内の事業や経営資源の最適配分を行い、新たなグループ経営管理体制を構築することにあります。

　これまでの第1～第3ステージでは、組織再編を実行するまでに取り組むべき事項を解説してきました。その中で、第2ステージではグループ経営管理上の必要機能の整備（集権・分権バランスを踏まえたグループ経営管理機能の設計）を、第3ステージではグループ経営管理体制の構築（グループ人事制度の設計、子会社業績評価・子会社役員処遇制度設計、組織関連規程整備・内部統制体制の再整備）を説明してきました。本章の冒頭23ページで記載しましたが第4ステージは組織的な観点より人事的な観点が中心となります。組織再編後のグループの体制に基づく業務運営上の必要な、グループ内の人材育成、グループ間コミュニケーション、必要ルールの設定を連動させ、「グループ経営」の有効性を高めるために取り組むべき活動について簡単にふれます。

　組織再編後のグループ運営を効果的に行うために、各種制度が整備され、組織再編を通じて行われてきた、グループ経営管理が浸透する仕組みづくりが必要です。グループ人事制度の整備と共に、グループ間でのコミュニケーション手段の整備も欠かせません。経営、事業執行、管理業務それぞれにかかわるグループ横断の会議体の整備・運用のほか、自社の企業グループに合った適切なコミュニケーションプランを整備し、運用する重要性が高まっています。

　そのため有効と思われる運用ルールには、グループ内コミュニケーション手段として、会議体の設計やグループの人事制度を踏まえたキャリアアッププランな

図表Ⅰ-2-30　業務運営上の必要な仕組み・ルール

第2ステージ
(2) グループ経営管理上の必要機能の整備
- 親会社・子会社間の集権・分権バランス
- ⇕
- 親会社経営管理機能充足状況
- ⇕
- 親会社経営体制と収益構造との整合性

第3ステージ
(4) グループ経営管理体制の整備
- グループ人事制度
- ⇕
- 子会社業績評価・子会社役員処遇制度の整備
- ⇕
- 組織・管理規程整備内部統制対応

第4ステージ
(6) コミュニケーション手段
- グループ内人材育成（キャリアアッププラン他）
- ⇕
- グループ間コミュニケーション（必要会議体の設計）
- ⇕
- 必要ルールの設定

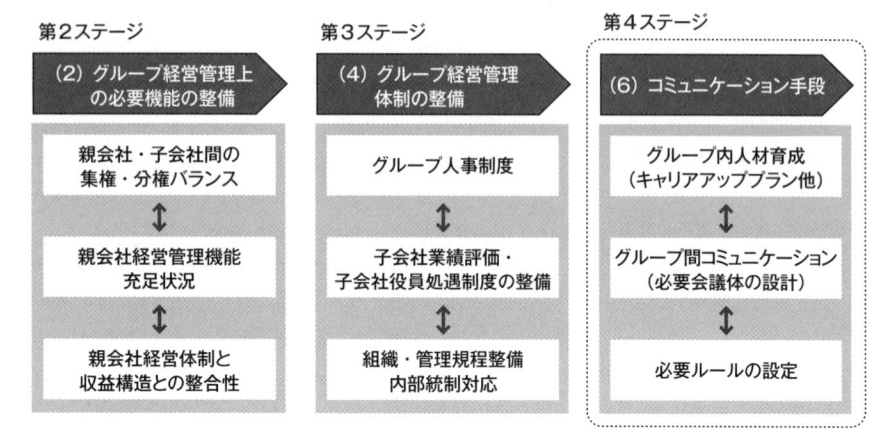

図表Ⅰ-2-31　グループ内キャリア形成

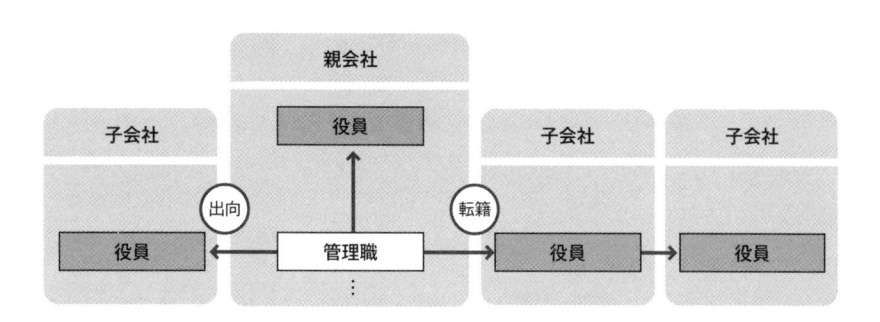

親会社：役員
子会社：役員 ← 出向 ← 管理職 → 転籍 → 子会社：役員／子会社：役員
管理職 → 親会社役員

などがあります。

　図表Ⅰ-2-31は、グループ内キャリア形成のイメージ図です。親会社の上級管理職人事制度と関連子会社の役員処遇等を包括的に評価・検討して、グループ全体を活用した上級管理職を中心としたキャリアパスを構築します。

　この他にも、役職員間の対話ができる公式・非公式の場の創設や、リーダー育成の仕組みの整備など様々な取り組みがあろうかと思います。

　自社にあった制度・仕組みを取り入れながら、自社グループの方向性に合わせて、常に進化させる必要があると考えます。

第3章

事例に基づく組織再編実務上の留意点

　これまで、グループ内組織再編を行う背景と、グループ内組織再編の全体像を解説してきましたが、本章では、実際のコンサルティング現場での実例を基に作成した3つの事例でどのような検討がなされているかについて説明します。

　事例では、第2章で解説してきた、組織再編の全体像の4つのステージにあわせ、ステージ1の基本構想段階として、「組織再編の背景」で整理し、第2ステージの機能設計と組織再編スキームの策定までを解説します。第3ステージに該当する実行段階については、第2ステージにおける組織再編手法が決定されることにより、主要な実施項目が固まりますので、事例での説明は省略しています（50ページの第3ステージ（組織再編実行）説明並びに、第Ⅲ部にて示す実務内容をご参考にしてもらえればと思います）。また、事例1から事例3については、組織再編の実務上の論点を中心として解説しているため、機能設計上の運用面に着目した第4ステージ（運用整備）については触れておりません。

　それでは、事例を確認します。

【事例1：子会社同士の合併】
・親会社の出資割合50％超100％未満の子会社同士の合併案件

■グループ企業の概要

A社
事業内容・出資比率他：機械製造（東証1部上場）
企業規模：売上高800億円　従業員1,500人
個社の状況：グループの主力事業を担うが高コスト体質である。

B社
事業内容・出資比率他：保険代理店、廃棄物処理（A社60％出資）
企業規模：売上高30億円、従業員120人
個社の状況：コア事業との関連性の無い保険代理店事業と、A社並びにC社の生産・加工工程で排出される有害物質や排水等の処理を行う廃棄物処理業を行う。廃棄物処理に係わる処理施設（土地・建物）を保有しているが多額の含み損を有している。

C社
事業内容・出資比率他：部品加工（A社70％出資）
企業規模：売上高170億円、従業員380人
個社の状況：A社の製造ラインに必要な部品の加工・製造を行う。5年前に生産現場で事故が発生した多額の賠償等を行い、繰越欠損金を抱えている。

グループ会社合計売上高（内部取引相殺前）1,000億円、従業員2,000人

■組織再編の背景（ステージ1）

　本業を取り巻く外部環境は、原材料の調達コストの高止まりや、国内・海外の競合企業との価格競争が激しくなるなか、長年にわたり原価や販売管理費のコスト削減に取り組んできているが、グループ企業の持続的成長を維持するためには、価格競争に耐えうるさらなる経営改善が必要な状況にあります。

　一方、グループ企業の競争力の源泉は、開発・生産における技術力、その技術力に裏付けられた高品質な製品、高品質製品を作り上げる従業員の資質やモチベーションであり、これらに配慮した経営改善の取り組みが必要です。

　そこでA社の機械製造事業を切り出し、事業上の関連性が高いB社の廃棄物処理事業およびC社の部品加工・製造事業と一体運営する方針を打ち出しました。

図表Ⅰ-3-1　事例1

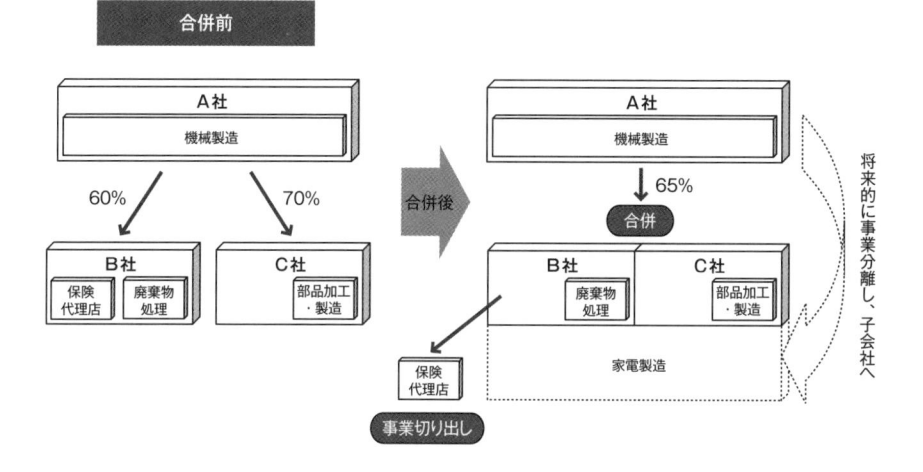

合併前

- A社（機械製造）
  - 60% → B社（保険代理店／廃棄物処理）
  - 70% → C社（部品加工・製造）

合併後

- A社（機械製造）
  - 65% → 合併：B社（廃棄物処理）＋C社（部品加工・製造）＝家電製造
  - B社から保険代理店を事業切り出し
- 将来的に事業分離し、子会社へ

　ただし、A社で製造事業に従事している従業員に対してできる限り不安感を与えないようにするため、まずはB社とC社の経営統合を行い、経営統合後一定期間が経過した後に、A社の製造事業をA社から切り出し、統合後のB社・C社に移行することを決めました。

■組織再編スキーム検討時の留意事項
　第1ステージで出されたグループ内組織の基本方針を踏まえて、最適な組織再編手法（または組織再編手法の組合せ）を検討します。

①B社、C社の合併方式の検討
　B社・C社の経営統合を行うことが基本方針として決定しています。基本方針で、B社の不採算事業の切り出しのタイミングを経営統合と同時に行うのであれば、会社分割や事業譲渡なども組織再編手法の選択肢にはいるかと思いますが、このケースではまず経営統合を行い、その後に不採算事業の切り出しや、親会社からの事業の受け入れを想定していますので、B社・C社の合併を前提に検討していくことにします。
　手法としての合併では、新設合併と吸収合併の方式があります。一般的には吸

収合併を選択することが多く、その場合、存続会社をどちらにするかが論点となることを47ページ合併の項で説明しました。存続会社の決定は、グループ内の組織再編を行う場合も、子会社間でどちらがイニシアチブをとるのかといった観点もあろうかと思いますが、実務上は、簿価での移転が可能な税制適格要件を充足できるか、その他諸制度との兼ね合いでどちらを存続会社としたほうがグループにとってメリットがあるのかのといった観点も踏まえる必要がある点もすでに説明した通りです。

（存続会社決定に影響を及ぼす事項）
①両社の保有許認可
　B社では廃棄物処理業を行っています。B社を消滅会社とする場合は、都道府県単位で事業許可の再取得が必要となる可能性が高く、取得の手間や新たな許認可番号となることのデメリット（例えば、当該許認可の認可の番号が、その県で最初であり、認可の番号が対外的な信用力につながっているケース）を考慮する必要があります。

②保有資産が与える影響
　C社は部品の加工・製造を行っており、生産拠点としての不動産を保有しています。保有不動産の評価額にもよりますが、C社を消滅会社とするのであれば不動産移転の登記費用が発生します。

③税制適格要件の充足
　組織再編に伴い移転する資産・負債等を帳簿価格で移転させる場合は、組織再編に係る税制適格要件を充足する必要があります（33ページ参照）。この事例では、50％超100％未満のグループ間の合併であり、100％グループ内組織再編における要件である「株式等の交付要件」「支配関係継続要件」に加えて、「従業者引継要件」（移転する事業の概ね80％の従業者が移転後も事業に従事する見込みであること）、「事業継続要件」（移転する事業が移転後も営まれる見込みであること）を充足する必要があります。
　特に、「従業者引継要件」と「事業継続要件」については組織再編による事業

移転後の継続性が問われる内容です。C社を存続会社とした場合、消滅会社B社から受け入れた事業のうち、不採算事業として撤退見込みである保険代理店事業は事業継続要件に合致しない可能性が高く、また保険代理店事業を撤退するとなるとC社から引き継いだ従業者の概ね80％が継続して従事しているかも問われることになります。

④繰越欠損金の引継ぎ・使用制限、含み損の引継ぎ・使用制限の確認
　繰越欠損金、含み損のある資産の引継ぎについては、税制適格か、非適格かによって使用の制限が変わります。非適格再編であれば繰越欠損金、含み損の使用制限は原則ありませんが、適格再編の場合は一定の使用制限があります（第Ⅱ部134～145ページ参照）。

⑤株式交換比率を踏まえた、合併後の外部株主保有比率の確認
　100％のグループ内子会社同士の合併ではないので、株式交換比率（合併比率）に基づき、合併後の株式が各株主に割り当てられることになります。特に外部株主の構成にどのような影響を与えるのかを検討しておくこともあります。

⑥合併に伴う各種制度（人事・労務、システムなど）、勘定科目などの調整、その他
　人事上の処遇や評価制度の統一を図らなければならないのはもちろんですが、退職金・年金等の制度がある場合は、移行実務の負担がどの程度かを検討する必要があります。また、保有するシステムや使用する勘定科目などをどちらに合わせるのかといった内容も、存続・消滅会社の決定に影響を与えます。

　事例1における組織再編スキームを検討する際の主な論点を上記①～⑥に示しました。事業上の許認可取得や、保有する不動産の移転登記費用など、発生する事務負担や実費をベースに検討しつつ、税務面では、税制適格再編か否かを検討する必要があります。税制適格再編を行うならC社を存続会社としたほうが「事業継続要件」「従業者引継要件」に抵触せずに済みそうですが、繰越欠損金、含み損の活用を考えた場合は、非適格再編を行った方がメリットを享受できる可能

性もあります。また、外部株主の存在も無視できません。合併に伴い、外部株主の構成比率はどのように変化するのかも検討しておかねばなりません。上記の項目を中心に比較検討し、グループ全体の観点から存続会社をどちらとすべきかを決定する必要があります。

【事例２：純粋持株会社への移行】

・親会社の事業部門を新設分割により事業子会社化し、純粋持株会社体制へ移行

■グループ企業の概要

事業内容・グループ出資比率他
Ａ社：物流関連（東証１部上場）
企業規模
グループ会社合計売上高（内部取引相殺前）1,500億円、従業員5,000人
Ａ社：売上高1,200億円　従業員4,500人
グループ内子会社数：Ｂ社、Ｃ社、Ｄ社ほか約20社
個社の状況
Ａ社：グループの主力事業を担うが競争環境が厳しく収益性が低下。保有不動産が多く減損リスクを抱える。また、多数の子会社を傘下に有しており子会社の統制や管理面も課題になっている。

■組織再編の背景（ステージ１）

　Ａ社は事業会社として全国展開し、安定的な成長を遂げてきましたが、近年は競合他社との競争が激化し、収益性が低下傾向にあります。グループ方針として株主に対する安定的な配当を行うことを掲げていますが、Ａ社は事業用資産として多数の不動産を保有しており、事業収益との兼ね合いで、保有資産の減損処理による特別損失の計上する懸念（減損リスク）を抱えています。配当原資を確保する上で、減損リスクを排除する必要があります。

　また、Ａ社は本業の拡大や、本業以外の事業拡大のため積極的にＭ＆Ａを行い、約20社の子会社・関連会社を保有しています。しかし、子会社・関連会社へ

図表Ⅰ-3-2　事例2

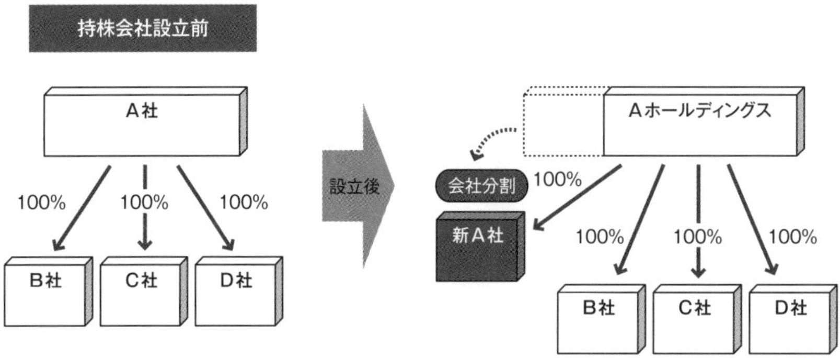

持株会社設立前

A社 → 100% → B社、C社、D社

設立後

Aホールディングス → 100% → 会社分割 → 新A社
Aホールディングス → 100% → B社、C社、D社

の関与は親会社役員を子会社に派遣する方法に拠るところが大きく、子会社・関連会社への統制は行えているものの、A社の事業活動を中心とするグループ事業活動やグループ管理活動が運営されており、親会社と子会社・関連会社の間や、子会社・関連会社同士での協業などは十分に行えていませんでした。

背景を整理すると以下の2点に課題が集約できます。

・成長戦略を維持しM&Aを継続していくために、グループガバナンス、グループ経営管理上の課題（親会社A、既存子会社B、C、D他との処遇、制度の違い他）への対応
・懸念される減損リスクを排除しつつ、グループ方針である株主に対する安定配当を継続するため、事業収益に頼らない収益構造への変換

⇒上記課題を踏まえ、A社事業部門を分離し、純粋持株会社体制へ移行し、グループ経営管理・グループガバナンスの強化を図り、その上で、純粋持株会社として事業収入ではなくグループ内子会社・関連会社の管理収入をベースにした収益構造の転換を図り、結果として株主に対する安定的な配当の継続を実現できる体制を構築します。

■組織再編スキーム検討時の留意事項

　第1ステージで出されたグループ内組織の基本方針を踏まえて、最適な組織再編手法（または組織再編手法の組合せ）を検討します。
　事例2は、先ほど解説した事例1と異なり、組織再編スキームの策定のみでは

なく、グループを統括する親会社の機能設計を合わせて検討することになります。

純粋持株会社体制への移行の検討にあたっては、まず、純粋持株会社で何を行うのかを決める必要があります。グループ方針やグループビジョンを踏まえつつ、グループ経営上の必要機能を検討しますが、現状保有している機能を中心に、純粋持株会社移行に伴い新たに強化、改善すべきものがあれば追加することになります。その際に34ページで示したグループ経営管理機能整備フォーマットを用いることで、追加すべき機能や改善すべき機能の特定の助けになります。グループ経営管理機能の過不足を検討する際には、親会社と子会社との権限事項の設定状況（集権・分権バランス）も影響します。親会社で統制を強化していく集権事項については、親会社による統制が行えるだけの組織・人員体制が必要です。また分権項目については、子会社・関連会社の自主性に任せることになりますが、一方で、親会社としては子会社・関連会社の自主性のみに頼るわけにいきませんので、分権項目について親会社ではモニタリング（継続的な評価）を行う必要があります。つまり、集権・分権バランスに応じた管理体制を整えるということであり、言い換えれば、グループ経営管理機能を親会社と子会社・関連会社との集権・分権バランスを踏まえて設計し、必要な組織・人員体制を設定することになります。

必要な組織・人員体制が設定されると純粋持株会社の大まかなコスト構造が分かりますので、人件費を中心とするコストを賄うだけの必要収益を設定します。

純粋持株会社の収益項目としては、主に子会社・関連会社からの受取配当金や、経営指導料、業務受託収入、不動産賃貸収入などがあります。想定可能収益項目を積み上げ、必要コストを賄えるかを確認します（38ページ参照）。収益項目の設定を検討する中で、経営指導料、業務受託収入等では、十分な収益を賄えず、A社事業用資産ではない本社や他の不動産を保有し、子会社・関連会社に賃貸することを検討し、適切な収支構造の設計を行います。

ここまでは、グループ経営管理にかかわる機能設計について説明してきましたが、この機能設計が組織再編スキームに影響を及ぼすことがあります。

純粋持株会社体制へ移行するためにA社事業を切り出しますが、その手法として主なものは、会社分割による親会社からA社事業を切り出して子会社にする方

法や、株式移転より親会社を新設しA社がその子会社となる方法があります。親会社の組織体制をグループ経営管理機能の設定と合わせて検討する中で、収益項目の設定で不動産賃貸収入が必要になる場合は、株式移転方式は、採用できないことになります。株式移転では、資産を移すことが出来ないからです（46ページ参照）。

この事例では、収益構造の観点から一部の不動産を持株会社に残す必要が生じることを主な要因として、会社分割方式を採択しました。

純粋持株会社を設立する際には、会社分割方式または株式移転方式のどちらかを選択することが多いのですがその際、どちらの方式を採択するかは、この事例のように資産を移す必要性の有無であったり、再編後の組織形態の違い（株式移転の場合は孫会社ができてしまい、さらなる組織再編（孫会社の子会社化）が必要になります）であったりします。また、株式移転により新設された会社の資本金の設定によっては多額登記費用がかかるなどといった事由から、グループ内再編においては会社分割方式を採用するケースが多いようです。

最後に、このケースでは、会社分割により純粋持株会社への移行を行うことになりましたが、会社分割の方式としては分社型新設分割で行うことになりました（図表Ⅰ-3-2参照）。

もし、切り出すA事業が許認可事業であれば、新設分割では事前の許認可の取得が出来ない懸念があります（事業にかかわる許認可内容により事前の許認可取得が必要なこともありますのであらかじめ確認する必要があります）。事前に会社を設立してその設立した会社で許認可を取得した後で、A事業を切り出す吸収分割の手法を選択する必要があります（41ページ参照）。

【事例3：事業子会社間の類似事業の集約】
・グループ内に有する類似事業を集約し、事業効率性の観点から再編成したケース

■グループ企業の概要
　グループ会社合計売上高（内部取引相殺前）5,000億円、従業員10,000人
　事業内容

A社：総合建設業
B社：不動産販売業（不動産売買、賃貸）
C社：貸ビル業（グループ内保有物件の賃貸）、内装工事業
D社：建設業、ビルメンテナンス業（ビル清掃）
E社：セキュリティサービス業

グループの状況

・総合建設業グループとして本業に関連する事業を子会社が担い展開し発展する。
・C社事業は、グループ内部取引が中心であり、外部取引を拡大させたい。
・E社は一定の外部顧客を開拓しており、機能強化によりさらなる業容の拡大が狙える。

また、親会社A社の従業員の転籍先としての受け皿の期待もある。

■再編の背景

　内部取引への依存体質を改善するためC社事業を貸ビル業と内装工事業に分け、それぞれ関連性の高い事業に集約させる再編を行うことにします。C社貸ビル業をB社不動産販売業と統合し、C社内装工事業は、E社セキュリティサービス業と統合し、更に事業上の関連性の高いD社ビルメンテナンス業も統合することを決定する。

■組織再編スキーム検討時の留意事項

　本ケースの組織再編ではB社、C社、D社、E社の4社が関係しており、特にC社は内装工事業を切り出し、B社との統合の2つの組織再編を行う必要があります。D社からビルメンテナンス業を切り出してE社に移す行為を含め、それぞれの事業の切り出し、統合時の組織再編手法の選択と、一連の組織再編を通じて、手法選択上の制約事項の有無の確認が必要となります。まずは、個別の組織再編行為を3つに区分けして検討します。

1)【B社とC社との統合】
主な検討事項

図表Ⅰ-3-3　事例3

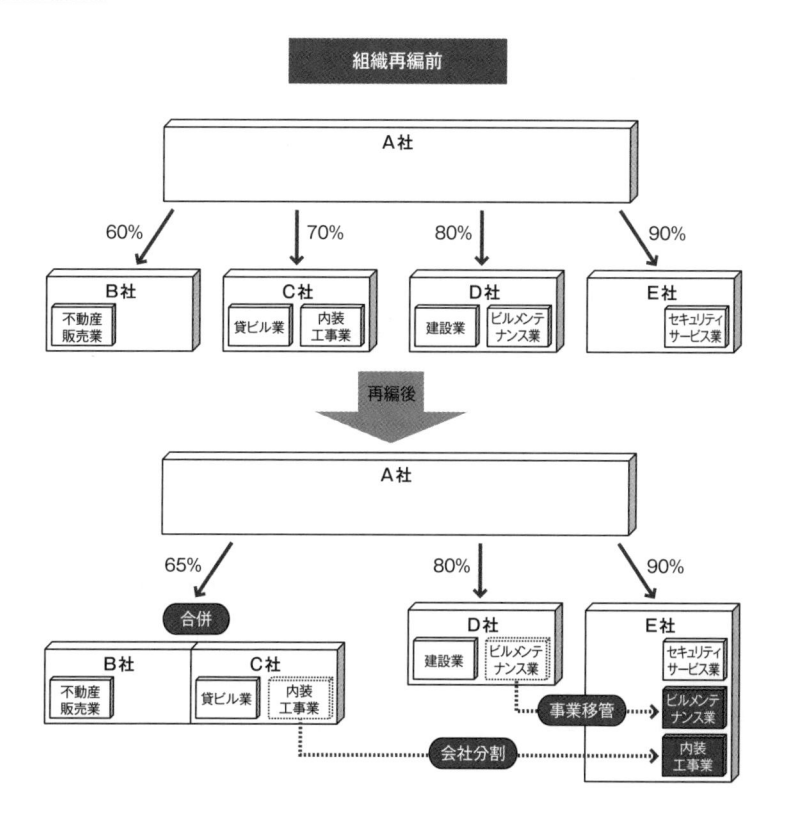

【組織再編前】

- A社
  - 60% → B社（不動産販売業）
  - 70% → C社（貸ビル業、内装工事業）
  - 80% → D社（建設業、ビルメンテナンス業）
  - 90% → E社（セキュリティサービス業）

【再編後】

- A社
  - 65% → 合併（B社〔不動産販売業〕＋C社〔貸ビル業、内装工事業〕）
  - 80% → D社（建設業、ビルメンテナンス業）
  - 90% → E社（セキュリティサービス業、ビルメンテナンス業、内装工事業）
  - D社ビルメンテナンス業 → E社（事業移管）
  - C社内装工事業 → E社（会社分割）

①合併方式の検討（存続会社の決定）
②税制適格要件の充足
③繰越欠損金及び保有資産の含み損の使用制限
④合併比率算定と外部株主との交渉
⑤C社内装工事業の切り出しのタイミング（B社との合併前か後か）

　B社とC社を統合する手法は複数存在しますが、ここでは事務負担、不動産等の移転にかかわるコストを考慮し、吸収合併を前提に検討します。

　①について、吸収合併ではどちらの会社を存続会社（消滅会社）にするかを決定します。事例1でも解説しましたが、企業規模（売上、従業員数）や企業価値、収益性、成長性、業歴や、グループ内部の人的関係などを考慮して決められる場

合が多いようです。このケースでは、C社事業はグループ内部取引への依存度が高いことが一つの要因となってB社との統合が検討されてきた背景を考えれば、B社を存続会社とすることが自然な流れと思われます。

②について、資産・負債を簿価で移転できる税制適格再編を前提に考えた場合、B社、C社共に親会社A社の出資割合が50％超～100％未満ですので、従業者引継要件や事業継続要件を満たす必要があります。C社は、保有する内装工事業を切り出すことを前提としていることから、B社を存続会社とする吸収合併を行った後に、消滅会社のC社が保有していた内装工事業を切り出し、合併時に引継いだ事業の従事者の20％以上が内装工事業の切り出しと共に別会社に移籍してしまうと、税制適格要件の従業者引継要件を満たせず、非適格再編となり資産・負債を時価で引き継ぐことになります。非適格合併とならないよう従業者引継要件を充足させるためには、合併前にC社の内装工事業を切り出しまうことが方法の一つとなります。

また、③にある繰越欠損金、含み損をB社、C社のいずれかまたは両社が保有しているのであれば、その活用についても検討をしておく必要があります（詳細は、第Ⅱ部134～145ページを参照）。

④の合併比率算定と外部株主との交渉に関しては、B社、C社ともにA社の完全支配関係にない（100％出資子会社ではない）ことから、合併に際し合併比率（株式交換比率）の算定を要します。⑤にあるC社の内装工事業を切り出す前と後では、C社が保有する資産が大きく変わることから、合併比率（株式交換比率）も変化します。当然、外部株主の出資割合に影響を与えます。特に外部株主の出資割合が大きく変化するのか、注視する必要があります。

2）【C社会社分割】
主な検討事項
①合併と会社分割の実施時期の検討
②税制適格要件の充足
③移転対象事業の従業員の再編後の身分（出向or転籍）について

①と②については、1）のB社とC社との統合で上述したとおりです。③の分割

後の従業員の身分についてですが、移転事業に従事する従業員の中には、分割承継法人へ転籍してしまうことに不安を感じ、分割法人に籍を置いた出向扱いを求めるケースがあります。分割承継法人に出向して移転する事業に従事すること自体は、会社法他、法的な問題はありません。しかし、ここでも税制適格要件の従業者引継要件に影響を及ぼす可能性があるので注意を要します。従業者引継ぎ要件は、移転する事業の役員と従業員の80％以上が組織再編後の受入法人の業務に従事する見込みであることですので、出向を安易に認めてしまうと移転した事業に従事する従業員の多くが分割法人に戻ってしまい、要件を満たせなくなるリスクを抱えることになります。

3)【D社業務移管】
①事業譲渡、会社分割との比較検討
②移管業務の対価

会社分割、事業譲渡、業務移管については、どれも同じように、事業を切り出して移す効果がありますが、その内容や取るべき手続きが大きく異なることは、44ページで解説しました。業務移管も一つの選択肢となりますが、注意事項としては、移管する業務に対価を発生させずに、業務を移しますので、移管業務に価値が認められる場合は譲渡益課税が課せられる懸念があります。

4)【1)、2)、3)の組織再編を通じての主な検討事項】

関係する企業が多く、複数の組織再編手法を組み合わせた組織再編スキームを活用することになります。

一連の組織再編行為を通じて税制適格要件が充足できるのか否か、実務上の手続きに齟齬が起こる懸念はないかといった確認が必要となります。例えば、C社は今回の組織再編では、会社分割と合併を行うことになりますが、グループの経営者は一連の組織再編スキームを円滑に進め、できることなら同じタイミングですべてのスキームを実行したいと考えます。しかし、C社労働組合の代表から、従業員労働環境に大きな影響を及ぼす複数の組織再編行為を同時期に行うことは従業員への不安を助長するので、分割と合併の実施時期は、一定の期間をあけた上で実行して欲しい、という要請があったとするならば、経営としても組合の意

向に配慮すべきです。この場合、組織再編のスケジュールは大きな見直しを迫られます。この他にも、関係する会社が多いことから、組織再編上の契約締結等の意思決定や承認決議を行う取締役会や株主総会の日程も、余裕を持ってスケジュールの調整を行う必要があります。

第II部
税務・会計上の論点と実務のポイント

第4章

グループ内組織再編の会計

1 組織再編に関する会計基準の概要

　組織再編に関する会計基準は「企業結合に関する会計基準」「事業分離等に関する会計基準」とこの2つの会計基準を適用する際の指針を定めた「企業結合会計基準及び事業分離等会計基準に関する適用指針」から構成されています。組織再編の会計においては、事業を移転する側の企業、受け入れる側の企業およびこれらの企業の株主の3者が会計の主体となり、それぞれの立場に応じた会計処理の考え方を理解すると同時に、特に、グループ内組織再編では、連結財務諸表上の処理を理解することが重要になります。以下では、特段の断りがない場合、個別財務諸表上の会計処理を解説しますが、必要に応じて連結財務諸表上の処理も解説することとします。

　会社分割を例にとって考えてみます。A社（分割会社）は、a事業（被結合企業）を分割しB社（承継会社）に移転させ、その対価としてB社株式を受け取るものとします。この場合、A社は、分離元企業として位置付けられ、事業移転の会計処理には事業分離等会計基準が適用されます（図表Ⅱ-4-1）。

　またB社はA社からa事業を受け入れ、その対価として自社の株式をA社に交付します。この場合B社は結合企業として位置付けられ、B社のa事業受け入れの会計処理には企業結合会計基準が適用されます。企業結合会計基準では企業結

図表Ⅱ-4-1　企業結合会計基準と事業分離等会計基準の関係

```
                        結合当事企業の株主
        ┌──────────────┐              ┌──────────────┐
        │  被結合企業株主  │              │   結合企業株主   │
        └──────┬───────┘   株主の会計処理  └──────┬───────┘
               │                                   │
    分離元企業 │          結合当事企業              │  分離先企業
    ┌─────────▼─────────┐              ┌─────────▼─────────┐
    │                    │              │                    │
    │       A社          │◄──── 対価 ───│       B社          │
    │                    │   現金、      │      結合企業       │
    │                    │   B社株式など │                    │
    │      ┌──────┐      │              │      ┌──────┐      │
    │      │ a事業 │      │──── 事業 ──►│      │ a事業 │      │
    │      │被結合 │      │              │      │被結合 │      │
    │      │ 企業 │      │              │      │ 企業 │      │
    │      └──────┘      │              │      └──────┘      │
    └────────────────────┘              └────────────────────┘
     事業分離（分離元企業）                企業結合（結合企業）
        の会計処理                             の会計処理
```

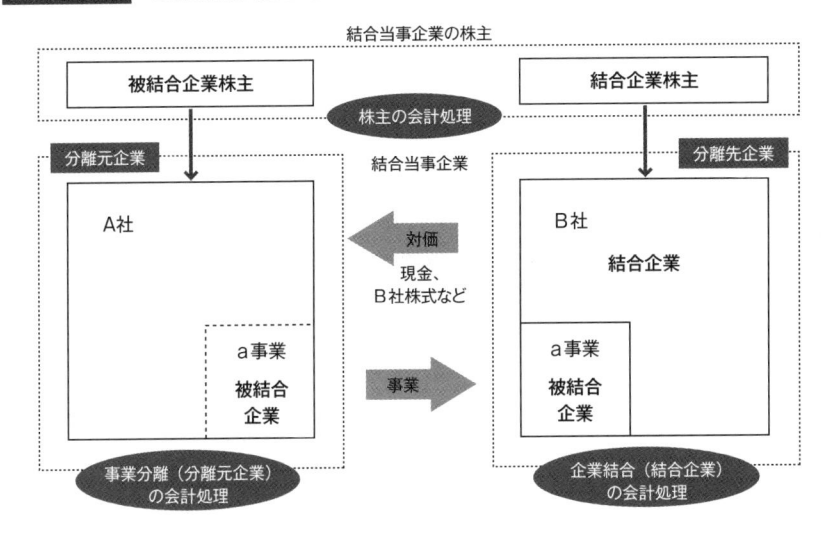

図表Ⅱ-4-2　企業結合の類型

	取得	共通支配下の取引等	共同支配企業の形成
定義	ある企業が他の企業または企業を構成する事業に対する支配(※1)を獲得すること。共通支配下取引、共同支配企業の形成以外の企業結合。	結合当事企業のすべてが、企業結合の前後で同一の株主に支配され、かつその支配が一時的でない場合の企業結合。	複数の独立した企業が契約等に基づき、当該共同支配企業を形成する企業結合。
典型例	企業の買収、独立企業間での合併。	親子会社間の合併、兄弟会社間の合併。	合弁企業の設立。
受入資産負債の測定	資産負債を企業結合日の時価を基礎として評価し、取得原価との差額をのれんとして認識。	適正な帳簿価額。(※2)	適正な帳簿価額。(※2)

　　　　　　　　　　　　　　　　↓
　　　　　　　　　　　グループ内組織再編

※1　ある企業または事業の活動から便益を得るために、その企業または事業の財務及び経営方針を左右する能力を有すること
※2　一般に公正妥当と認められる会計基準に準拠して会計処理された帳簿価額

合をその性質により「取得」「共通支配下の取引」「共同支配企業の形成」に分類したうえでそれぞれの会計処理を規定しており、これらの概要は図表Ⅱ-4-2のとおりです。

用語の説明

【企業結合】 ある企業またはある企業を構成する事業と他の企業または他の企業を構成する事業とが一つの報告単位に統合されること。

【事業分離】 ある企業を構成する事業を他の企業（新設される企業を含む）に移転すること。

【結合当事企業】 企業結合の当事者となる企業をいい、結合企業と被結合企業に分けられる。

【結合企業・被結合企業】 企業結合において他の企業または他の企業を構成する事業を受け入れて対価（現金等財産や自社の株式）を支払う企業を「結合企業」といい、当該他の企業または事業を「被結合企業」という。

【結合後企業】 企業結合によって統合された一つの報告単位となった企業。

【取得】 ある企業が他の企業または企業を構成する事業に対して支配を獲得すること。

【取得企業・被取得企業】 ある企業またはある企業を構成する事業を取得する企業を「取得企業」といい、取得される企業を「被取得企業」という。

【共通支配下の取引】 結合当事企業（または事業）のすべてが、企業結合の前後で同一の株主により最終的に支配され、かつ、その支配が一時的でない場合の企業結合。

【分離元企業・分離先企業】 事業分離において、当該企業を構成する事業を移転する側の企業を「分離元企業」といい、分離元企業から事業を受け入れる企業（新設される企業を含む）を「分離先企業」という。

　グループ内組織再編は、原則的に「共通支配下の取引」に該当しますが、本書では、企業結合の性質により分類される「取得」「共通支配下の取引」について対比するとともに株主の会計処理について概要を解説します。
　結合当事企業の株主についても組織再編の手法によっては、株式の持分割合が変動したり、株式の交換が行われることがあり、企業結合会計基準及び事業分離

等会計基準に関する適用指針を中心に会計処理が規定されています。

2　結合企業の会計処理

結合企業においては、その組織再編が「取得」「共通支配下の取引等」「共同支配企業の形成」のいずれに該当するかにより、その会計処理が決まります。

図表Ⅱ-4-3　取得の会計処理～結合企業の会計処理～

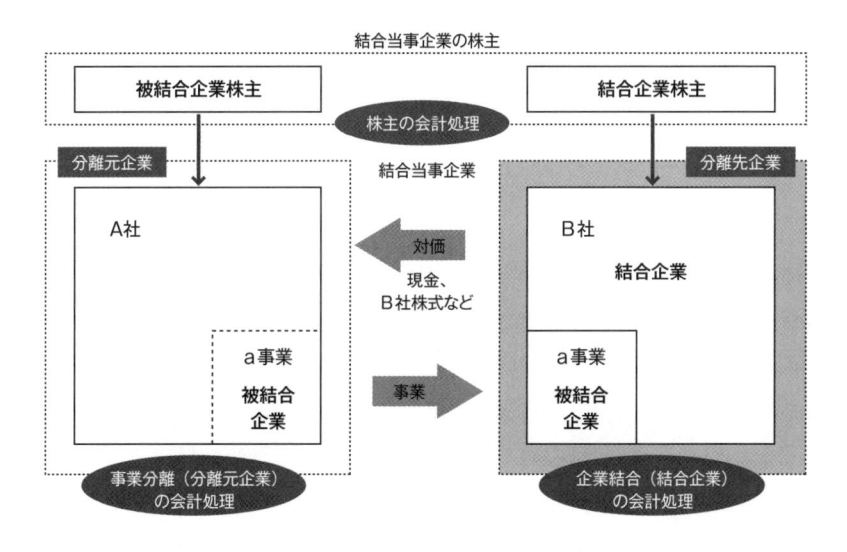

結合当事企業の株主

被結合企業株主　　　　　　　　結合企業株主

株主の会計処理

分離元企業　　　　結合当事企業　　　　分離先企業

A社　　　←対価　　　B社
　　　　　現金、　　　結合企業
　　　　　B社株式など

a事業　　　事業→　　　a事業
被結合　　　　　　　　被結合
企業　　　　　　　　　企業

事業分離（分離元企業）　　　企業結合（結合企業）
の会計処理　　　　　　　　　の会計処理

1）取得の会計処理

取得とは、ある企業が他の企業または企業を構成する事業に対して支配を獲得することをいいます（企業結合会計基準9）。親会社が子会社を吸収合併する場合には、合併前からもともと親会社が支配を獲得しているために、取得には該当しません。一方、関連会社を吸収合併する場合には、当該合併によってはじめて支配を獲得することとなるため、取得に該当することになります。取得企業では、企業結合の会計処理として、個別財務諸表及び連結財務諸表において、被取得企業から受け入れる資産・負債の取得原価を原則として対価として交付する現金や株式の時価とするパーチェス法が適用されます。パーチェス法の会計処理は以下

図表Ⅱ-4-4　パーチェス法（取得原価とその配分）

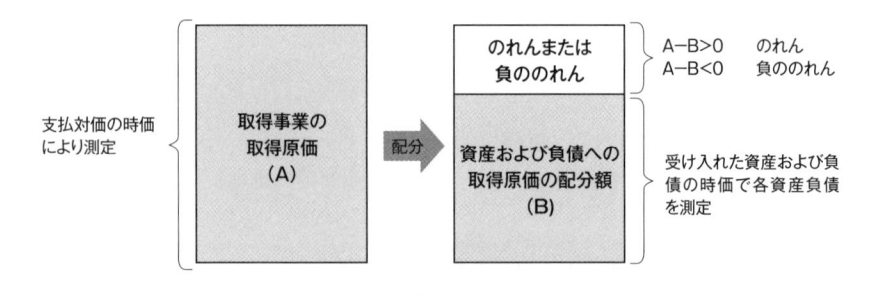

```
                    ┌──────────────┐
                    │ のれんまたは  │   A-B>0  のれん
                    │  負ののれん   │   A-B<0  負ののれん
         ┌─────────┐├──────────────┤
支払対価の│取得事業の│配│資産および負債への│
時価により│取得原価  │→│取得原価の配分額  │受け入れた資産および負
測定      │  (A)     │分│      (B)         │債の時価で各資産負債
         └─────────┘└──────────────┘を測定
```

①被取得企業または取得事業の支払対価をもとにした時価評価（取得原価の算定）
②受け入れた資産および負債を時価に基づいて①の取得原価を各資産及び負債に配分（取得原価の配分）
③取得原価＞配分額　　　のれん（20年以内に規則償却）
　取得原価＜配分額　　　負ののれん（発生事業年度の利益）

の手順で行われることになります（図表Ⅱ-4-4）。

①取得企業の決定

　企業結合が共通支配下の取引等および共同支配企業の形成に該当せず、取得と判定された場合、結合当事企業のうちいずれかを取得企業として決定します。被取得企業の支配を獲得することとなる取得企業の決定は、原則として連結会計基準の考え方と同様に議決権の過半数を所有するなど企業の意思決定機関を支配しているかどうかに基づき行われます。このため結合後企業に支配株主が存在するときは、当該株主に企業結合前から支配されていた結合当事企業（当該株主の子会社）が取得企業とされます。連結会計基準の考え方でどの結合当事企業が取得企業になるか明確でない場合には、次の要素を考慮し、取得企業を決定します。

　a. 主な対価の種類が現金もしくは他の資産の企業結合の場合

　　現金もしくは他の資産を対価として引き渡す企業（結合企業）が取得企業となります。

　b. 主な対価の種類が株式である企業結合の場合

　　通常、株式を交付する企業（結合企業）が取得企業となります。ただし逆取得の場合もあるため、総体としての株主の議決権の大きさや最も大きな議決権

を持つ株主の存在についても考慮します。
c. 結合当事企業のうち、いずれかの企業の相対的規模（総資産、売上高、当期純利益など）が著しく大きい場合
　通常、相対的規模が著しく大きい結合当事企業が取得企業となります。
d. 結合当事企業が3社以上である場合
　いずれの企業が企業結合を最初に提案したかについて考慮します。

逆取得

　企業結合の対価として株式を交付した場合で、交付株式数が発行済株式数の過半数を超えるようなケースでは、企業結合により対価（株式）を支払った企業（結合企業）が、事業等を移転した企業（被結合企業）に支配を獲得されることになります。これを逆取得といい、被結合企業が取得企業となり、結合企業が被取得企業になります。

　対価を支払い、いわゆる「買った」側の企業が、会計上「取得された」企業となることから逆取得と呼ばれます。例えば合併で逆取得のケースでは、存続会社が被取得企業となり、取得企業は消滅会社となって法人格が消滅するということになります。

逆取得の例

●吸収分割によりA社からa事業をB社に移転して移転先が子会社となった場合

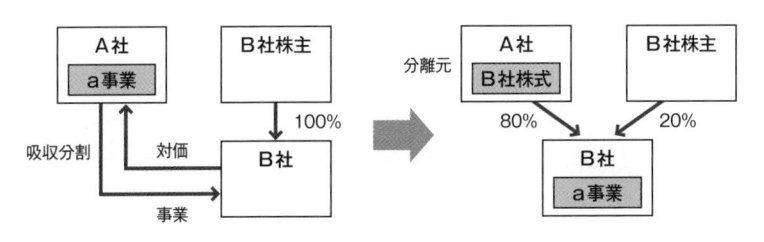

このケースでは、対価を支払った結合企業（B社）が企業結合の結果a事業を通じてA社に支配される結果となっている。
取得に該当する企業結合において「結合企業（対価を支払った企業）≠取得企業」となる場合を逆取得という

②取得原価の算定

　取得した事業の取得原価は、原則として取得の対価（支払対価）となる財の企業結合日における時価に取得に直接要した支出額を加算して算定します（企業結合会計基準23、26）。支払対価が現金以外の資産の引渡しまたは株式の交付の場合には、支払対価となる財の時価と被取得企業または取得した事業の時価のうちより高い信頼性をもって測定可能な時価で算定します（図表Ⅱ-4-5）。例えば対価が上場株式のケースでは、市場における取引価格が入手でき、客観的で信頼性ある時価が得られるため、これを用いることになります。

図表Ⅱ-4-5　取得事業の取得原価の算定

対価の種類	現金	現金以外の資産または株式
取得事業の取得原価	対価の時価（＝現金の価額）	①対価となる財または株式の時価 ②被取得企業または取得事業の時価 ①②のうち、より高い信頼性をもって測定可能な時価

　特に支払対価が株式の場合、以下の順に検討し、取得原価を算定します（適用指針38）。

ⅰ）取得企業の株式に市場価格がある場合
　企業結合日における株価×交付株式数

ⅱ）市場価格はないが、取得企業の株式に合理的に算定された価額が得られる場合
　当該価額×交付株式数
　なお、合理的に算定された価額には、類似会社比準方式、割引将来キャッシュフロー法などが含まれます

ⅲ）ⅰ、ⅱが得られない場合で被取得企業の株式の合理的に算定された価額が得られる場合
　企業結合日における当該価額×交付株式数

ⅳ）上記が得られない場合
　被取得企業から受け入れた資産および負債の企業結合日の時価を基礎にした正味の評価額

③取得原価の配分

　取得原価は、被取得企業から受け入れた資産および負債のうち、企業結合日時点において識別可能なもの（識別可能資産および負債）の企業結合日時点の時価を基礎として、当該資産および負債に対して企業結合日以後1年以内に配分するものとされています（企業結合会計基準28）。また取得原価と取得原価の配分額との差額はのれん（負ののれん）となります（同31）。

（ⅰ）識別可能資産および負債とは

　識別可能資産および負債とは、被取得企業の企業結合日前の貸借対照表に実際に計上されていたかどうかにかかわらず、企業がそれらに対して対価を支払って取得した場合、原則として我が国において一般に公正妥当と認められる企業会計の基準下で認識されるものとされています（企業結合会計基準99）。仮に無対価で被結合企業が取得した資産があれば、貸借対照表に計上されていないことが考えられますが、例えば法律上の権利（特許権、実用新案権、商標権、著作権等）などの無形の資産でも、分離して譲渡可能な資産であれば識別可能なものとして扱われます。

（ⅱ）識別可能資産および負債への取得原価の配分額の算定

　識別可能資産および負債への取得原価の配分額は、企業結合日における次の時価を基礎として算定します。

a．市場価格に基づく価額
b．合理的に算定された価額

手法	内容
コストアプローチ	取得に要するコストをもって評価（原価法など）
マーケットアプローチ	同等の資産が市場で取引される価格で評価（取引事例比較法など）
インカムアプローチ	将来の期待収益をもって評価（収益還元法、割引キャッシュフロー法など）

　なお、被取得企業が一般に公正妥当と認められる会計基準に準拠し資産および負債の適正な帳簿価額を算定しており、かつこの帳簿価額と時価の差異が重要でないと見込まれる場合には、適正な帳簿価額を基礎として取得原価を配分できる

とされています。

(ⅲ) のれんの会計処理

取得原価が受け入れた資産および負債の純額を上回る場合、その超過額はのれんとして資産に計上し、20年以内の効果のおよぶ期間にわたって定額法など合理的方法で規則的に償却します。逆に下回る場合には、その不足額を負ののれんとして認識し、すべての識別可能資産および負債が把握され、適切に取得原価の配分が行われているかを見直したのち、負ののれんが生じた事業年度の利益として処理します。

④企業結合の形態別の会計処理

取得とされる企業結合は、組織再編の形式により大きく2つに分類されます。

(ⅰ) 企業または事業の直接取得

ある結合当事企業が他の結合当事企業または事業を直接取得する組織再編の形式。
・合併
・会社分割
・事業譲受
・現物出資

(ⅱ) 企業の間接取得

ある結合当事企業が他の結合当事企業の株式取得を通じて他の結合当事企業を間接取得する組織再編の形式。
・株式交換
・株式移転

取得とされる企業結合における結合企業の会計処理における直接取得、間接取得の相違は、以下の図のように個別財務諸表上の会計処理に影響します。

直接取得の場合、結合企業(取得企業)の個別財務諸表において、被結合企業

図表Ⅱ-4-6　企業または事業の直接取得①〜取得企業の会計処理〜

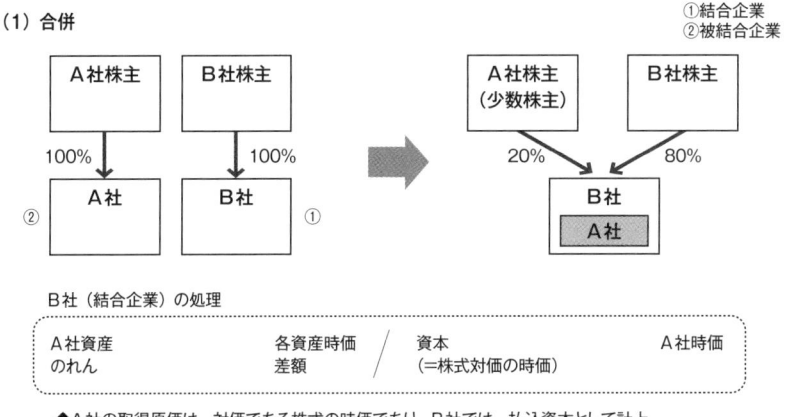

(1) 合併

①結合企業
②被結合企業

```
A社株主 → 100% → A社  ②
B社株主 → 100% → B社  ①
⇒
A社株主（少数株主） 20%
B社株主 80%
→ B社
　 A社
```

B社（結合企業）の処理

A社資産	各資産時価	/	資本	A社時価
のれん	差額		（＝株式対価の時価）	

◆A社の取得原価は、対価である株式の時価であり、B社では、払込資本として計上
◆受入資産を各資産の時価で計上
◆A社の取得原価と受入資産の差額をのれん計上

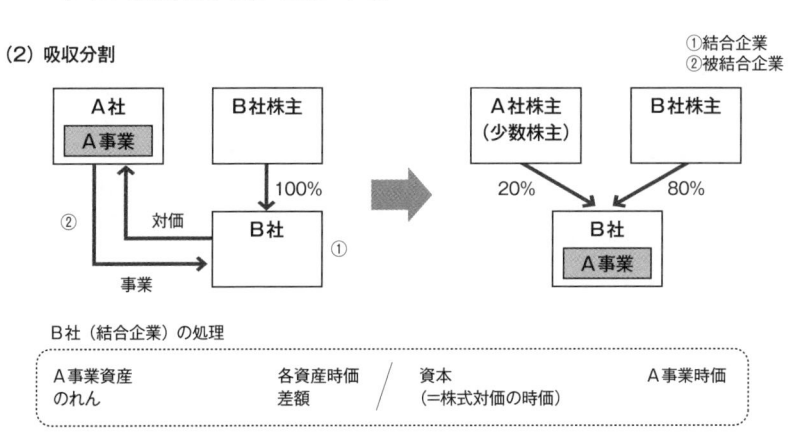

(2) 吸収分割

①結合企業
②被結合企業

```
A社（A事業）  ②
B社株主 → 100% → B社  ①
対価 / 事業
⇒
A社株主（少数株主） 20%
B社株主 80%
→ B社
　 A事業
```

B社（結合企業）の処理

A事業資産	各資産時価	/	資本	A事業時価
のれん	差額		（＝株式対価の時価）	

◆A事業の取得原価は、対価である株式の時価（＝A事業時価）であり、B社では、払込資本として計上
◆受入資産を各資産の時価で計上
◆A事業の取得原価と受入資産の差額をのれん計上

の資産および負債は時価で計上され、支払対価の時価との差額がのれんとして計上されます。

一方、間接取得の場合、結合企業（取得企業）の個別財務諸表において被取得企業の株式が子会社株式として、発行された取得企業の株式（取得対価）の時価

図表Ⅱ-4-7　企業又は事業の直接取得②～取得企業の会計処理～

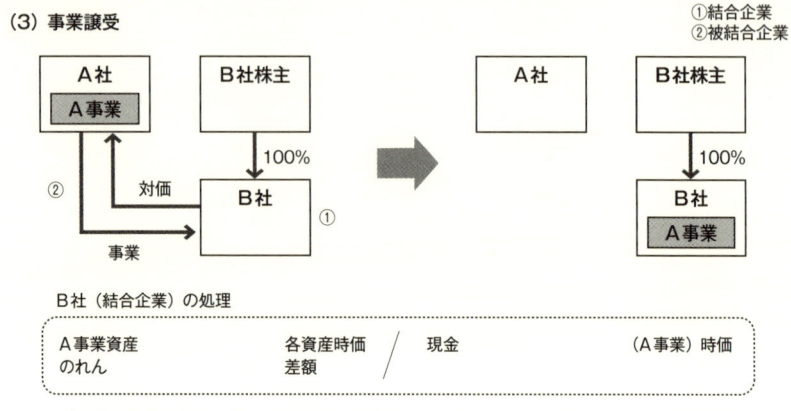

(3) 事業譲受

①結合企業
②被結合企業

B社（結合企業）の処理

| A事業資産 | 各資産時価 | 現金 | （A事業）時価 |
| のれん | 差額 | | |

◆A社の取得原価は、対価である現金の価額であり、結合企業B社では、支払った現金を減少させる
◆受入資産を各資産の時価で計上
◆A社の取得原価と受入資産の差額をのれん計上

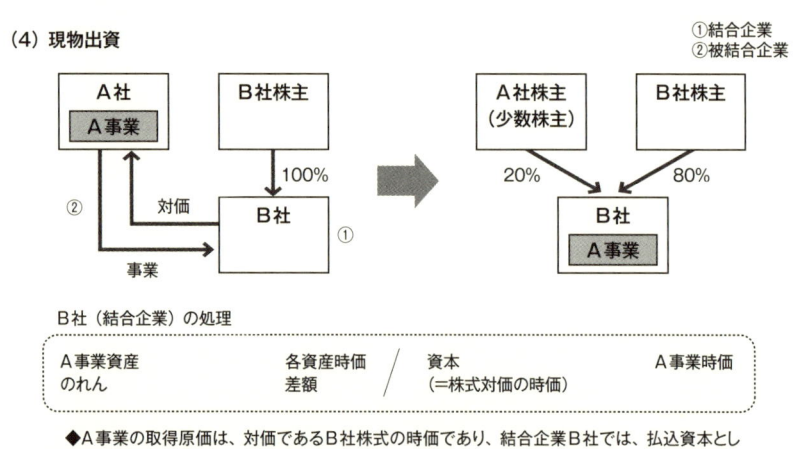

(4) 現物出資

①結合企業
②被結合企業

B社（結合企業）の処理

| A事業資産 | 各資産時価 | 資本 | A事業時価 |
| のれん | 差額 | （＝株式対価の時価） | |

◆A事業の取得原価は、対価であるB社株式の時価であり、結合企業B社では、払込資本として計上
◆受入資産を各資産の時価で計上
◆A事業の取得原価と受入資産の差額をのれん計上

で計上されます。このため被取得企業の資産および負債は、結合企業の個別財務諸表に計上されず、のれんも計上されません。

　なお連結財務諸表においては、被結合企業の資産および負債はいずれのケースにおいても時価で計上され、取得対価の時価との差額がのれんとして計上され相

図表II-4-8　企業の間接取得～取得企業の会計処理～

(1) 株式交換

① 結合企業
② 被結合企業

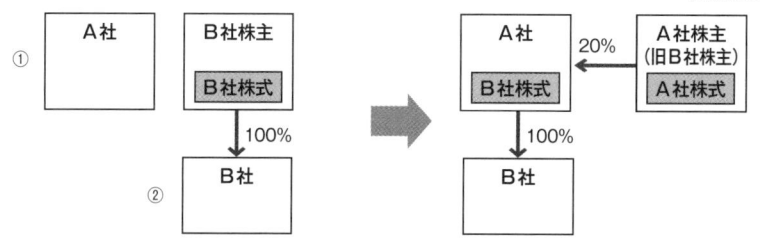

A社（結合企業）の処理

B社株式	A株時価 / 資本	A株時価

◆B社の取得原価は、対価であるA社株式の時価であり、結合企業A社では、払込資本に計上
◆受入れたB社株式を支払った対価であるA社株式の時価で計上
◆個別財務諸表では、個別資産が計上されないため、のれんは生じない

(2) 株式移転

① 結合企業
② 被結合企業

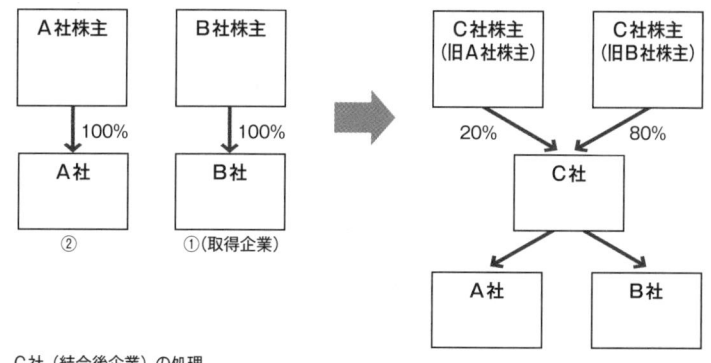

C社（結合後企業）の処理

A社株式	B社株時価 / 資本	借方合計
B社株式	B社資本簿価	

◆結合後企業C社を旧B社主が支配しているため、取得企業はB社となる
◆旧A社株主がC社の議決権比率20%を得るのに必要なB社株式を取得企業であるB社が発行した場合のB社株式時価でA社株式を計上
◆株式移転日直前のB社（取得企業）の株主資本簿価
◆個別財務諸表では、個別資産が計上されないため、のれんは生じない

違はありません。

2）共通支配下の取引等の会計処理

企業結合会計基準では、企業集団内における企業結合および事業分離を独立企業間の企業結合と区分し、共通支配下の取引等の会計処理として定めています。

企業集団内の組織再編の会計処理には、「共通支配下の取引」「少数株主との取引」があり、この2つを総称して「共通支配下の取引等」といいます。

①共通支配下の取引の会計処理の概要

共通支配下の取引とは、結合当事企業（または事業）のすべてが、企業結合の前後で同一の株主により最終的に支配され、かつ、その支配が一時的でない場合の企業結合をいいます（企業結合会計基準16）。グループ内の組織再編は、基本的に共通支配下の取引に該当することになります。

共通支配下の取引は、個別財務諸表の作成にあたっても連結財務諸表と同様に企業結合の前後で純資産等の帳簿価額が相違することにならないように、企業集

図表Ⅱ-4-9　共通支配下の取引イメージ

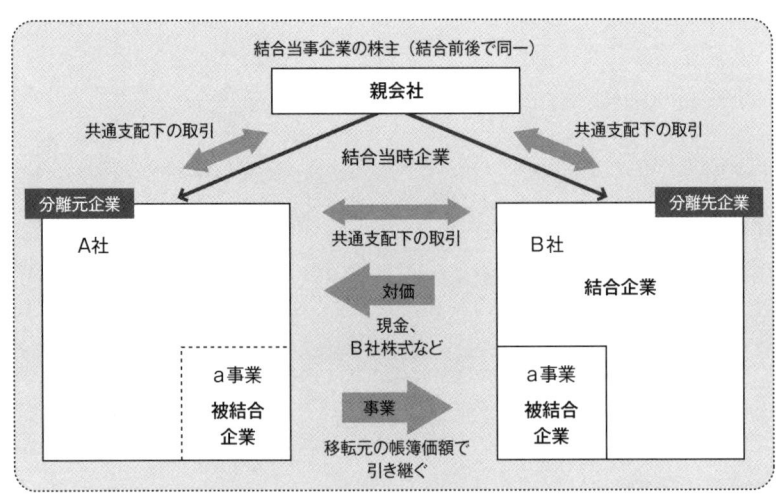

共通支配下の取引は企業結合の前後で同一の株主により最終的に支配され、かつ、その支配が一時的でない場合の企業結合をいいます。子会社同士の企業結合や子会社と親会社間の企業結合も共通支配下の取引となります。

団内における移転先の企業は移転元の適正な帳簿価額により会計処理することを原則としています（企業結合会計基準41）。また移転された資産および負債の対価として交付された株式の取得原価は、当該資産および負債の適正な帳簿価額に基づいて算定されます。なお、共通支配下の取引は、親会社の立場からは企業集団内における純資産等の移転取引として内部取引と考えられるため、連結財務諸表上は、すべて消去されることになります。

適正な帳簿価額

共通支配下の取引において、移転先の企業は、原則として移転元の適正な帳簿価額により会計処理するものとされています。ただし、親会社と子会社が企業結合する場合、連結財務諸表の作成にあたり子会社の純資産等の帳簿価額を修正しているときは、親会社の個別財務諸表においては連結財務諸表上の金額である修正後の帳簿価額により計上しなければならないものとされています。

---

②共通支配下の取引の範囲

共通支配下の取引における支配の主体である企業には、公開企業以外の非公開企業や外国企業も含まれます。また企業集団は「支配」により形成されていることから、支配の主体が法人であれ個人であれ本質的に差がないことから、支配主体が個人の場合も含むとしています（適用指針435）。

また、共通支配下の取引に含まれる結合当事企業は、親会社および子会社であり、関連会社は含まれません。関連会社との企業結合は、企業集団内の企業結合ではないと解されているためです。そのため関連会社との企業結合は、取得または共同支配企業の形成に分類されることになります。

※1　子会社

子会社とは、財務及び営業または事業の方針を決定する機関（株主総会など）を支配されている会社であり、具体的には株主総会の議決権の過半数を他の会社に所有されている場合、当該会社は他の会社の子会社となる。

図表Ⅱ-4-10　取得と共通支配下の取引

移転事業の対価（株式）
- 取得：時価
- 共通支配下の取引：適正な簿価

→ 事業 →

移転事業
- 時価
- 適正な簿価

← 対価（株式） ←

移転事業に伴う受入資産および負債
- のれん又は負ののれん（差額）
- 時価
- 適正な簿価

取得
　株式は取得企業の株式時価
共通支配下
　株式は移転資産の適正な帳簿価額

取得
　移転事業の取得原価は、対価である株式の時価
共通支配下
　移転事業の取得原価は、受入資産および負債の適正な帳簿価額

取得
　資産および負債の取得原価は各資産および負債の時価
　⇒差額はのれん
共通支配下
　資産および負債の適正な帳簿価額
　⇒差額は発生しない

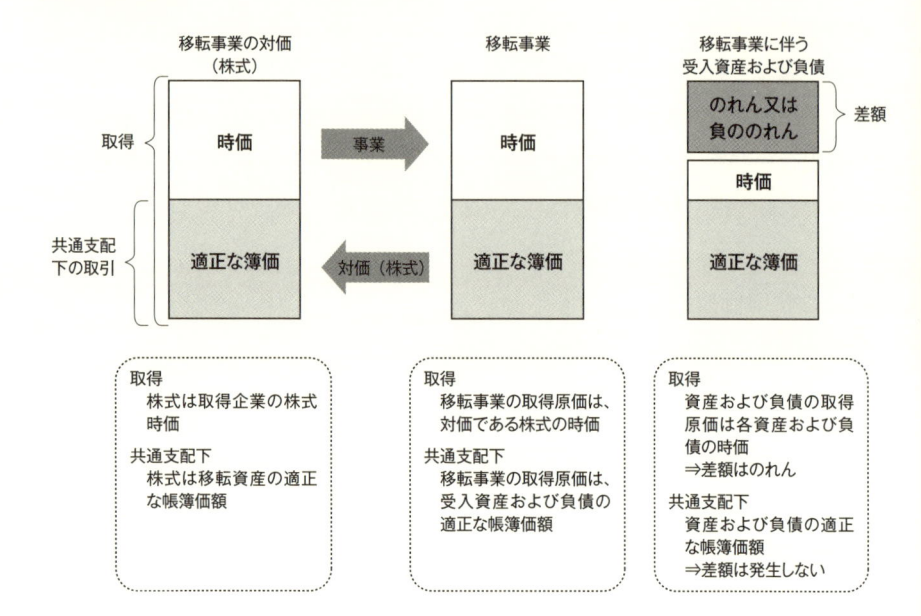

図表Ⅱ-4-11　共通支配下の取引の範囲

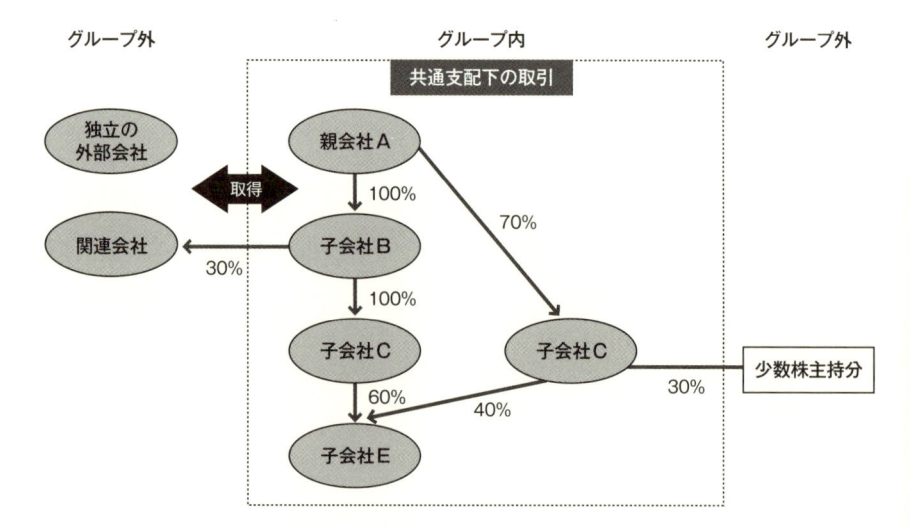

グループ外 ／ グループ内 ／ グループ外

共通支配下の取引

- 独立の外部会社 ←取得→ 親会社A
- 親会社A →100%→ 子会社B
- 親会社A →70%→ 子会社C
- 子会社B →30%→ 関連会社
- 子会社B →100%→ 子会社C
- 子会社C →60%→ 子会社E
- 子会社C →40%→ 子会社E
- 子会社C →30%→ 少数株主持分

枠内の企業の組織再編に伴う企業結合は、共通支配下の取引として扱われる。関連会社との再編、少数株主との取引は企業集団外部との取引として扱われる。

※2 関連会社

関連会社とは、ある会社が出資、人事、資金、技術、取引等の関係を通じて他の会社財務及び営業または事業の方針の決定に重要な影響を及ぼすことができる場合の当該他の会社をいう。具体的には、他の会社の議決権の20％以上を保有している場合や15％以上の議決権を保有し、かつ役員派遣や重要な融資、技術提供を行っている場合における他の会社は関連会社となる。

③共通支配下の取引の例

共通支配下の取引の例として以下の共通支配下の取引について図示します。
（ⅰ）子会社同士の合併（図表Ⅱ-4-12）
（ⅱ）親会社と100％子会社の合併（図表Ⅱ-4-13）
（ⅲ）親会社事業を100％子会社に移転させる会社分割（図表Ⅱ-4-14）

図表Ⅱ-4-12　共通支配下の取引～100％子会社同士の合併～

●P社の100％子会社であるA社とB社が合併（A社存続会社）したケース

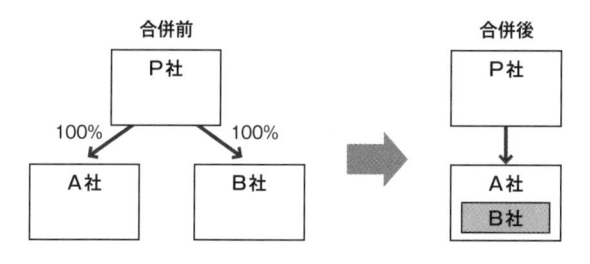

合併前　　　　　　　　　　　　　　合併後

P社 →100% A社、100% B社　　⇒　　P社 → A社（B社）

P社（結合当事企業の株主）の会計処理

| A社株式 | （B社株式）簿価 | / | B社株式 | 簿価 |

A社（合併存続会社）の会計処理

【原則法】
| B社資産 | 簿価 | / | 払込資本※ | （資産）簿価 |

【容認】
| B社資産 | 簿価 | / | B社株主資本※ | （資産）簿価 |

※　合併の対価として株式をP社に交付した場合には払込資本とすることを原則とするがB社の資本構成をそのまま引き継ぐことも容認されている。なお株式が発行されない場合は、払込資本は発生せず、B社資本構成を引き継ぐことになる。

図表Ⅱ-4-13　共通支配下の取引～親会社と100％子会社の合併～

●親会社であるA社が100％子会社B社を吸収合併したケース

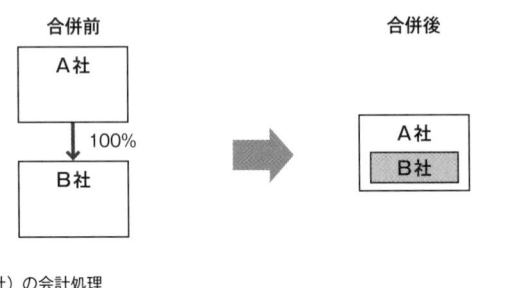

```
    合併前                    合併後
    ┌─────┐
    │ A社 │                  ┌─────┐
    └──┬──┘       ⇒         │ A社 │
       │100%                 ├─────┤
    ┌──▼──┐                  │ B社 │
    │ B社 │                  └─────┘
    └─────┘
```

A社（親会社）の会計処理

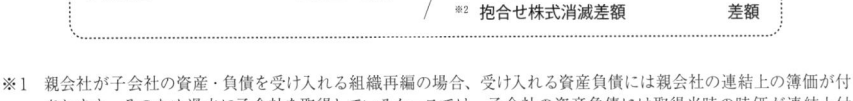

B社資産	※1 連結上の簿価	/	B社株式	簿価
			※2 抱合せ株式消滅差額	差額

※1　親会社が子会社の資産・負債を受け入れる組織再編の場合、受け入れる資産負債には親会社の連結上の簿価が付されます。そのため過去に子会社を取得しているケースでは、子会社の資産負債には取得当時の時価が連結上付されている場合があり、子会社の個別財務諸表の簿価と異なる場合があります。
同様に取得の際のれんが発生している場合には、連結上ののれんが上記仕訳においても計上されます。

※2　親会社が有する子会社株式（抱合せ株式）が合併により消滅し、親会社が子会社を取得した以降の子会社の剰余金が、親会社個別財務諸表に計上されます（6 3）「抱合せ株式消滅差損益」参照）。

④少数株主との取引

　企業結合会計基準では、企業集団内における組織再編の会計処理として共通支配下の取引と少数株主との取引（共通支配下の取引等）を定めています。共通支配下の取引は、親会社の立場からは企業集団内の内部取引ですが、少数株主との取引は、親会社が子会社を株式交換により完全子会社とする場合など、親会社が少数株主から子会社株式を追加取得する取引等に適用され、企業集団を構成する子会社の株主と当該子会社を支配している親会社との取引であって、企業集団内の取引ではなく、親会社の立場からは外部取引とされています。

　このため少数株主との取引は取得に準じた会計処理になります。この場合ののれんは、図表Ⅱ-4-15①合併に示すように、少数株主に交付した親会社株式の時価と受け入れた資産および負債の移転元の適正な帳簿価額との差額として算定されます。また、親会社における子会社株式の追加取得となる株式交換（図表Ⅱ-4-15②）の場合には、連結財務諸表上、のれんが計上されることになります。

　少数株主から追加取得する子会社株式の取得原価は、対価として交付する財が

図表Ⅱ-4-14　親会社事業を100％子会社に移転させる分社型分割

●親会社であるP社がその事業の一部を100％子会社A社に移転する会社分割のケース

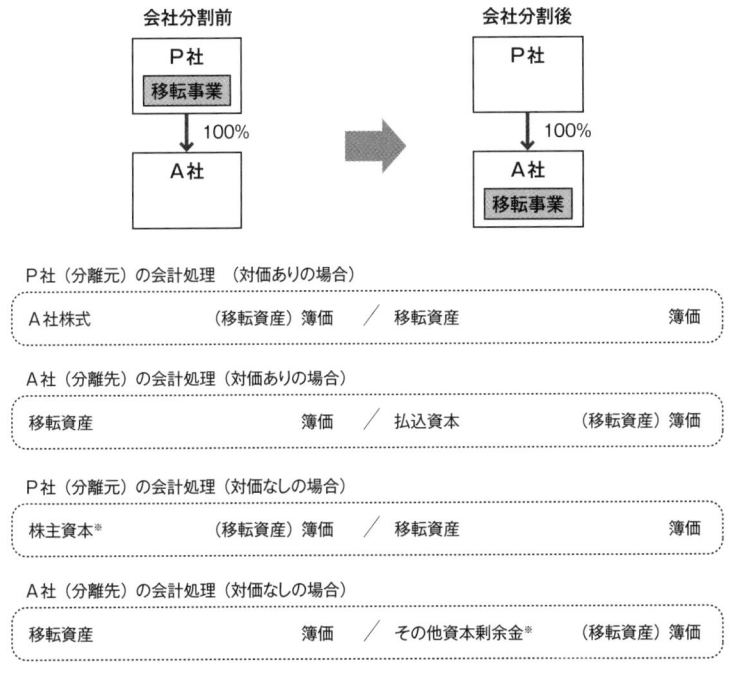

会社分割前　　　　　　　　　会社分割後
P社（移転事業）──100％──→A社　　　　P社──100％──→A社（移転事業）

P社（分離元）の会計処理（対価ありの場合）

| A社株式 | （移転資産）簿価 | / | 移転資産 | 簿価 |

A社（分離先）の会計処理（対価ありの場合）

| 移転資産 | 簿価 | / | 払込資本 | （移転資産）簿価 |

P社（分離元）の会計処理（対価なしの場合）

| 株主資本※ | （移転資産）簿価 | / | 移転資産 | 簿価 |

A社（分離先）の会計処理（対価なしの場合）

| 移転資産 | 簿価 | / | その他資本剰余金※ | （移転資産）簿価 |

※　親会社が子会社株式を受け取らない場合、親会社の株主資本を減少させる。
　　この場合、承継会社であるA社はその他資本剰余金として引き継ぐ

　結合企業の時価のある株式の場合には、企業結合日の株価を基礎に算定し、それ以外の場合には、追加取得時における当該株式の時価とその対価となる財の時価のうちより高い信頼性のある時価で算定します。

　なお、少数株主との取引は、企業集団の最上位に位置する会社が少数株主から子会社株式を追加取得する取引に適用され、最上位の親会社以外の親会社には適用されません。

図表Ⅱ-4-15　少数株主との取引

①合併

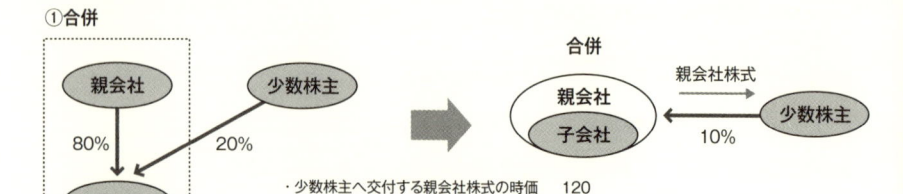

[図：親会社が子会社の80%を所有、少数株主が20%を所有している状態から、合併により親会社が子会社を取り込み、少数株主には親会社株式10%を交付する。]

- 少数株主へ交付する親会社株式の時価　　　　　　120
- 子会社の純資産（＝連結上の帳簿価額）　　　　　500
- 親会社における子会社株式の帳簿価額　　　　　　200

◆親会社とその親会社が80%の株式を所有する子会社との合併
　親会社は、少数株主から子会社持分20%を追加取得することになり、少数株主との取引に該当する。

| 親会社個別財務諸表 |

合併により子会社の資産負債を親会社が受け入れる際、合併時まで保有していた80%部分と少数株主持分20%部分に分けて会計処理を行う。

（親会社持分部分）
　諸資産　　　　　400(※)　／　子会社株式　　　　　200　　※子会社純資産 500×80%＝400
　　　　　　　　　　　　　　　　抱合せ株式消滅差額　200

（少数株主持分部分）
　諸資産　　　　　100(※)　／　払込資本　　　　　　120　　※子会社純資産 500×20%＝100
　のれん　　　　　　20

| 連結財務諸表 |

合併の場合、親会社が直接個別財務諸表に資産負債を受け入れているため、個別財務諸表と連結財務諸表に差異は生じません。なお抱合せ株式消滅差額は、連結上、相殺消去されます。

②株式交換

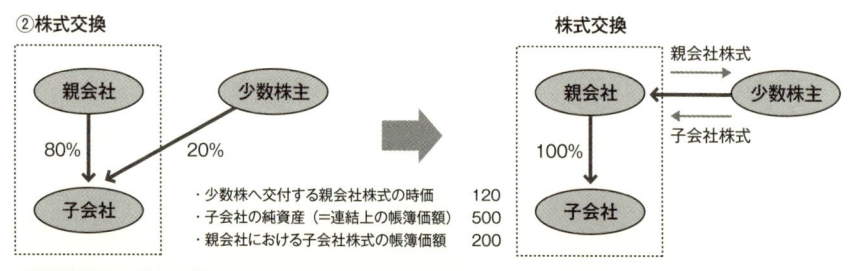

[図：親会社が子会社の80%を所有、少数株主が20%を所有している状態から、株式交換により親会社が子会社を100%子会社化し、少数株主には親会社株式を交付し、少数株主から子会社株式を受け取る。]

- 少数株へ交付する親会社株式の時価　　　　　　　120
- 子会社の純資産（＝連結上の帳簿価額）　　　　　500
- 親会社における子会社株式の帳簿価額　　　　　　200

◆親会社が80%の株式を所有する子会社を株式交換により100%子会社化
　親会社は、少数株主から子会社株式20%を追加取得することになり、少数株主との取引に該当する。

| 親会社個別財務諸表 |

親会社は、子会社株式20%分を外部者である少数株主から追加取得しており、時価を基準に子会社株式を計上する。対価である交付した親会社株式の時価で子会社株式を評価することになる。

　子会社株式　　　　120　　／　払込資本　　　　　120

| 連結財務諸表 |

株式交換の場合、親会社が追加取得した子会社株式は、連結上の少数株主持分（子会社純資産の20%＝100）を時価で追加取得したと考えることができ、追加取得の対価である交付親会社株式の時価と少数株主持分の連結上の簿価の差額がのれんとして計上される。この結果、連結上では、合併の場合も株式交換の場合も実質的な差異は生じないことになる。

　少数株主持分　　　100　　／　子会社株式　　　　120
　のれん　　　　　　 20

共同支配企業の形成

企業結合には、「取得」「共通支配下の取引」以外に「共同支配企業の形成」があります。共同支配企業とは、複数の独立した企業により共同で支配される企業をいい、契約に基づいて共同支配企業が形成される企業結合が「共同支配企業の形成」です（企業結合会計基準11）。

企業結合が「共同支配企業の形成」と判定されるには以下の要件が必要です。
①独立企業要件
　共同で支配する企業（共同支配投資企業）は、複数の独立した企業であること
②契約要件
　共同支配企業の事業目的や共同支配投資企業の役割、重要な経営上の決定事項はすべての共同支配投資企業の同意が必要であること等が契約上締結されていること
③対価要件
　共同支配投資企業に支払われた対価がすべて議決権ある株式であることおよび一般投資企業が存在する場合、共同支配投資企業が過半数の議決権を有する株式を保有していること
④その他要件
　いずれかの共同支配投資企業が、共同支配企業の意思決定機関を支配している事実のないことや2年以内に投資した大部分の事業を処分する予定がないこと

3　分離元企業の会計処理

会社分割における分割会社や事業譲渡における譲渡企業、現物出資における出資者の会計処理については、事業分離等会計基準において分離元企業の会計処理として定められています。

図表Ⅱ-4-16　事業分離元の会計処理

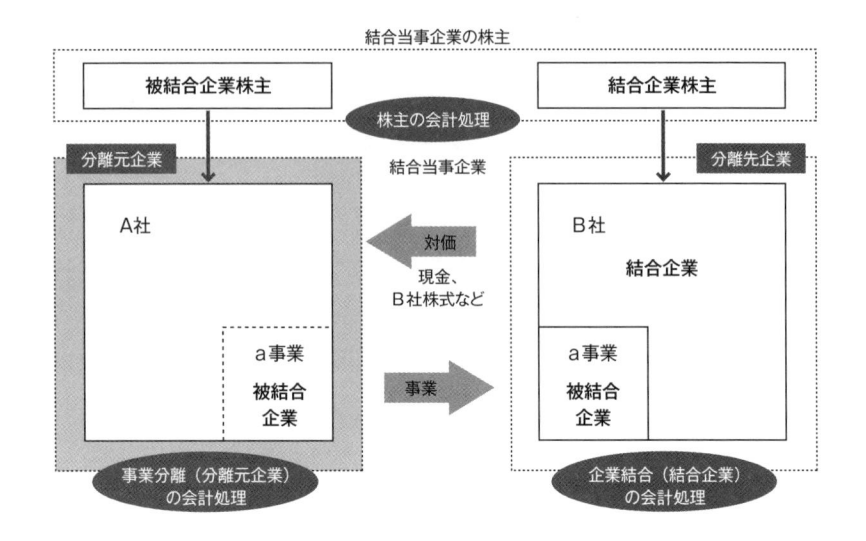

```
                      結合当事企業の株主
┌─────────────────────────────────────────────────┐
│  [被結合企業株主]                [結合企業株主]      │
│                    株主の会計処理                    │
└─────────────────────────────────────────────────┘

 ┌─分離元企業─────┐  結合当事企業  ┌─分離先企業─────┐
 │                  │              │                  │
 │      A社         │  ←──対価──   │      B社         │
 │                  │   現金、      │    結合企業      │
 │                  │   B社株式など  │                  │
 │   ┌──────┐   │              │   ┌──────┐   │
 │   │ a事業   │   │  ──事業──→   │   │ a事業   │   │
 │   │ 被結合  │   │              │   │ 被結合  │   │
 │   │ 企業    │   │              │   │ 企業    │   │
 │   └──────┘   │              │   └──────┘   │
 └──────────────┘              └──────────────┘
   事業分離（分離元企業）           企業結合（結合企業）
      の会計処理                      の会計処理
```

1) 事業分離元の会計処理の考え方

　分離元企業の会計の主な論点は、分離元企業がどのような場合に事業移転に伴う損益を認識するかという点になります。事業分離等会計基準では、事業の成果をとらえる際の「投資の継続・清算」という概念によって損益を認識するかどうかを整理しています。

2) 投資の継続

　事業分離により、移転した事業に対して、子会社株式や関連会社株式のみを対価として受け取る場合には、株式を通じて移転した事業への投資を引き続き行っていると考えることができることから「投資の継続」とされ、移転事業に関して損益を認識しません。

　この場合、分離元企業が受け取った分離先企業の株式は、移転した事業の適正な帳簿価額に基づいて算定され、移転損益は認識されません。

図表Ⅱ-4-17　分離元の会計処理～投資の継続～

●吸収分割によりA社からa事業をB社に移転して移転先が子会社となった場合（逆取得）

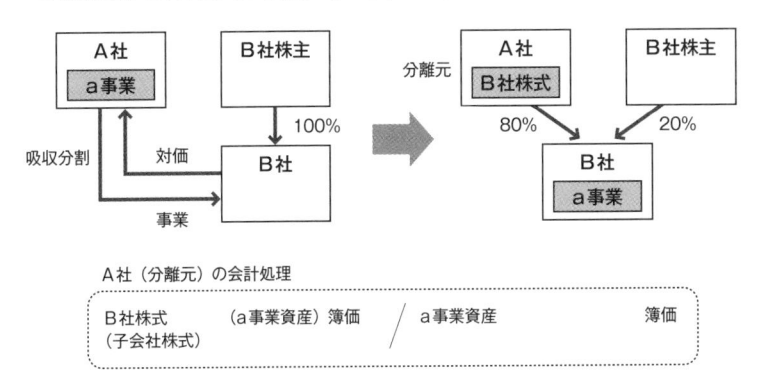

A社（分離元）の会計処理

B社株式	（a事業資産）簿価	a事業資産	簿価
（子会社株式）			

3) 投資の清算

　会社分割等により事業を分離移転した結果、分離元企業が現金など移転した事業と明らかに異なる資産を対価として受け取る場合には、一旦投資を清算しあらためて時価で投資を行ったと考えられるため「投資の清算」とされ、投資に対する回収（対価）によって利益を認識します。事業を移転して対価としてその他有価証券（ここでは子会社株式・関連会社株式以外をいう）となる株式を受け取っ

図表Ⅱ-4-18　分離元の会計処理～投資の清算～

●吸収分割によりA社からa事業をB社に移転してその他有価証券を受け取った場合

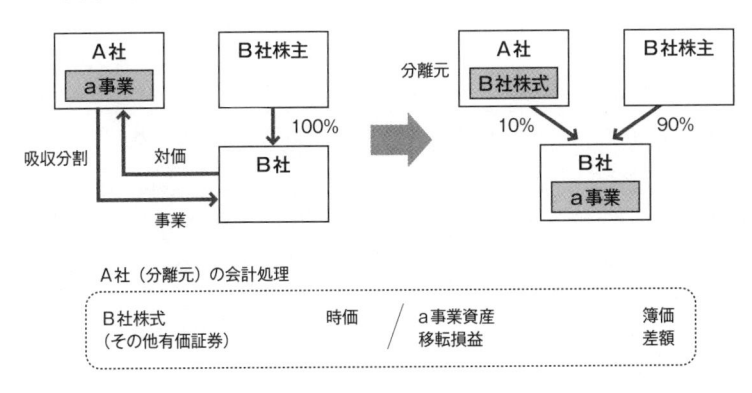

A社（分離元）の会計処理

B社株式	時価	a事業資産	簿価
（その他有価証券）		移転損益	差額

第4章　グループ内組織再編の会計　97

	対価の種類	移転損益の認識	対価の測定
投資の継続	子会社株式・関連会社株式	認識しない	移転した事業に係る株主資本相当額
投資の清算	現金等移転事業とは明らかに異なる資産	認識する	受け取った財の時価

た場合にも、その事業に対する投資はいったん清算されたとみて、新たな株式に投資したと考えます。

投資が清算されているとみられる場合、受け取った対価の時価と移転した事業の株主資本相当額（資産負債の帳簿価額の差額から有価証券などの評価差額、新株予約権を控除した額）との差額を移転損益として認識します。

4) 企業結合と事業分離の関係

分離先企業における企業結合が、「取得」に該当する場合でも、分離元企業において投資が清算されたとされる場合と投資は継続するとされる場合があります。例えばA社からa事業をB社に分割した場合でB社において取得とされた場合B

図表Ⅱ-4-19　企業結合と事業分離の関係

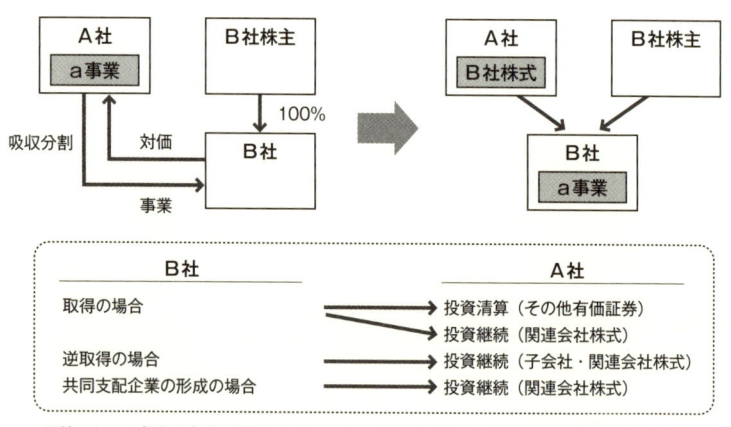

- B社における企業結合が、逆取得や共同支配企業形成の場合、事業分離元であるA社（a事業）から見れば、結合後企業が子会社または関連会社になるため、投資は継続している。
- B社における企業結合が取得の場合には、結合後のB社がA社にとって子会社または関連会社となるか否かで取扱いが異なり、企業結合が取得に該当したからといってA社側で移転損益を認識するという関係にはならない。

社においてパーチェス法が適用されますが、対価としてA社が受け取ったB社株式が関連会社株式になるようなケースでは分離元企業であるA社において投資は継続しているとされ移転損益は認識されません。

事業分離会計では、結合企業（分離先企業）における企業結合が取得とされた場合でも分離元企業は必ずしも移転損益を認識するわけではないという考え方をとっています。

5）グループ内組織再編における分離元企業の会計処理

分離元企業においては、原則として投資が継続しているか投資が清算されているかにより、資産負債の移転損益を認識するかどうかが決定されます。しかし、共通支配下の取引に該当するグループ内組織再編が行われた場合には、移転された資産負債の対価として交付された株式の取得原価は当該資産負債の分離元企業における帳簿価額に基づいて算定します（企業結合会計基準43）。したがって、グループ内組織再編によって分離元企業が「その他有価証券」となる株式を取得した場合であっても、資産負債の移転損益は認識されないこととなります（適用指針447-2）。

なお、グループ内組織再編で分離元企業が対価として現金等の財産を受け取った場合、分離元企業では、対価として受け取った現金等の財産を、その財産につき結合企業において移転前に付されていた帳簿価額により計上します。そのため、分離元企業においては、移転した資産負債の分離元企業における帳簿価額と交付された財産の結合企業における帳簿価額との差額が移転損益として認識されることになります。

このように、グループ内組織再編においても投資の清算の場合と同様、移転損益が認識されるケースがありますが、上記のように、交付を受けた財産を結合企業における帳簿価額で計上する点で、通常の投資の清算の場合と異なることになります。

4　結合当事企業の株主の会計処理

組織再編において合併や株式交換、株式移転が行われた場合、結合当事企業の

図表Ⅱ-4-20　結合当事企業の株主の会計処理

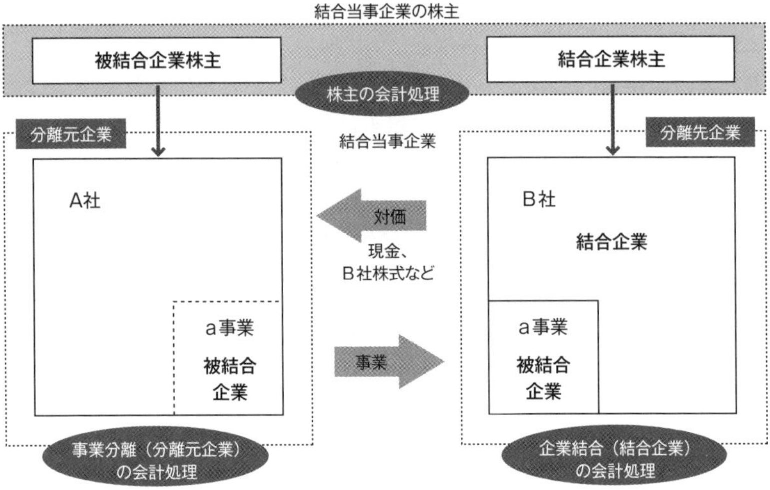

結合当事企業の株主
被結合企業株主
結合企業株主
株主の会計処理
分離元企業
結合当事企業
分離先企業
A社
対価
現金、
B社株式など
B社
結合企業
a事業
被結合
企業
事業
a事業
被結合
企業
事業分離（分離元企業）
の会計処理
企業結合（結合企業）
の会計処理

株主が保有する株式が他の財や別の企業の株式と交換されることになります。この場合の結合当事企業の株主の会計処理として株式の交換に伴う損益を認識するかという論点が生じます。

1）結合当事企業の株主の会計の考え方

結合当事企業の株主の会計の考え方は、(a) 投資の継続・清算 (b) 同一経済効果同一会計処理に基づいています。

①投資の継続・清算

一般に事業の成果をとらえる際の「投資の継続・清算」という概念によって結合当事企業の株主の会計処理も整理されています。

売却（受取対価が現金）や異種資産の交換の会計処理に見られるように一旦投資を清算し、あらためて時価で投資を行ったとみる場合は、投資の清算とされ、投資に対する回収によって利益を認識します。同種資産の交換にみられるようにこれまでの投資がそのまま継続していると考えられる場合は投資の継続とされ、投資が続いていますので回収は行われておらず損益の認識は行いません。この点

について事業分離元の会計処理と同じ考え方をとっています。

投資が清算されているとみられる場合、それまで投資していた株式が清算され、新たに保有することとなった株式の事業分離時点や交換時点での時価が、当該株式の新たな投資原価となり、もともとの投資原価を超えて回収がなされれば、超過額が利益となります。一方事業分離や株式の交換によって投資の清算も再投資も行われておらず投資が継続している場合、移転や交換直前の帳簿価額がそのまま投資原価になります。

②同一経済効果同一会計処理

結合当事企業の株主にかかわる会計処理は、組織再編の経済効果が同じであれば、会計上も同様の結果になるように定められています。

図表Ⅱ-4-21　結合当事企業の株主の会計処理

a 吸収分割によりA社からa事業をB社に移転

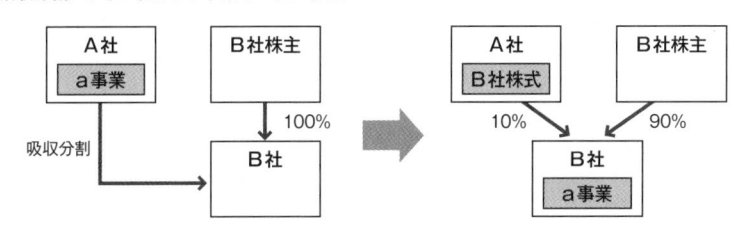

b X社の子会社A社をB社に吸収合併

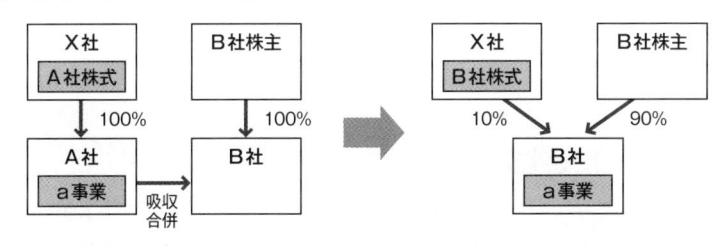

A社（上段　分離元企業）の会計処理

B社株式	時価	a事業資産	簿価
		移転損益	差額

X社（下段　被結合企業の株主）の会計処理

B社株式	時価	A社株式	簿価
		交換損益	差額

上段のA社と下段のX社の経済効果は同一であり、会計処理も整合が取られている（投資は清算され交換損益を認識）。

第4章　グループ内組織再編の会計

a. 会社分割で分離元企業（A社）が100％所有（支配）する事業（a事業）を分離先企業（B社）に移転し、当該分離元企業が対価を受け取る。
b. 被結合企業（A社）の株式すべてを保有している場合（100％子会社を被結合企業とする場合）の企業結合において、当該被結合企業の株主（親会社X社）が子会社である被結合企業の株式を通じて100％所有（支配）する事業（a事業）を結合企業（B社）に移転し、当該結合企業から対価を受け取る。

2つの取引は、過程は異なりますが、aの分離元企業A社とbの結合当事企業A社の親会社X社の経済上の効果は同一と考えられ、このような取引について分離元企業と結合当事企業の株主の会計処理が整合するように定められています。

2）被結合企業の株主に係る会計処理

①投資が継続しているとみる場合

　被結合企業への投資がそのまま継続しているとみる場合、交換損益を認識せず、被結合企業の株式と引き換えに受け取る資産の取得原価は、被結合企業の株式の適正な帳簿価額に基づいて算定します。

　被結合企業が子会社や関連会社の場合において、当該被結合企業の株主が子会社や関連会社株式となる結合企業の株式のみを対価として受け取る場合には、引き換えられた結合企業の株式を通じて被結合企業に関する事業投資を引き続き行っていると考えられることから被結合企業に関する投資が継続しているとみなされます。また、その他有価証券に該当する被結合企業の株式がその他有価証券となる結合企業株式に引き換えられた場合においても、明らかに異なる財と引き換えられていないため、投資が継続しているものと考えます。

②投資が清算されたとみる場合

　被結合企業に関する投資が清算されたとみる場合には、被結合企業の株式と引き換えに受け取った対価となる財の時価と、被結合企業の株式にかかわる企業結合直前の適正な帳簿価額の差額を交換損益として認識するとともに、改めて当該受取対価の時価で投資を行ったと考えます（事業分離会計基準32）。

　投資が清算されたとみる場合とは、被結合企業の株式と明らかに異なる資産を

図表Ⅱ-4-22　被結合企業の株主にかかわる会計処理

(1) 受取対価が現金等の財産など株式以外である場合
　個別財務諸表上、受け取った現金等の財の価額と被結合企業の株式の適正な帳簿価額との差額を交換損益として認識する。結合後企業が子会社または関連会社になる場合、連結財務諸表上は、交換損益は未実現利益として消去される。

(2) 受取対価が結合企業の株式のみである場合

結合当事企業		個別財務諸表	連結財務諸表
被結合企業	結合後企業	交換損益の認識	連結上の会計処理
子会社	子会社	認識しない	増加持分にかかわるのれんと減少持分にかかわる持分変動損益の認識
	関連会社	認識しない	
	その他	認識する	個別上の帳簿価額（結合後企業の時価等）で評価
関連会社	子会社・関連会社	認識しない	増加持分にかかわるのれんと減少持分にかかわる持分変動損益の認識
	その他	認識する	個別上の帳簿価額（結合後企業の時価等）で評価
その他	子会社・関連会社	認識しない	被結合企業の段階取得に準じてのれん、持分変動損益を認識
	その他	認識しない	—

※　持分変動損益については6 4)「持分変動差額」を参照

対価として受け取った場合であり、①現金等を対価とした場合②投資先の子会社または関連会社を消滅会社とする合併等により、企業結合後の投資先企業が子会社または関連会社に該当しなくなった場合が挙げられます。

　対価が現金等の場合、株式とは明らかに異なった資産を受け取っており、投資は清算されたと考えられます。また、企業結合の対価が株式対価であった場合でも、子会社株式・関連会社株式であったものが、企業結合によりその他有価証券に引きかえられた場合も投資の清算と考えます。

3）結合企業の株主に係る会計処理

　結合当事企業の株主のうち結合企業の株式を保有している株主は、企業結合によっても当該結合企業の株式を直接引きかえることはないものの、企業結合に伴い結合企業に対する持分比率は変動します。

　金融商品会計基準や連結会計基準の原則的な考え方では、持分比率の変動によ

図表Ⅱ-4-23　結合企業の株主にかかわる会計処理

結合当事企業		個別財務諸表	連結財務諸表
結合企業	結合後企業	交換損益の認識	連結上の会計処理
子会社	子会社	認識しない	増加持分にかかわるのれんと減少持分にかかわる持分変動損益の認識
	関連会社	認識しない	
	その他	認識する	個別上の帳簿価額（結合後企業の時価等）で評価
関連会社	子会社・関連会社	認識しない	増加持分にかかわるのれんと減少持分にかかわる持分変動損益の認識
	その他	認識する	個別上の帳簿価額（結合後企業の時価等）で評価
その他	子会社・関連会社	認識しない	増加持分にかかわるのれんと減少持分にかかわる持分変動損益の認識
	その他	認識しない	―

り子会社株式が関連会社株式やその他有価証券になっても取得原価を振り替えるのみで損益は認識しないと考えられます。しかしながら、個々の株主にとっては企業結合の結果、被結合企業の株主が新たに結合企業の株主になることも、引き続き結合企業の株主であることも企業結合による経済的効果は実質的に同じと考えられます。

このため、事業分離会計基準では、結合企業の株主の会計処理は、保有株式の直接の引き換えはないものの、被結合企業の株主に係る会計処理に準じて行うものとされています（事業分離会計基準48、140）。すなわち、投資の清算または継続に該当するかにより会計処理が決定されることになります。

①投資が継続しているとみなされる場合

投資先の子会社または関連会社を結合企業とする企業結合によって、企業結合後も結合後企業が子会社または関連会社である場合や企業結合前後でその他有価証券のままである場合には、投資は継続しているとみなされ、結合企業の株主は個別財務諸表上、会計処理を要しません。

②投資が清算されたとみなされる場合

　投資先の子会社または関連会社を結合企業とする企業結合によって、結合企業の株主の持分比率が減少し、結合後企業が子会社や関連会社に該当しなくなった場合には投資の清算にあたります（適用指針288）。投資の清算にあたる場合には、株式の引き換えは行われなくても、企業結合前の株式の適正な帳簿価額を減少させたうえで、企業結合日における結合後企業株式の時価でその他有価証券に振り替えます。この際の帳簿価額と時価の差額は個別財務諸表上交換損益を認識します。

組織再編による連結財務諸表への影響

●結合企業側の連結財務諸表

(1) 取得の場合

直接取得（合併、会社分割）

　結合企業側の連結財務諸表は個別財務諸表に適用されたパーチェス法による評価が原則的にそのまま取り込まれ、資産負債は時価評価され、連結財務諸表上も取得に伴うのれんが計上されます。

間接取得（株式交換、株式移転）

　被結合企業の資産・負債が連結上時価で取り込まれ、個別財務諸表で計上された被取得企業の株式は、連結上取り込まれた資産・負債に置き換わります。そのため、連結財務諸表上、株式の帳簿価額と連結上取り込まれた資産・負債との差額について「のれん」が計上されます。

(2) 共通支配下の取引等

　連結上は共通支配下の取引により生じた個別財務諸表上の取引はすべて内部取引として消去されることになります。ただし少数株主との取引については、連結グループ外部との取引となるため、連結上の影響は取得に準じたものとなり、「のれん」が発生するケースがあります。

> ●分離元企業側の連結財務諸表
> 　事業分離の分離元企業の連結財務諸表は、投資が清算されたとされる場合には、個別財務諸表で計上された移転損益、交換損益が連結上も原則として計上されることになります。
> 　投資が継続している場合には、持分の変動の状況により、持分変動差額が計上されることになります（64）「持分変動差額」参照）。

5　のれんの会計処理

1）のれんが発生するケース
　企業結合が行われた結果、のれんが発生するのは以下のケースです。

①取得（適用指針51）
　この場合ののれんは、時価を基礎として算定された取得原価と識別可能資産及び負債の時価を基礎とした取得原価の配分額の差額として算定されます。

②以下の共通支配下の取引等における少数株主との取引
　・親会社と子会社が合併する場合（適用指針206（2））
　・子会社が親会社に分割型分割により事業を移転する場合（適用指針218（2））

　この場合ののれんは、少数株主に交付した親会社株式の時価と、受け入れた資産および負債の移転元の適正な帳簿価額との差額として算定されます。したがって、この場合には資産および負債の企業結合日における時価と適正な帳簿価額との差額（含み損益）も、のれんに含まれることになります。

③共通支配下の取引で対価が現金等の財産もしくは現金＋株式の場合
　例えば吸収合併消滅会社の株主資本の額または移転事業にかかわる株主資本相当額が、交付した現金等の財産の適正な帳簿価額を下回る場合に差額として生じ

図表Ⅱ-4-24　のれんの発生

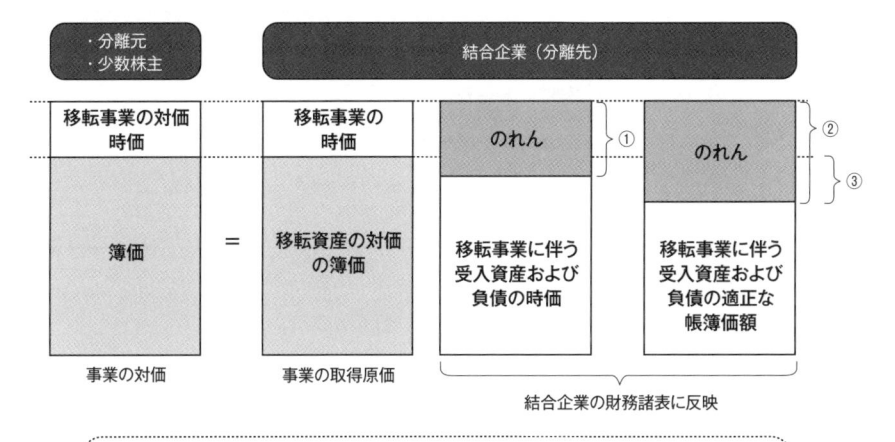

- 分離元
- 少数株主

結合企業（分離先）

| 移転事業の対価
時価 | 移転事業の
時価 | のれん ①
移転事業に伴う
受入資産および
負債の時価 | のれん ②③
移転事業に伴う
受入資産および
負債の適正な
帳簿価額 |

簿価 ＝ 移転資産の対価の簿価

事業の対価　　事業の取得原価　　結合企業の財務諸表に反映

> いずれの場合も事業の時価＝事業対価の時価で取引されるが、受入資産負債価額は対価と等しくないことからのれんが発生。
> ①取得
> 　受入資産負債は時価評価され、これと事業時価の差額がのれん
> ②共通支配下の取引等における少数株主との取引
> 　受入資産負債は適正な帳簿価額で引き継がれ、これと事業対価の時価との差額がのれん
> ③共通支配下の取引で対価が現金等の財産
> 　受入資産負債は適正な帳簿価額で引き継がれ、これと事業対価の簿価との差額がのれん

るのれん。

　この場合ののれんは、受け入れた資産および負債の移転元の適正な帳簿価額と対価として交付した現金等の財産の適正な帳簿価額との差額として算定されます。なお、グループ内部取引に相当するため、連結財務諸表上は、移転損益とともにのれんも消去されることになります。

　グループ内組織再編の場合において、のれんが発生するのは上記②③のケースです。なお、関連会社との企業結合により、結合後企業が子会社となった場合は、取得に該当しますので、上記①ののれんが生じます。

④のれんの会計処理

　発生したのれんは、資産に計上し、20年以内のその効果の及ぶ期間にわたって、定額法その他合理的な方法により規則的に償却し、その償却額は販売費およ

図表Ⅱ-4-25　のれん及び負ののれんの会計処理（適用指針76, 77, 78）

のれん又は負ののれん	会計処理
のれん	①20年以内の効果の発現期間にわたり規則償却 ②償却開始は、企業結合日 ③企業結合日に全額償却することはできない（重要性がない場合は除く） ④償却額は販売費および一般管理費に計上する ⑤減損処理の対象となる
負ののれん	①発生年度の利益 ②特別利益に計上する

び一般管理費に計上されます。また、のれんは減損会計の対象になります。

　受け入れた資産負債より事業の対価が大きければプラスののれんとなりますが、逆の場合にはマイナス（負）ののれんが発生します。

　負ののれんが生じた場合には、すべての識別可能資産および負債が把握されているか、またこれらに対する取得原価の配分が適切に行われているかの見直しを行い、なお取得原価が受け入れた資産および負債の純額を下回る場合には、負ののれんが発生した事業年度の利益として処理します。

6　組織再編に伴う損益

　組織再編に伴い、結合企業、分離元企業、結合当事企業の株主のそれぞれの会計主体において、損益が発生するケースがあります。組織再編に伴い発生する損益には主として以下のものがあります。

(1) 移転損益
(2) 交換損益
(3) 抱合せ株式消滅差損益
(4) 持分変動損益
(5) のれん償却

1）移転損益（事業分離会計基準74）

　事業分離が行われた際に分離元企業の投資が継続しているとみられる場合に

は、簿価で取引がされたと考え、投資が清算したとみられる場合には時価での譲渡・交換が行われたとする会計処理をします。投資が清算された場合、移転損益は、受け取った対価の時価と移転した資産および負債の差額である株主資本相当額の差額として移転元で認識されます（3「分離元企業の会計処理」参照）。

なお、買い戻し条件が付されるなど移転事業に関して重要な継続的関与が認められる場合、移転損益は認識できないとされていることに留意する必要があります。

2）交換損益（事業分離会計基準115）

組織再編において合併や株式交換、株式移転が行われた場合、結合当事企業の株主が保有する株式が他の財や別の企業の株式と交換されることになります。この場合の結合当事企業の株主の会計処理として、株式の交換に伴う損益を認識す

図表Ⅱ-4-26　交換損益

●X社の子会社A社をB社に吸収合併

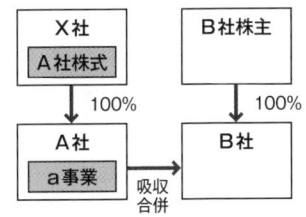

```
X社                    B社株主
[A社株式]
  │100%                  │100%
  ▼                      ▼
A社                     B社
[a事業]     ─吸収合併─→
```

→

```
被結合企業の株主        結合企業の株主
X社                    B社株主
[B社株式]
     \                 /
      ▼              ▼
            B社
          [a事業]
```

① X社のB社の議決権比率が10％となる場合（その他有価証券）
→ X社のa事業に対する投資が清算され、新たにB株式に投資がなされた

② B社株主のB社の議決権比率が10％となる場合（その他有価証券）
→ B社株主のB社に対する投資が清算され、新たにその他有価証券としてB社に投資がなされた

①のX社（被結合企業の株主）の会計処理

B社株式	時価	A社株式	簿価
		交換損益	差額

②のX社（被結合企業の株主）の会計処理

B社株式（A社株式）	簿価	A社株式	簿価

①のB社株主（結合企業の株主）の会計処理

仕訳なし

②のB社株主（結合企業の株主）の会計処理

B社株式	時価	B社（子会社）株式	簿価
（その他有価証券）		交換損益	差額

るかという論点が生じます。

　交換損益は、結合当事企業の株主のうち被結合企業の株主において、組織再編により保有株式への投資が清算されたとされる場合、受け取った対価の時価と交換した株式の簿価の差額として認識されます。

　また個々の株主にとっては企業結合の結果、被結合企業の株主が新たに結合企業の株主になることも、引き続き結合企業の株主であることも企業結合による経済的効果は実質的に同じと考えられます。

　このため、事業分離会計基準では、結合企業の株主の会計処理についても、保有株式の直接の引き換えはないものの、その会計処理は被結合企業の株主に係る会計処理に準じて行うものとされています（事業分離会計基準48、140）。すなわち、投資が清算されたとされる場合、結合企業の株主においても交換損益が認識されます（4「結合当事企業の株主の会計処理」参照）。

3）抱合せ株式消滅差損益

　合併の際に、合併存続会社が合併消滅会社の株式（抱合せ株式）を保有している場合があります。合併の会計処理において、合併消滅会社の株式は、合併時の合併存続会社に対する払込資本の金額から減額するものとされています（適用指針84-2）。ただし、親会社が子会社を合併して存続会社になる共通支配下の取引となる合併においては、子会社の資本の親会社の持分額と子会社株式（抱合せ株式）の帳簿価額との差額（抱合せ株式消滅差額）は、特別損益に計上するものとされています。これは以下の理由によります。

・抱合せ株式消滅差額が差益の場合は、投資額を上回る回収額を表わし、差損の場合には投資額を下回る回収額を表わすことになり、合併を契機に事業投資の成果を親会社の個別財務諸表に反映させること
・抱合せ株式消滅差額が差益の場合、子会社から配当を受け取った後、合併した場合と経済的実態が同一であり、逆に差損の場合は、子会社株式に評価損を計上した後合併したのと同じと考えられるため、これらの取引と同様の結果が得られるようにすること

図表Ⅱ-4-27　抱合せ株式消滅差額

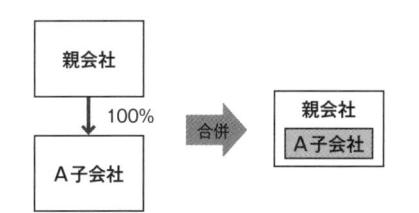

【前提条件】
A社個別財務諸表

諸資産	200	資本金	100
		利益剰余金	100

・親会社の保有するA社株式簿価　100

●親会社の個別財務諸表の会計処理

諸資産	200	A社株式	100
		抱合せ株式消滅差益	100

※なお、親会社の連結財務諸表では、抱合せ株式消滅差益に相当する利益は、連結損益計算書においてすでに取り込まれていますので、個別財務諸表で計上された抱合せ株式消滅差益は連結上消去されます。

なお、共通支配下の取引でも子会社同士が合併した場合は、親会社個別財務諸表上に合併受入資産は計上されないため、抱合せ株式消滅差額は認識しません。

4）持分変動差額

　持分変動差額とは、通常、連結子会社における時価発行増資等により親会社の持株比率が減少した場合に、連結財務諸表において生じます。少数株主のみが増資を引き受けた場合、増加した払込金額のうち当初親会社持分割合分については親会社が一旦引き受けたとみなし、そこから持分比率の減少分だけ少数株主に売却したと取引を擬制します。この場合の親会社のみなしで受け取った金額と売却した金額の差額が持分変動差額です。

　組織再編によって親会社の事業等に対する持分比率に変動が生じた場合にも、外部株主に対して引き渡した持分の簿価と受け取った額の差額を持分変動差額として認識します。組織再編が行われた場合、持分変動差額は、共通支配下の取引等で少数株主との取引が生じた場合の親会社連結財務諸表や結合当事企業の株主の持分が変動した際の結合当事企業の株主の連結財務諸表において認識されます。なお、個別財務諸表では認識されない損益となっています。

　以下のような例を考えます。

図表Ⅱ-4-28　持分変動差額

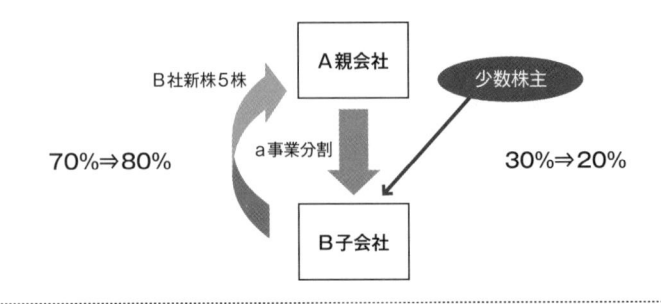

```
        B社新株5株    ┌─────┐
       ←─────────    │A親会社│    ← 少数株主
  70%⇒80%    ↑       └─────┘          30%⇒20%
              │ a事業分割  │
              │           ↓
              │       ┌─────┐
              └──────│B子会社│
                      └─────┘
```

前提条件
　①A社は子会社B社（持分70%）にa事業を分社型分割　　a事業簿価800　事業時価1,000
　②B社はa事業受入の対価として新株5株（@200）を交付。交付株式の時価は1,000
　③B社の分割前の発行済株式は10株であり、分割前の純資産簿価は1,200、事業時価は2,000

	対象		摘要	借方		貸方	
①	A社	個別	事業分離の処理	B社株式 （子会社株式）	800	a事業資産	800
②	B社	個別	事業受入処理	a事業資産	800	資本	800
③	A社	連結	事業移転に係る持分変動の処理	少数株主持分 のれん	120 80	少数株主持分 持分変動差額	160 40

※連結財務諸表の処理は、開始仕訳、内部取引の相殺仕訳は割愛しています。

　①A社の事業分離の処理であり、B社は子会社であるため、投資は継続されており移転資産の簿価でB社株式を算定

　②共通支配下の取引であり、B社は受入資産を移転元の簿価で受け入れます。

　③図表Ⅱ-4-28においてA社のa事業の持分は、再編前100％であったものが再編後80％になっており、20％分が少数株主に引き渡されています。一方B社に対する持分は連結上70％であったものが80％になり、10％分を少数株主から取得しています。すなわちa事業の20％分とB社の10％分の少数株主との交換取引と考えられます。独立した企業間の交換ですので交換される財は時価ベースで等額であるとの前提に立っています。

　時価ベースでは両者は同額ですが、連結財務諸表上資産として計上されるのは、a事業の簿価およびB社資産簿価であり、簿価ベースでは両者には相違があ

ります。

　連結財務諸表上、a事業の下図②160を対価として200のB社持分を受け入れていますので、この差額①40を持分変動差額として利益に計上します。

　一方、B社持分200を連結上追加取得していますが、取得原価200のうち③120が資産に配分され差額の④80をのれんとして計上します。

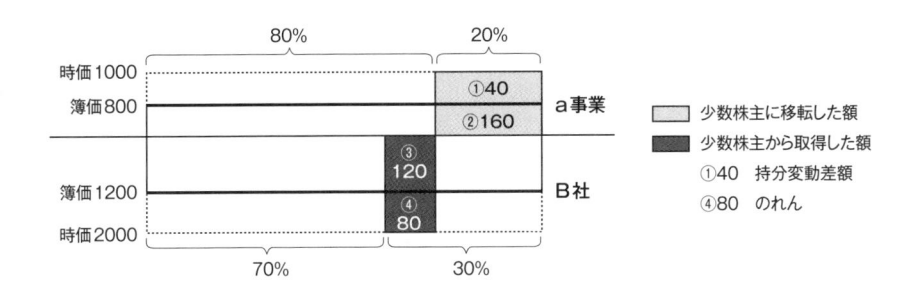

```
                80%              20%
          ┌──────────────┬──────────┐
時価1000  │              │   ①40   │
簿価800   │              ├──────────┤ a事業     □ 少数株主に移転した額
          │              │   ②160  │
          │              ├──────────┤           ■ 少数株主から取得した額
          │              │    ③    │
          │              │   120    │ B社       ①40  持分変動差額
簿価1200  │              ├──────────┤           ④80  のれん
          │              │    ④    │
          │              │    80    │
時価2000  └──────────────┴──────────┘
                70%              30%
```

5) のれん償却

　組織再編が行われた場合に取得や共通支配下の取引に伴う少数株主との取引等によってのれんが発生します。のれんが生じた場合は20年以内の効果の及ぶ期間に規則的に償却することになり、組織再編に伴って損益が発生することになります（5「のれんの会計処理」参照）。

図表Ⅱ-4-29　組織再編に伴う損益の発生～まとめ～

組織再編に伴う損益	認識する主体	発生する場合
移転損益	事業移転元	事業分離が投資の清算にあたる場合
交換損益	結合当事企業の株主	組織再編により株式が他の財に交換され投資が清算されたとされる場合
抱合せ株式消滅差額	共通支配下の取引における親会社	親会社を存続会社として子会社と合併する場合の有していた子会社株式の消滅時。親会社の個別財務諸表のみ認識される。
持分変動差額	結合当事企業の株主、共通支配下の取引における親会社	組織再編に伴う株主の持分変動時。連結財務諸表でのみ認識される。
のれん償却	取得企業、共通支配下取引における少数株主との取引企業	のれんが認識され、規則的償却時に発生。

7　現物配当の会計処理

会社法において金銭以外の財産を配当することができるとされています（会社法454）。この配当は一般に現物配当と呼ばれています。

現物配当の制度が組織再編上利用されるケースがあり、ここでは、組織再編上の利用パターンと会計処理について触れていきます。

1）現物配当と組織再編

組織再編上、現物配当が以下のケースなどで用いられています。

①分割型会社分割

　分割型分割は、会社分割によって分割承継会社から発行される株式を分割会社の株主が受け取る会社分割です。会社法上、分割型分割という制度はありませんが、分社型分割により、分割会社が分割承継会社の株式を受け取り、これを分割会社がその株主に現物配当するという制度の組み合わせにより実現されます。

②孫会社を直接100％保有する子会社に移行するためのグループ内組織再編

　持株会社の子会社が子会社を有している場合に、孫会社を持株会社の直接保有の子会社にするケースに利用されます。子会社が有する子会社株式（孫会社株式）を親会社に現物配当することにより実現されます。

2）現物配当の会計処理

現物配当は会社法上の配当規制を受ける配当ですが、会計上はその経済的実態を重視し、金銭配当とは別の会計処理が事業分離会計基準に定められています（事業分離会計基準52）。

株主が現金以外の財産の配当を受けた場合、企業結合には該当しませんが、これまで保有していた株式と実質的に引き換えられたものとみなして被結合企業の株主の会計処理に準じて会計処理が行われます。

すなわち配当を行う会社の株式と交換に財を受け取ると考え、これにより現物

図表Ⅱ-4-30　分割型分割

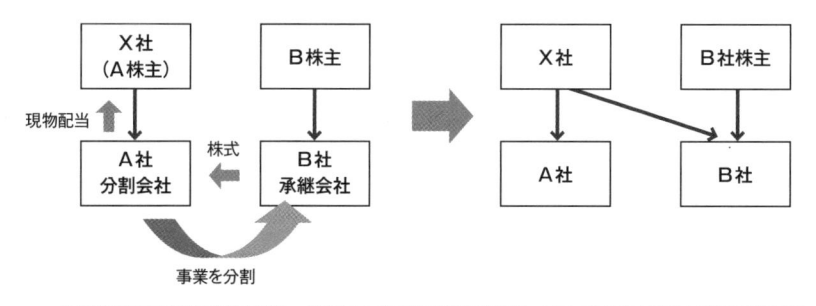

A社が有する事業をB社に承継し、対価としてB社株式を受け取り、A社はその株式を株主に現物配当する。

現物配当を受けた会社（X社）の会計処理

B社株式	時価	A社株式	簿価(※)
		受取配当金 （交換損益）	差額

A社株式の一部がB社株式と交換されたと考え、B社株式がその他有価証券であれば、投資は清算されたとして交換損益を認識する。

※　A社株式は、B社株式とすべて交換されたわけではなく適正な帳簿価額を合理的に按分する

図表Ⅱ-4-31　孫会社の子会社化

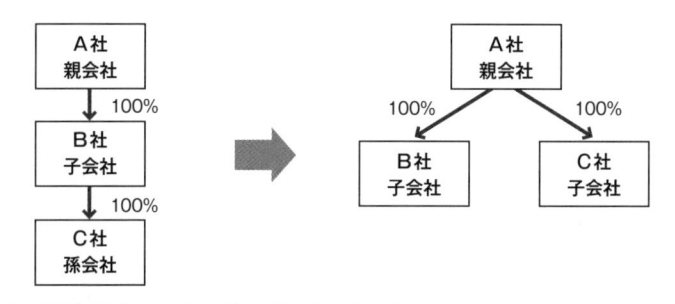

B社が有するC社株式を親会社であるA社に現物配当。B社とC社はA社の直接子会社（兄弟会社）となる。

現物配当を受けた会社（A社）の会計処理

C社株式	（B社株式）簿価	B社株式	簿価(※)

B社株式の一部がC社株式と交換されたと考え、C社株式が子会社株式であるため、投資は継続しているとして交換損益を認識しない。

※　B社株式は、C社株式とすべて交換されたわけではなく適正な帳簿価額を合理的に按分する

配当を受ける会社の投資が清算されたか継続しているかで交換損益を認識するかが決まります。

図表Ⅱ-4-30では、子会社株式（A社株式）がその他有価証券（B社株式）に交換されたとして投資の清算として交換損益（受取配当金）を認識します。図表Ⅱ-4-31では子会社株式（B社株式）を子会社株式（C社株式）と交換しているため、投資は継続し交換損益（受取配当金）は認識しません。

また引き換えられたとみるこれまで保有していた株式の払出金額は、移転した事業の純資産に対する割合等合理的な基準で按分して算定することになります。

8　組織再編時の税効果会計

1）結合企業における税効果
①取得によるパーチェス法適用時
　ⅰ）合併等直接取得の場合
　(a) 税効果の認識

組織再編の形式が直接取得（合併、会社分割等）の場合、取得企業は企業結合日における取得した企業から生じる一時差異等の税金の額を将来の回収が見込まれないものを除き繰延税金資産または繰延税金負債に計上するとされています（適用指針71）。

例えば、税務上、適格組織再編とされた場合、税務上の簿価と会計上パーチェス法により時価評価された資産に一時差異が生じるため、税効果を認識します。この場合取得企業は、被取得企業で計上していた繰延税金資産・負債とは無関係に税効果を認識することになります。

　(b) 繰延税金資産の回収可能性

繰延税金資産の回収可能性は、取得企業の収益力に基づく課税所得が十分にあるかによって判断します。

パーチェス法〜直接取得の場合の税効果〜

税効果の認識	①受入資産負債の税務上の簿価（税制適格の場合は被取得企業の簿価）とパーチェス法による時価の差額である一時差異に対し認識する。被取得企業の繰延税金資産負債は引き継がない ②のれんには税効果を認識しない ③繰延税金資産・負債の計上は取得原価の配分の一部であり、のれんの調整として処理され、通常のように相手勘定科目として法人税等調整額は計上されない
繰延税金資産の回収可能性	①取得企業の課税所得の十分性により判断 ②企業結合前には企業結合が予定されていても取得企業から生じる課税所得見込に基づいて繰延税金資産を計上することはできない

ⅱ）株式交換等間接取得の場合

　組織再編の形式が、事業の間接取得になる株式交換、株式移転の場合、取得会社である株式交換完全親会社等は子会社株式に売却の予定がある場合を除き、子会社株式に係る一時差異の税効果は認識しません。

パーチェス法〜間接取得の場合の税効果〜

税効果の認識	①子会社株式に対し、税効果は認識しない ②子会社株式を売却する予定がある場合は例外として税効果を認識

②共通支配下の取引時

　企業結合が、共通支配下の取引に該当する場合、結合後企業は各結合当事企業の適正な帳簿価額による繰延税金資産・負債をそのまま引き継ぎます。また回収可能性に関しては、通常の場合と同様に期末時点で行われます。

共通支配下の取引時の税効果

税効果の認識	①結合後企業は各結合当事企業の適正な帳簿価額による繰延税金資産・負債をそのまま引き継ぐ
繰延税金資産の回収可能性	①期末時点で結合企業の将来の課税所得の十分性により判断

2) 事業分離における分離元企業における税効果

①分離元企業の会計と税務の関係

　分離先企業の株式のみを対価とする事業分離では一時差異に関して以下の組み合わせがあります。

ⅰ）投資の継続＋適格組織再編

会計上、分離先企業株式の取得原価は、移転事業に係る資産負債の帳簿価額となり移転損益は認識されません。税務上も分離先企業の株式の取得原価は、移転事業の資産・負債の税務上の簿価となり移転損益は認識されません。この場合移転事業の資産負債にかかわる一時差異と同額の一時差異が取得株式に生じます。

ⅱ）投資の継続＋非適格組織再編

会計上は、ⅰ）と同様になりますが、税務上分離先企業の株式の取得原価は時価に基づきます。このため、分離先企業株式について移転事業の資産負債の一時差異に加え、税務上の移転損益相当額が新たに加わります。

ⅲ）投資の清算＋適格組織再編

会計上、分離先企業の取得原価は当該株式の時価または移転資産負債の時価になり移転損益が認識されます。税務上分離先企業の取得原価は移転事業の資産・負債の税務上の簿価に基づきます。このため、当該株式の時価（または移転事業の時価）と移転事業の資産・負債の税務上の簿価の差額が一時差異となります。

ⅳ）投資の清算＋非適格組織再編

会計上も税務上も移転損益が認識され一時差異は解消されることになります。

会計	税務	一時差異
投資の継続	適格組織再編	移転事業の資産・負債の一時差異と同額が分離先企業株式に生じる
	非適格組織再編	移転事業の資産・負債の一時差異と税務上の移転損益の合計が分離先企業株式に生じる
投資の清算	適格組織再編	分離先企業株式の時価と移転事業に係る資産負債の税務上の簿価の差額が一時差異として分離先企業株式に生じる
	非適格組織再編	一時差異は生じない

②回収可能性と適用時期

ⅰ）投資が清算された場合

投資が清算された場合の分離元企業の税効果会計は、一般の売却や交換取引と

同様に会計処理を行うことになります。

分離元企業の税効果〜投資清算〜

論点	考え方
①繰延税金資産の回収可能性	分離元企業における事業分離日以後の将来の課税所得に基づき判断する
②税効果会計の適用時期	事業分離日以後に最初に到来する事業年度末に適用する

ⅱ）投資が継続する場合

投資が継続する場合の分離元企業の税効果会計は、事業分離日において分離元企業で認識された繰延税金資産・負債が分離先企業で引き継がれるため以下のように一般の売却取引とは異なる取扱いとなっています。

分離元企業の税効果〜投資継続〜

論点	考え方
①繰延税金資産の回収可能性	a. 移転事業 　事業分離が行われないと仮定した移転事業に係る将来の課税所得で判断 b. 残存事業 　事業分離後の分離元企業の将来の課税所得で判断
②税効果会計の適用時期	事業分離日に適用する

9 純資産の部の会計処理

組織再編により企業結合が行われた場合、結合企業においては、被結合企業から資産・負債を受け入れるとともに株式その他財産による対価の支払を行います。企業結合による対価の支払（特に株式を交付した場合）に際して、結合企業が純資産の部の会計処理を個別財務諸表上どのように行うかが問題となります。組織再編の会計上、結合の形態や対価の種類によりそれぞれ規定されていますので、取得の場合と共通支配下の取引の場合について以下の表にまとめます。なお払込資本とされた額は会社法の規定により各資本科目に計上されます。

①取得企業の増加資本の会計処理(適用指針79~82,111,112)

ケース	会計処理
(1) 新株を発行した場合	払込資本の増加として処理
(2) 自己株式を処分した場合	・増加すべき株主資本の額から処分した自己株式の帳簿価額を控除した額を払込資本の増加 ・上記がマイナスになる場合は、その他資本剰余金の減少
(3) 取得企業の株式以外の財産を交付した場合	交付財産の時価と帳簿価額の差額を損益に計上
(4) 子会社が親会社の株式を交付した場合(三角合併)	交付財産の時価と帳簿価額の差額を損益に計上(ただし連結上は自己株式処分差額に振替え)

② 1) 共通支配下取引による結合企業純資産の処理(合併の場合)

ケース	会計処理
(1) 親会社が子会社を吸収合併する場合(適用指針206)	受入資産の株主資本相当額を持分比率で親会社持分、少数株主持分に按分し、 ・親会社持分 子会社株式(抱合せ株式)の簿価との差額を損益計上 ・少数株主持分 取得の対価との差額をのれん計上
(2) 子会社が親会社を吸収合併する場合(適用指針210)	移転された資産負債の差額を純資産として処理
(3) 同一の株主(個人)に支配されている企業の合併(適用指針254)	株主資本の額を払込資本とする。マイナスの場合払込資本は0、その他資本剰余金のマイナスとして処理
(4) 同一の株主に支配されている子会社同士の合併(対価が株式のみ)(適用指針247)	株主資本の額を払込資本とする。マイナスの場合払込資本は0、その他資本剰余金のマイナスとして処理
(5) 同一の株主に支配されている子会社同士の合併(対価が株式と現金等の財産)(適用指針251)	株主資本の額から交付財産の帳簿価額を控除した額を払込資本とする
(6) 同一の株主に支配されている子会社同士の合併(対価が現金等の財産のみ)(適用指針243)	株主資本の額は変化しない

② 2) 共通支配下取引による結合企業純資産の処理（会社分割等の場合）

ケース	会計処理
(1) 子会社が親会社に事業移転（対価株式）する場合及び分割型会社分割による移転（適用指針227、234、254）	株主資本相当額を払込資本として処理。マイナスの場合払込資本は0、その他資本剰余金のマイナスとして処理。なお、評価換算差額を引き継ぎます
(2) 親会社が子会社に事業移転する場合（対価は子会社株式と現金等）（適用指針231）	・株主資本相当額－交付現金＞0の場合 　　払込資本として処理 ・株主資本相当額－交付現金＜0の場合 　　払込資本は0、差額はのれんとする ・株主資本相当額＜0の場合 　　その他資本剰余金をマイナス。交付現金の金額をのれんとする
(3) 親会社が事業譲渡により子会社に事業移転する場合（適用指針224）	株主資本の額は増加しない
(4) 親会社が子会社を完全子会社とする株式交換及び完全親会社を設立する株式移転（適用指針236、239、258）	増加する資本は払込資本とし、取得企業の増加資本の処理に準じる

10　監査法人対応

　グループ内組織再編を行う場合、グループ全体の組織体系が変わることで、法律、会計、税務、労務等各分野での影響が考えられます。監査法人は会社法や金融商品取引法の要請に基づいて監査を行っており、組織再編に関し、特に会計上、法律上の影響については情報の共有を図っておくことが望ましいと考えられます。また、監査法人との連携は、組織再編の事前段階から行っておく必要があります。ケースによっては、会社機関の意思決定以前の段階から会計上の影響などについてアドバイスを受けることも有効と考えられます。

1）組織再編の目的や全体像の説明

　組織再編を行う場合、その組織再編が行われる目的、どのような組織再編が行われるか、組織再編前後でグループ内の各会社の位置付け、役割はどのようなものになるかなどグループ内組織再編の全体像を説明する必要があります。

組織再編のスキームによっては、グループ内の個々の会社において、資本金や負債の額により、会計監査人設置会社になる場合やグループのガバナンスの設計上、会計監査人を設置するケースも考えられ組織再編の全体像と絡めて検討が必要になります。

また、再編後どのようなガバナンスの体制となるのかグループ内の管理はどのように行っていくのかは、財務報告に関する内部統制の監査（JSOX）にも影響してきますので、監査法人との協議が必要になります。

2）会計処理の検討

組織再編に関する会計は、複雑であり、組織再編の形態だけでなく経済実態によっても影響を受ける可能性があります。また組織再編により個別財務諸表および連結財務諸表上、損益の影響など予期しない会計処理上の影響がある可能性があります。大規模な組織再編を行う場合は、個別、連結を含めると関係する会計報告主体が多数になり、多角的に会計処理を検討する必要があるため、監査法人と連携し、適切なアドバイスを受けることが重要です。

3）法律上の手続きに関して関係書類の開示

組織再編が行われる場合には、会社法、金融商品取引法などの法令、証券取引所の規則など法令、諸規則の規制を受けるケースがあります（206〜209ページ参照）。

特に会社法に関しては、会計監査人である監査法人は、法令違反についての検討を行うことから、監査法人から会社法に基づいた意思決定（株主総会決議、取締役会決議など）や関係書類（議事録、契約書等）が整備されているかについて説明や書類の開示が求められることになります。

また、組織再編にグループ内の上場会社が関係する場合には、金融商品取引法により有価証券報告書や臨時報告書の開示が必要になる場合があり、また証券取引所の適時開示の要請に該当するケースもあるため、諸手続きの漏れを防ぐためにも監査法人への事前相談が有効です。

第5章

グループ内組織再編の税務

1 組織再編税制の概要

1) グループ内組織再編の税務上の論点

　合併や会社分割などのグループ内組織再編が行われた場合において、その組織再編が法人税法上の税制適格要件を満たす組織再編（以下「適格組織再編」といいます）である場合には、その組織再編によって移転した資産および負債（以下「資産等」といいます）をその帳簿価額で移転することとなるため、基本的には課税関係は生じないこととなります。一方、税制適格要件を満たさない組織再編（以下「非適格組織再編」といいます）である場合には、資産等を時価で移転することとなるため、税務上、組織再編に伴い資産等の含み損益が実現し、その課税所得計算に影響を及ぼすことになります。

　グループ内組織再編が行われた場合における税務上の最大の論点は、その組織再編が適格組織再編に該当するか否かであり、それによって組織再編に伴う税負担が大きく変わってくることとなるため、税制適格要件を満たすかどうかの判定が極めて重要になります。

2) 税制適格要件

　適格組織再編は、その満たすべき要件によって「①100％グループ内の適格組

図表Ⅱ-5-1　税制適格要件 判定フローチャート

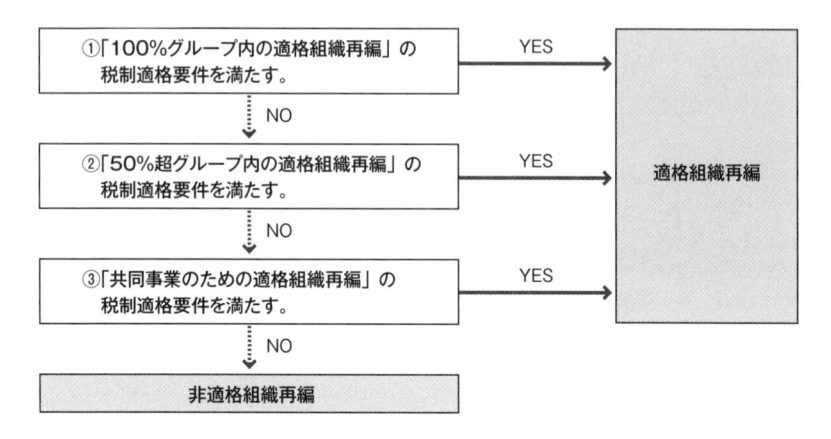

```
┌─────────────────────────┐
│ ①「100％グループ内の適格組織再編」の │  YES
│   税制適格要件を満たす。          │ ───────┐
└─────────────────────────┘        │
          │ NO                          │
          ▼                             │
┌─────────────────────────┐       │
│ ②「50％超グループ内の適格組織再編」の│  YES  │  ┌──────────┐
│   税制適格要件を満たす。          │ ───────┼─▶│ 適格組織再編 │
└─────────────────────────┘        │  └──────────┘
          │ NO                          │
          ▼                             │
┌─────────────────────────┐       │
│ ③「共同事業のための適格組織再編」の │  YES  │
│   税制適格要件を満たす。          │ ───────┘
└─────────────────────────┘
          │ NO
          ▼
┌──────────────┐
│  非適格組織再編   │
└──────────────┘
```

織再編」、「②50％超グループ内の適格組織再編」および「③共同事業のための適格組織再編」に区分されます。合併、会社分割、株式交換などの組織再編の手法によって、それぞれの場合における税制適格要件の詳細は異なりますが、一般的に「①100％グループ内の適格組織再編」の要件を充足させることは比較的容易であるため、グループ内組織再編の実行にあたっては、資本関係の見直しも含めて、事前にこれらの税制適格要件を満たすスキームの立案が行われることになります。

　この場合、100％の資本関係グループであっても、必ずしも「100％グループ内の適格組織再編」の要件を満たす必要はなく、「50％超グループ内の適格組織再編」または「共同事業のための適格組織再編」のいずれかの要件を満たすことによっても適格組織再編となります。なお3つの適格組織再編の要件のいずれかに該当すれば、強制的に適格組織再編に区分されますので、任意で適格組織再編と非適格組織再編を選択することはできません。

　それぞれの組織再編の手法別の税制適格要件は、図表Ⅱ-5-2のとおりです（現物分配については（注1）参照）。手法によって満たすべき要件が異なりますが、すべての手法に共通する要件として、組織再編の対価として資産等を取得する法人の株式以外の資産が交付されないこと（株式等の交付要件）というものがあります。したがって、組織再編の対価として金銭等の株式以外の資産が交付された

場合には、その時点で非適格組織再編に該当することとなります。

図表Ⅱ-5-2　手法別の税制適格要件一覧表

要件	合併 100%	合併 50%超	合併 共同事業	会社分割 現物出資 100%	会社分割 現物出資 50%超	会社分割 現物出資 共同事業	株式交換 株式移転 100%	株式交換 株式移転 50%超	株式交換 株式移転 共同事業
① 株式等の交付要件	○	○	○	○	○	○	○	○	○
② 支配関係継続要件	○	○		○	○		○	○	
③ 従業者引継要件		○	○		○	○		○	○
④ 事業継続要件		○	○		○	○		○	○
⑤ 事業関連性要件			○			○			○
⑥ 事業規模要件または経営参画要件			○			○			○
⑦ 株式継続保有要件			○			○			○
⑧ 主要資産等引継要件					○	○			
⑨ 完全支配関係継続要件									○

※　満たす必要がある要件を○としています。

①株式等の交付要件

　組織再編の対価として資産等を取得する法人の株式等以外の資産が交付されないこと

②支配関係継続要件

　次のいずれかに該当すること

　A．組織再編前に組織再編当事法人のいずれか一方の法人の他方の法人に対する支配関係（注2）があり、かつ、組織再編後もその支配関係が継続する見込みであること

　B．組織再編前に組織再編当事法人に対する同一の者による支配関係があり、かつ、組織再編後もその支配関係が継続する見込みであること

　※100％グループ内における組織再編の場合、上記「支配関係」を「完全支配関係（注3）」と読み替えて適用します。

③従業者引継要件

　組織再編により移転する事業にかかわる（株式交換または株式移転（以下「株式交換等」）の場合は、株式交換等完全子法人の）従業者の概ね80％以上が組織再編により事業を受け入れる側の法人において組織再編後も当該法人の業務（株式交換等の場合は、株式交換等完全子法人の事業）に従事する見込みであること

④事業継続要件

　組織再編により移転する事業（株式交換等の場合には、株式交換等完全子法人の主要な事業）が組織再編後も引き続き営まれる見込みであること

⑤事業関連性要件

　組織再編により移転する事業と受け入れる側の法人の組織再編前から営む事業（株式交換等の場合には株式交換等完全親法人と株式交換等子法人の事業）とが相互に関連するものであること

⑥事業規模比較要件または経営参画要件

　次のいずれかの要件を満たすこと

　A.　⑤で相互に関連するとされた事業を比較した場合にその規模（資本金、売上、従業員数など）が概ね5倍を超えないこと

　B.　事業を移転する法人の組織再編直前における役員（合併の場合には、社長、副社長等の特定役員）である者のいずれかの者と事業を受け入れる法人の組織再編直前における特定役員である者のいずれかの者がそれぞれ組織再編後に事業を受け入れる法人の特定役員になることが見込まれていること

⑦株式継続保有要件（組織再編により株式の交付を受ける株主数が50人以上の場合には、この要件を満たす必要はありません）

　組織再編により株式の交付を受けた株主の内、その株式のすべてを継続して保有する見込みである株主が保有する株式の総数が組織再編の対価として発行した株式総数の80/100以上であること

⑧主要資産等引継要件（会社分割、現物出資の場合に限る）

　組織再編により移転する事業にかかわる主要な資産および負債が分割承継法人または被現物出資法人に移転すること

⑨完全支配関係継続要件（株式交換等の場合に限る）

　株式交換等完全親法人が株式交換等完全子法人の株式のすべてを直接または間接に継続して保有することが見込まれていること

（注1）現物分配

　内国法人を現物分配法人とする現物分配のうち、その現物分配により資産の移転を受ける者がその現物分配の直前においてその内国法人との間に完全支配関係がある内国法人のみであるものが適格現物分配に該当します。したがって、現物分配を受ける株主に個人や外国法人が含まれている場合には、たとえ完全支配関係がある場合でも適格現物分配には該当しないこととなり、完全支配関係がない法人間で行われる現物分配も適格現物分配には該当しません。

（注2）支配関係

　一の者が法人の発行済株式等の総数の100分の50を超える数の株式を直接または間接に保有する場合における当該一の者と当該法人等の関係（当事者間の支配の関係）または一の者との間に当事者間の支配の関係がある法人相互の関係をいう。

（注3）完全支配関係

　一の者が法人の発行済株式等の全部を直接または間接に保有する場合における当該一の者と当該法人との関係（当事者間の完全支配の関係）または一の者との間に当事者間の完全支配の関係がある法人相互の関係をいう。

　なお、この場合における発行済株式等には、従業員持株会が保有する株式数または役員等がストックオプションの行使に伴い取得した株式数を合計した株式数が発行済株式の5％に満たない場合における当該従業員持株会および当該役員等が保有する株式は含まれません。

3）組織再編に伴う課税関係

　グループ内組織再編が税制適格要件を満たす適格組織再編の場合には、原則と

して課税関係は生じません。一方、非適格組織再編に該当する場合には、その組織再編当事法人やその株主に対する課税の問題が生じることとなります。

　組織再編の手法別の適格組織再編と非適格組織再編それぞれの場合における主な税務上の取扱いは、以下のとおりです。

①合併および分割型分割の場合

　合併および分割型分割の場合には、被合併法人または分割法人から合併法人または分割承継法人へ事業（資産等）が移転し、この資産等の移転の対価として被合併法人または分割法人の株主に新たに合併法人または分割承継法人の株式が交付

図表Ⅱ-5-3　合併・分割型分割の課税関係

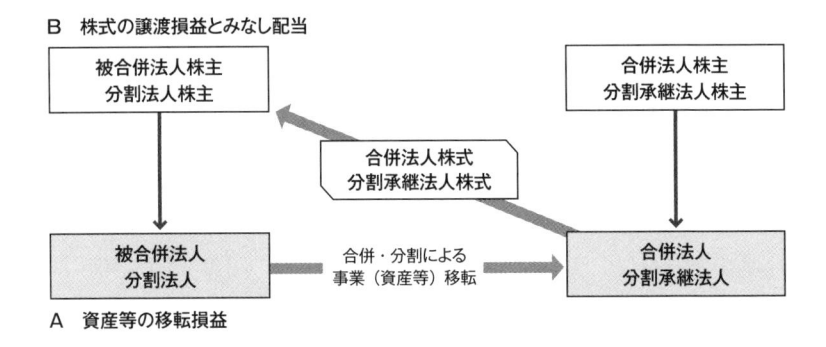

B　株式の譲渡損益とみなし配当

被合併法人株主
分割法人株主
　←　合併法人株式
　　　分割承継法人株式
　←　合併法人株主
　　　分割承継法人株主

被合併法人
分割法人
　→　合併・分割による事業（資産等）移転
　→　合併法人
　　　分割承継法人

A　資産等の移転損益

されます。

　合併および分割型分割の場合の税務上の論点は、この資産等の移転に伴う損益を認識するかどうかという点とその資産等の対価を受け取った株主への課税が発生するかどうかという点です。

　A．資産等の移転損益

　その合併または分割が適格組織再編（適格合併・適格分割）に該当する場合には、資産等は被合併法人または分割法人における移転直前の帳簿価額で移転したものとされ、移転に伴う損益は発生しません（簿価移転）。

一方、非適格組織再編に該当する場合には、資産等の移転直前の時価によって移転したものとされるため、時価と帳簿価額との差額相当の移転損益が税務上実現することとなります（時価移転）。この場合の移転損益は、被合併法人の合併直前の最終事業年度または分割法人の分割が行われた日の属する事業年度の所得の計算上、益金の額又は損金の額に算入されることとなります。

　B．株式の譲渡損益とみなし配当
　被合併法人または分割法人の株主については、資産等の移転の対価として合併法人または分割承継法人株式等の交付に伴う被合併法人株式または分割法人株式の譲渡損益の認識とみなし配当課税の有無が税務上の論点となります。
　その合併または分割が適格組織再編に該当する場合には、株式の譲渡損益及びみなし配当ともに発生せず、被合併法人または分割法人株主における課税の問題はありません。
　一方、非適格組織再編に該当する場合には、被合併法人株主又は分割法人株主において、一定の方法により計算された金額がみなし配当として益金の額に算入され、通常の配当金と同様に、その株式所有割合に応じて計算された金額が受取配当等の益金不算入額として、課税所得計算上、減算されます。
　また非適格組織再編に該当する場合において、資産等の移転の対価として株式以外の金銭等の交付がある場合には、被合併法人株式又は分割法人株式の譲渡損益を認識することとなります。
　具体的な株式譲渡損益およびみなし配当の金額の計算については、4「株主課税」をご参照ください。

②分社型分割および現物出資の場合
　分社型分割および現物出資の場合には、分割法人または現物出資法人から分割承継法人または被現物出資法人へ事業（資産等）が移転し、この資産等の移転の対価として直接分割法人または現物出資法人に新たに分割承継法人または被現物出資法人の株式が交付されます。①の合併および分割型分割の場合と異なり、資産等を移転させる法人（分割法人および現物出資法人）と資産等の移転対価を受ける法人が同一法人となりますので、株式の譲渡損益やみなし配当は発生せず、

図表Ⅱ-5-4　分社型分割・現物出資の課税関係

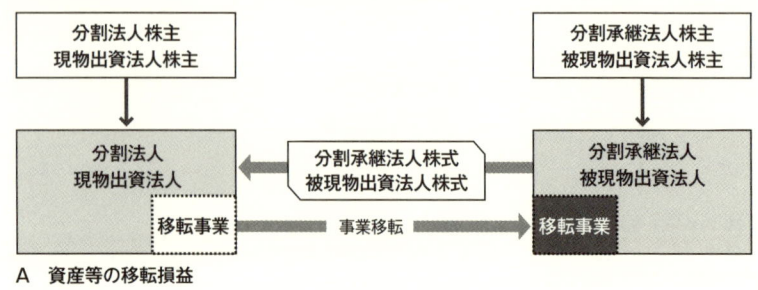

```
┌─────────────────┐                    ┌─────────────────┐
│分割法人株主      │                    │分割承継法人株主  │
│現物出資法人株主  │                    │被現物出資法人株主│
└────────┬────────┘                    └────────┬────────┘
         │                                       │
┌────────▼────────┐  分割承継法人株式   ┌───────▼─────────┐
│分割法人         │◄──被現物出資法人株式─│分割承継法人     │
│現物出資法人     │                     │被現物出資法人   │
│  ┌──────────┐  │    事業移転         │ ┌──────────┐   │
│  │移転事業  │──┼─────────────────────┼►│移転事業  │   │
│  └──────────┘  │                     │ └──────────┘   │
└─────────────────┘                    └─────────────────┘
  A　資産等の移転損益
```

　分社型分割および現物出資の場合の税務上の論点は、資産等の移転に伴う損益を認識するかどうかという点だけになります。

　A．資産等の移転損益
　その分割または現物出資が適格組織再編（適格分割・適格現物出資）に該当する場合には、資産等は分割法人または現物出資法人における移転直前の帳簿価額で移転したものとされ、移転に伴う損益は発生しません（簿価移転）。
　一方、非適格組織再編に該当する場合には、資産等の移転直前の時価によって移転したものとされるため、時価と帳簿価額との差額相当の移転損益が税務上実現することとなります（時価移転）。この場合の移転損益は、分割法人または現物出資法人の分割または現物出資が行われた日の属する事業年度の所得の計算上、益金の額または損金の額に算入されることとなります。

③株式交換等の場合
　株式交換等の場合には①②の場合と異なり、法人間における直接的な事業や資産等の移転はありませんので、資産等の移転損益を認識することはありません。株式交換等が行われた場合の税務上の論点は、株式交換等完全子法人が保有する資産の時価評価と株式交換等完全子法人株主における株式の譲渡損益の認識の有無です。

図表Ⅱ-5-5　株式交換等の課税関係

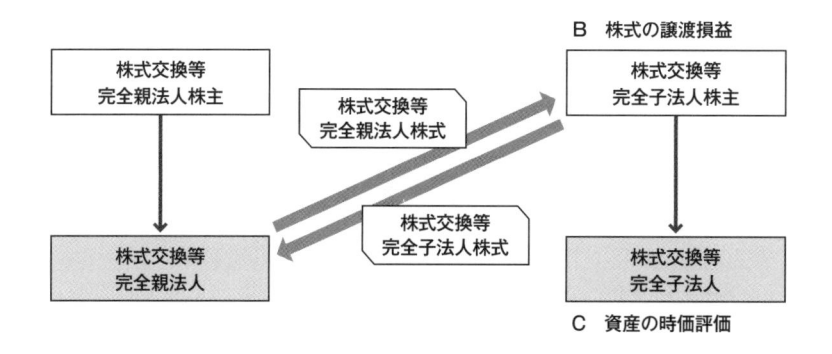

```
                                    B  株式の譲渡損益
┌──────────┐                    ┌──────────┐
│  株式交換等   │   株式交換等       │  株式交換等   │
│ 完全親法人株主 │   完全親法人株式    │ 完全子法人株主 │
└──────────┘  ────────→      └──────────┘
      │         ←────────            │
      │          株式交換等             │
      ↓          完全子法人株式         ↓
┌──────────┐                    ┌──────────┐
│  株式交換等   │                    │  株式交換等   │
│  完全親法人   │                    │  完全子法人   │
└──────────┘                    └──────────┘
                                    C  資産の時価評価
```

B．株式の譲渡損益

　株式交換等完全子法人の株主について完全子法人株式に代わって完全親法人株式等の交付を受けますが、その交付資産として完全親法人株式以外の金銭等の交付がある場合には、株式交換等完全子法人株式の譲渡損益を認識することとなります。

　具体的な株式譲渡損益の計算については、4「株主課税」をご参照ください。

C．資産の時価評価

　株式交換等が非適格組織再編に該当する場合には、株式交換等完全子法人が有する資産のうち次に掲げる資産（時価評価資産）について時価評価をし、その帳簿価額と時価との差額に相当する金額をその株式交換等が行われた日の属する事業年度の益金の額または損金の額に算入します。

＜時価評価資産＞

　時価評価資産とは、固定資産、土地等、有価証券（売買目的有価証券および償還有価証券を除きます）、金銭債権および繰延資産のうち、資産の時価と簿価との差額が資本金等の額の2分の1に相当する金額または1,000万円のいずれか少ない金額以上のものをいいます。

④現物分配の場合

現物分配は、平成22年度の税制改正により組織再編税制に組み込まれたものですが、その税務上の論点は、現物分配法人における資産等の移転損益の認識の有無と被現物分配法人における現物分配による収益の取扱いです。

図表Ⅱ-5-6　現物分配の課税関係

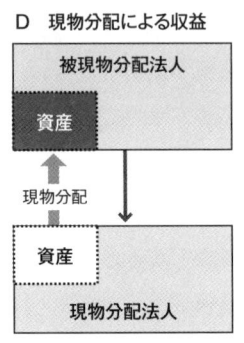

```
            D　現物分配による収益
        ┌─────────────────┐
        │　　被現物分配法人　　│
        │ ┌───┐            │
        │ │資産│            │
        │ └───┘            │
        └─────────────────┘
              ↑    │
            現物分配  │
              │    ↓
        ┌─────────────────┐
        │ ┌ ─ ┐            │
        │ │資産│            │
        │ └ ─ ┘            │
        │　　　現物分配法人　　│
        └─────────────────┘
            A　資産等の移転損益
```

A．資産等の移転損益

現物分配が適格組織再編（適格現物分配）に該当する場合には、資産は現物分配法人における移転直前の帳簿価額で移転したものとされ、移転に伴う損益は発生しません（簿価移転）。

一方、非適格組織再編に該当する場合には、資産の移転直前の時価によって移転したものとされるため、時価と帳簿価額との差額相当の移転損益が税務上実現することとなります（時価移転）。この場合の移転損益は、現物分配法人の現物分配が行われた日の属する事業年度の所得の計算上、益金の額または損金の額に算入されることとなります。

D．現物分配による収益

被現物分配法人においては、適格現物分配に該当する場合には、現物分配法人におけるその現物分配資産の帳簿価額をもって現物分配にかかわる収益を認識します。この適格現物分配により資産の移転を受けたことによる収益の額は、適格

現物分配に係る益金不算入として、税務申告上、その全額が益金不算入とされます。

一方、非適格現物分配に該当する場合には、資産の移転直前の時価で収益計上され、被現物分配法人の現物分配法人株式の保有割合に応じて計算された金額が、受取配当等の益金不算入として、税務申告上、減算処理されます。

⑤その他の論点

E. 資産等の受入価額

組織再編により資産等が移転する場合において、その資産等を受け入れる法人のその資産等の受入価額（取得価額）は、適格組織再編に該当する場合には資産等を移転させる法人における移転直前の帳簿価額をもって、非適格組織再編に該当する場合には、移転直前の時価をもって計算します。

これは、資産等を移転させる法人において、適格組織再編の場合には帳簿価額で移転したものとされ、非適格組織再編の場合には時価で移転したものとされることと裏表の関係にあります。

F. 株等の取得価額

組織再編により資産等を移転させたことに伴い取得した組織再編当事法人の株式等の取得価額は、それぞれの組織再編の手法に応じて、適格組織再編の場合には帳簿価額等を基に一定の方法により計算された金額とされ、非適格組織再編の

図表II-5-7　手法別の課税関係一覧表

	要件	合併 分割型分割	分社型分割 現物出資	株式交換 株式移転	現物分配
A	資産等の移転損益	○	○		○
B	株式の譲渡損益とみなし配当	○		○(注)	
C	資産の時価評価			○	
D	現物分配による収益				○
E	資産等の受入価額	○	○		○
F	株式等の取得価額	○	○	○	

※　課税関係の発生する項目を○としています。
(注)　株式交換等の場合には、みなし配当は発生しません。

場合には時価を基に一定の方法により計算された金額とされます。

具体的な取得価額の計算については、5「株式等の取得価額」をご参照ください。

2 繰越欠損金の引継ぎと使用制限

1）概要

　繰越欠損金を有する法人との組織再編を行うことによって、これらの繰越欠損金を利用した租税回避行為が行われることを防止するために、合併や分割などの組織再編が行われた場合には、これらの組織再編当事法人の有する繰越欠損金の損金算入に、一定の制限がかかるケースがあります。

　これらの制限は、必ずしもその組織再編が特定の租税回避行為を意図して行われた場合に限ってかかるものではなく、形式的に一定の要件に当てはまる場合に、強制的に制限対象となるものであるため、組織再編のスキーム立案においては、組織再編後のこれらの繰越欠損金の損金算入の可否が非常に重要な検討項目となります。

　具体的には、図表Ⅱ-5-8に掲げる適格組織再編がこの繰越欠損金の引継ぎと使用制限の対象となります。これ以外の組織再編の場合には、繰越欠損金が引継がれることはなく、また組織再編当事法人が有する繰越欠損金の使用に制限がかかることもありません。

　図表Ⅱ-5-8から分かるように、組織再編によって繰越欠損金が引継がれるのは、適格合併が行われた場合において被合併法人が有する繰越欠損金を合併法人に引継ぐケースに限られており、それ以外のケースにおいては組織再編当事法人間において繰越欠損金が引継がれることはありません。

図表Ⅱ-5-8　繰越欠損金の引継ぎと使用制限

項目	適格合併	適格分割	適格現物出資	適格現物分配
繰越欠損金の引継ぎができるケース	被合併法人	―	―	―
繰越欠損金に使用制限がかかるケース	合併法人	分割承継法人	被現物出資法人	被現物分配法人

それぞれの法人が有する繰越欠損金が引継ぎ・使用制限の対象となります。

また、組織再編当事法人が有する繰越欠損金に使用制限がかかるのは、適格合併、適格分割、適格現物出資、適格現物分配が行われた場合において、資産等の移転を受ける合併法人、分割承継法人、被現物出資法人、被現物分配法人（以下のこの節において「合併法人等」といいます）が有する繰越欠損金に限られます。
　したがって、上記の表に該当しない組織再編当事法人については、組織再編によってその使用可能な繰越欠損金に変動はありません。

2）繰越欠損金の引継ぎと使用制限の適用除外

　上記1）の表の繰越欠損金の引継ぎと使用制限の対象となる組織再編が行われた場合において、その組織再編が次の①〜④のいずれかに該当する場合には、被合併法人が有する繰越欠損金は、その全額が合併法人に引き継がれ、また合併法人等が組織再編前から有する繰越欠損金に使用制限がかかることはありません。

①支配関係がない法人間で行われる適格組織再編
　組織再編当事法人間に組織再編直前において支配関係がない場合（「共同事業のための適格組織再編」に該当する場合）

②みなし共同事業要件を満たす適格組織再編
　その組織再編が次に定める「みなし共同事業要件」を満たす適格組織再編に該当する場合。

　＜みなし共同事業要件を満たす組織再編＞
　次のイおよびホの要件を満たす場合、または、次のイからニのすべての要件を満たす組織再編をいいます。

図表Ⅱ-5-9　みなし共同事業要件

	内容	要件
イ	事業関連性要件	事業を移転する法人の移転する事業のうち、移転前から営むいずれかの事業（以下「移転事業」）と事業を受け入れる法人が組織再編前から営む事業のうちいずれかの事業（以下「存続事業」）とが相互に関連するものであること
ロ	事業規模比較要件	組織再編時における移転事業と存続事業の規模（資本金、売上、従業員数など）の割合が概ね5倍を超えないこと
ハ	移転事業規模継続要件	支配関係が生じた時から組織再編時まで移転事業が継続して営まれており、かつ、支配関係が生じた時と組織再編時において移転事業の規模の割合が概ね2倍を超えないこと
ニ	存続事業規模継続要件	支配関係が生じた時から組織再編時まで存続事業が継続して営まれており、かつ、支配関係が生じた時と組織再編時において存続事業の規模の割合が概ね2倍を超えないこと
ホ	経営参画要件	事業を移転する法人の組織再編直前における役員（合併の場合には、社長、副社長等の特定役員）である者のいずれかの者と事業を受け入れる法人の組織再編直前における特定役員である者のいずれかの者がそれぞれ組織再編後に事業を受け入れる法人の特定役員になることが見込まれていること（これらの役員はすべて支配関係発生前からそれぞれの法人の経営に従事する役員等である必要があります）

＜判定にあたっての留意点＞

ⅰ）（イ）で判定の基準とした移転事業および存続事業は（ロ）から（ニ）までで使用される移転事業および存続事業と同じものでなければなりません。

ⅱ）上記（イ）の事業関連性要件を満たすためには、その比較対象となった事業にそれぞれ事業実体があり、かつ、その事業が相互に関連性がある必要があります。

事業実体があると認められるためには、原則として次の3つの要件を満たす必要があります。

・事務所、店舗等を所有しまたは賃借していること
・役員（業務従事者に限る）または従業員がいること
・自己の名義で商品等の販売または役務の提供等をしていること

ⅲ）移転事業と存続事業に次のいずれかの関係がある場合には、相互に関連性があると認められます。

・移転事業と存続事業が同種のものであること
・移転事業と存続事業の商品、資産、役務、経営資源等が同一または同種のものであること
・移転事業と存続事業の商品、資産、役務、経営資源等を相互に活用する見込みであること

なお、上記の判定により事業実体および相互の関連性がないとされた場合においても、その実態により事業関連性があると認められるケースもあります。例えば、業務従事者がいない投資法人同士の合併などがこれに該当します。

③グループ化してから5年経過後の組織再編

組織再編の日の属する事業年度開始の日の5年前の日から組織再編の日まで組織再編当事法人間に支配関係が継続している場合（なお、支配関係の継続期間の始点である支配関係の発生日は、「最後に支配関係があることとなった日」となります）。

グループ内組織再編においては、このグループ化後5年経過しているか否かが繰越欠損金の引継ぎと使用制限の検討において重要な判定要素となります。グループ化後5年経過しておらず繰越欠損金の引継ぎが出来なかったり、その使用に制限がかかるケースでは、組織再編の実行そのものを先延ばしするという選択肢も含めて検討が行われます。

図表Ⅱ-5-10において、合併法人Aと被合併法人Bは、過去に支配関係があったもののいったん支配関係が消滅し、その後改めて支配関係が発生しています。このようなケースにおいては、改めて支配関係が発生した日が最後に支配関係があることとなった日に該当しますので、当該日が支配関係の継続期間の始点になります。

図表Ⅱ-5-11において、合併法人Aと被合併法人Bの支配関係が生じた後、P社によるA社とB社に対する支配関係が成立しています。このようなケースでは、組織再編当事法人であるA社とB社の支配関係発生日が最後に支配関係があることとなった日に該当しますので、当該日が支配関係の継続期間の始点になります。

図表Ⅱ-5-10　5年経過後の組織再編①

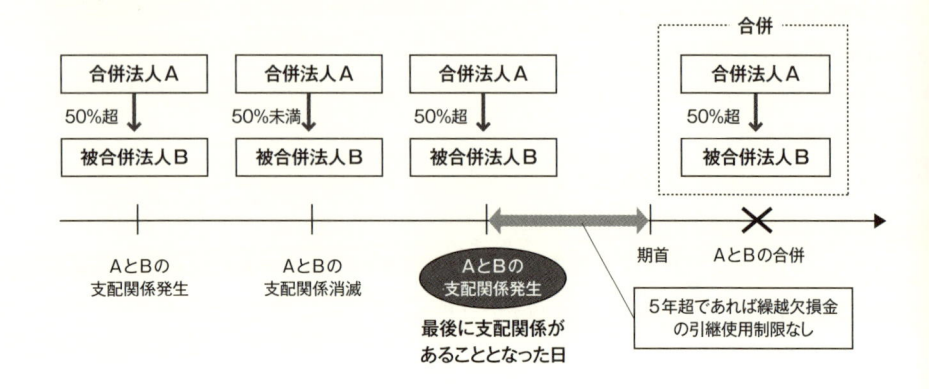

図表Ⅱ-5-11　5年経過後の組織再編②

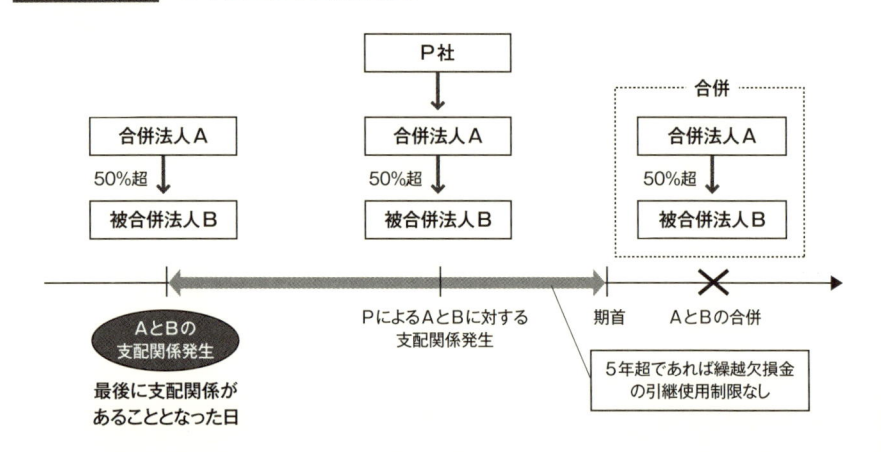

④設立時からグループ化している法人間の組織再編

　組織再編当事法人のいずれかが組織再編の日の属する事業年度開始の日の5年前の日後に設立された法人である場合であって、その組織再編当事法人の設立の日のいずれか遅い日から組織再編の日まで支配関係が継続している場合（ただし、下記ⅰ～ⅲに掲げる場合を除きます）。

　ⅰ．引継使用制限の対象となる繰越欠損金を有する組織再編当事法人（以下「制限対象組織再編当事法人」といいます）の他方の組織再編当事法人との間に支配

関係がある他の内国法人を被合併法人とする適格合併で制限対象組織再編当事法人を設立するもの、または、その他方の組織再編当事法人とその他の内国法人との間に最後に支配関係があることとなった日以後に設立された制限対象組織再編当事法人を合併法人とするものが行われていた場合（同日が当該5年前の日以前である場合を除く）

ⅱ．他方の組織再編当事法人と他の内国法人との間に最後に支配関係があることとなった日以後に設立された制限対象組織再編当事法人との間に完全支配関係があるその他の内国法人でその制限対象組織再編当事法人が発行済株式または出資の全部または一部を有するものの残余財産が確定した場合（同日が当該5年前の日以前である場合を除く）

ⅲ．制限対象組織再編当事法人との間に支配関係がある他の法人を資産を受け入れる側の法人とする適格組織再編で他方の組織再編当事法人を設立するものまたは制限対象組織再編当事法人と当該他の法人との間に最後に支配関係があることとなった日以後に設立されたその他方の組織再編当事法人を資産を拠出する側の法人とするものが行われていた場合（同日が当該5年前の日以前である場合を除く）

　図表Ⅱ-5-12におけるB社とD社の合併は繰越欠損金の引継使用制限のある合併となります。D社はその設立時からB社と支配関係のある法人に該当しますが、D社は設立後C社を合併により吸収しています。したがってB社とD社の合併はB社とC社の合併の要素も含むことになります。

　D社の設立を経ないでB社とC社を合併した場合には、その合併は繰越欠損金の引継使用制限のある合併に該当しますが、「D社設立」→「D社とC社の合併」という手続きを間に入れることによって、引継使用制限のない合併にするのを防止するためにこの規定が設けられています。

　B社に繰越欠損金がある場合には上記ⅲ．に該当し、D社に繰越欠損金がある場合には、上記ⅰ．に該当することとなります。

図表Ⅱ-5-12 【事例】設立時からグループ化している法人間の組織再編で引継ぎ使用制限がある場合

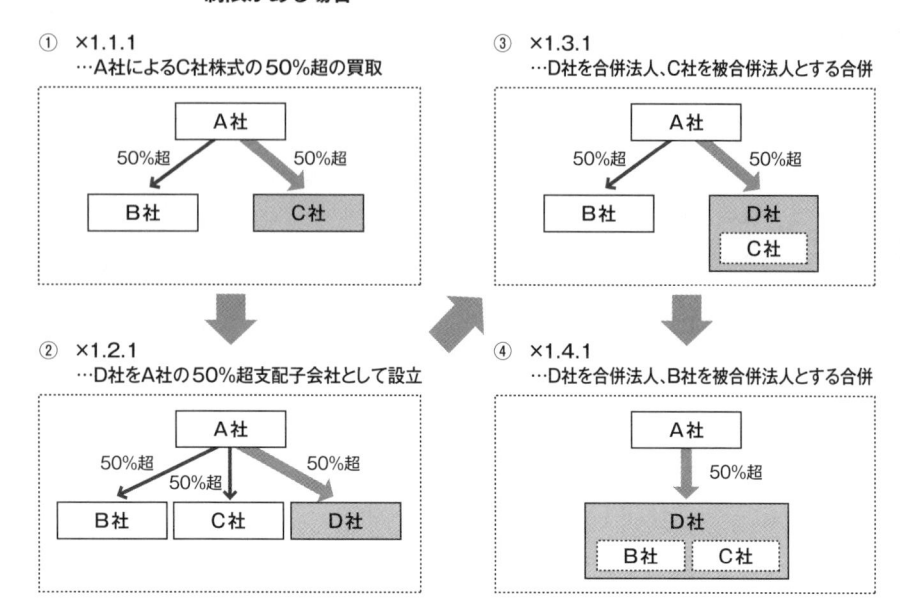

① ×1.1.1
…A社によるC社株式の50%超の買取

② ×1.2.1
…D社をA社の50%超支配子会社として設立

③ ×1.3.1
…D社を合併法人、C社を被合併法人とする合併

④ ×1.4.1
…D社を合併法人、B社を被合併法人とする合併

3）繰越欠損金の引継ぎ・使用制限額の計算

①原則

　繰越欠損金の引継ぎ・使用制限があるとされた場合には、原則として、次に掲げる金額が、繰越欠損金の引継ぎおよび使用が制限される金額となります。

　A．支配関係事業年度の前事業年度以前に生じた繰越欠損金の全額

　B．支配関係事業年度以後の事業年度に生じた繰越欠損金のうち特定資産譲渡等損失相当額[※]

(※) 特定資産譲渡等損失相当額とは支配関係事業年度以後に生じた繰越欠損金のうち、その発生事業年度が特定資産譲渡等損失の損金不算入の規定の適用を受ける事業年度とした場合に、特定資産譲渡等損失として損金不算入とされる部分をいいます（詳細は3「特定資産譲渡等損失の損金算入制限」参照）。

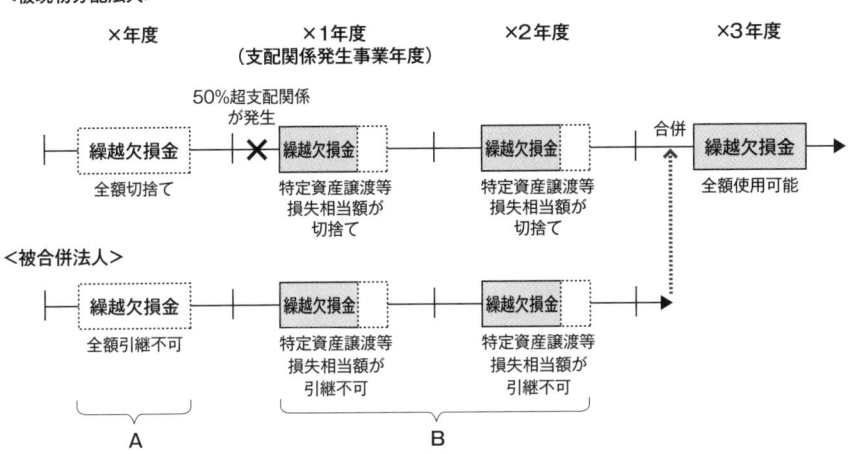

図表Ⅱ-5-13　発生事業年度による繰越欠損金の引継ぎ・使用制限

<合併法人>
<分割承継法人>
<被現物出資法人>
<被現物分配法人>

```
       ×年度        ×1年度          ×2年度        ×3年度
                 (支配関係発生事業年度)

                50％超支配関係
                 が発生                            合併
    ┌─繰越欠損金─┤ × ├─繰越欠損金─┼─繰越欠損金─┤  ├─繰越欠損金─→
                    特定資産譲渡等    特定資産譲渡等        全額使用可能
     全額切捨て    損失相当額が      損失相当額が
                     切捨て            切捨て
```

<被合併法人>

```
    ┌─繰越欠損金─┼─繰越欠損金─┼─繰越欠損金─┤
     全額引継不可    特定資産譲渡等    特定資産譲渡等
                   損失相当額が      損失相当額が
                    引継不可          引継不可
       └──┬──┘└──────┬──────┘
            A                  B
```

②特例

A．時価純資産価額を計算した場合の特例

上記①の原則にかかわらず、繰越欠損金を有する組織再編当事法人について、支配関係事業年度の前事業年度末における時価純資産価額を計算した場合には、引継ぎ・使用制限額を繰越欠損金の発生時期に応じてそれぞれ図表Ⅱ-5-14の金額とすることができます。

図表Ⅱ-5-14　時価純資産価額を計算した場合の特例

欠損金の発生時期	支配事業年度の直前事業年度末日における計算結果	制限対象
支配関係事業年度の前事業年度以前に生じた繰越欠損金	時価純資産価額＞簿価純資産価額	時価純資産超過額（時価純資産－簿価純資産）を超える金額
	時価純資産価額≦簿価純資産価額	全額
支配関係事業年度以後の事業年度に生じた繰越欠損金	時価純資産価額≧簿価純資産価額	なし
	時価純資産価額＜簿価純資産価額	特定資産譲渡等損失相当額のうち、簿価純資産超過額（簿価純資産－時価純資産）に達するまでの金額

B. 事業を移転しない組織再編の場合の特例

上記①の原則にかかわらず、適格現物分配、事業を移転しない適格分割・適格現物出資で移転する資産の移転時の時価を計算した場合には、使用制限額を繰越欠損金の発生時期に応じてそれぞれ図表Ⅱ-5-15の金額とすることができます。

図表Ⅱ-5-15 事業を移転しない組織再編の場合の特例

欠損金の発生時期	時価資産超過額(※)	制限対象
支配関係事業年度の前事業年度以前に生じた繰越欠損金（支配関係前繰越欠損金）	時価資産超過額≦0	なし
	時価資産超過額≦支配関係前繰越欠損金	時価資産超過額相当
	時価資産超過額＞支配関係前繰越欠損金	全額
支配関係事業年度以後の事業年度に生じた繰越欠損金（支配関係以後繰越欠損金）	時価資産超過額≦0	なし
	時価資産超過額≦支配関係前繰越欠損金	なし
	時価資産超過額＞支配関係前繰越欠損金	次のいずれか少ない金額 ①支配関係以後繰越欠損金のうち特定資産譲渡等損失相当額 ②時価資産超過額から支配関係前繰越欠損金を控除した金額

（※）時価資産超過額とは組織再編により受け入れた資産のその組織再編直前の時価資産価額から簿価資産価額を控除した金額をいいます。この場合において組織再編により資産を受け入れる側の法人の株式が受入資産に含まれている場合には（資産を受け入れる側の法人にとっての自己株式）、その自己株式は時価資産超過額の計算対象となる資産からは除きます。

3 特定資産譲渡等損失の損金算入制限

1) 概要

上記2の繰越欠損金の引継ぎ・使用制限と同様の趣旨で、含み損を抱えた資産を有する法人との組織再編を行うことによって、これらの含み損を利用した租税回避行為が行われることを防止するために、合併や分割などの組織再編が行われた場合には、これらの組織再編当事法人の有する含み損の実現による損金算入に、一定の制限がかかるケースがあります。

これらの制限は、必ずしもその組織再編が特定の租税回避行為を意図して行わ

れた場合に限ってかかるものではなく、形式的に一定の要件に当てはまる場合に、強制的に制限対象となるものであるため、組織再編のスキーム立案においては、組織再編後にこれらの含み損の実現による損金算入の可否が非常に重要な検討項目となります。

具体的には適格組織再編に伴い資産等が移転される合併、分割、現物出資、現物分配が行われた場合において、合併法人、分割承継法人、被現物出資法人、被現物分配法人（以下この節において「合併法人等」といいます）が組織再編前から有する資産（特定保有資産）と、合併法人等が組織再編によって被合併法人、分割法人、現物出資法人、現物分配法人から受け入れた資産（特定引継資産）について、この規定の適用があります。この特定保有資産と特定引継資産を合わせて特定資産といい、特定資産に該当しない資産の譲渡等により生じた損失については、この規定の適用はありません。

2）資産の譲渡等による損失の損金算入制限の判定

組織再編が以下の①から④のいずれかに該当する場合には、組織再編当事法人の資産の譲渡等による損失について、損金算入制限はありません（2「繰越欠損金の引継ぎと使用制限」参照）。

①支配関係がない法人間で行われる適格組織再編
②みなし共同事業要件を満たす適格組織再編
③グループ化してから5年経過後の組織再編
④設立時からグループ化している法人間の組織再編

これらの①～④の要件は、2「繰越欠損金の引継ぎと使用制限」の2)「適用除外」に掲げる要件と同一要件となっています。

3）特定資産譲渡等損失の損金不算入額の計算

①特定資産の範囲

その譲渡等による損失が損金算入制限の対象となる特定保有資産および特定引継資産は、組織再編当事法人が支配関係発生前から保有する資産のうち、その帳

簿価額または取得価額が1,000万円以上で支配関係発生日における時価が簿価を下回っている資産です。これを特定資産といいます。ただし、次に掲げる資産を除きます。

　イ）棚卸資産（土地等を除く）
　ロ）短期売買商品
　ハ）売買目的有価証券
　ニ）非適格合併により受け入れた資産のうち譲渡損益調整資産以外のもの

②損金算入制限の対象となる損失の範囲

　特定資産の譲渡等により発生する損金算入制限の対象となる損失は、特定資産について譲渡、評価換え、貸倒れ、除却その他これらに類する事由（以下「譲渡等特定事由」といいます）により生じた損失をいいます。ただし、災害による資産の損失または損壊、会社更生法等による更生期間に生じた譲渡等特定事由などによる損失を除きます。

③損金算入の制限対象期間

　特定資産について生じた②の損金算入制限の対象となる損失のうち、次に掲げる日のうちいずれか早い日までに生じた損失が損金不算入額の計算対象となります。

　イ）組織再編の日の属する事業年度開始の日から3年を経過する日
　ロ）支配関係発生日後5年を経過する日

④損金不算入額の計算

　損金不算入額の計算は、特定資産を特定引継資産と特定保有資産に分けて、それぞれについて図表Ⅱ-5-16の区分に応じて行い、「(A) 原則」「(B) 時価純資産価額を計算した場合の特例」「(C) 事業を移転しない組織再編の場合の特例（特定保有資産のみ計算可）」の区分のうち、最も少ない金額を損金不算入額とすることができます。

図表Ⅱ-5-16　損金不算入額の計算

区分		損金不算入額		
(A) 原則		特定資産について生じた譲渡等による損失の額の合計額 － 特定資産について生じた譲渡等による利益の額の合計額		
(B) 時価純資産価額を計算した場合の特例(注1)	時価純資産価額≧簿価純資産価額	損金不算入額はゼロ		
	時価純資産価額＜簿価純資産価額	原則により計算した損金不算入額のうち、下記算式により計算した金額に達するまでの金額 簿価純資産超過額 － [繰越欠損金のうち特定資産譲渡等損失相当額として切り捨てられた金額] ＋ [前事業年度以前において既に特定資産に発生した譲渡等損失相当額]		
(C) 事業を移転しない組織再編(注2)の場合の特例（特定保有資産のみ計算可）	時価資産超過額(注3)≦0 または 時価資産超過額≦「事業を移転しない組織再編の場合の使用制限額の計算特例」により切り捨てられた繰越欠損金（P.142参照）	損金不算入額はゼロ		
	時価純資産超過額＞「事業を移転しない組織再編の場合の使用制限額の計算特例」により切り捨てられた繰越欠損金	原則により計算した損金不算入額のうち、下記算式により計算した金額に達するまでの金額 時価資産超過額 － [「事業を移転しない組織再編の場合の使用制限額の計算特例」により切り捨てられた繰越欠損金] ＋ [前事業年度以前において既に特定資産に発生した譲渡等損失相当額]		

(注1) 時価純資産価額および簿価純資産価額は支配関係発生事業年度の直前事業年度末で計算します。
(注2) 事業を移転しない組織再編とは、適格現物分配、事業を移転しない現物出資または会社分割をいいます。
(注3) 時価資産超過額とは特定引継資産の時価から簿価を控除したものをいいます。

4　株主課税（みなし配当と株式譲渡損益の計算）

1）概要

　非適格組織再編が行われた場合には、組織再編当事法人の株主に課税関係が生じるケースがあります。

図表Ⅱ-5-17　合併・分割型分割の課税関係

B　株式の譲渡損益とみなし配当　← 株主への課税

被合併法人株主
分割法人株主

合併法人株主
分割承継法人株主

合併法人株式
分割承継法人株式

被合併法人
分割法人

合併・分割による
事業（資産等）移転

合併法人
分割承継法人

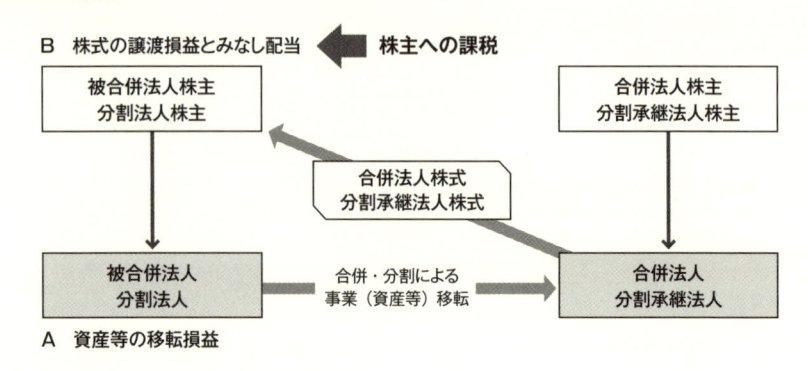

A　資産等の移転損益

図表Ⅱ-5-18　株式交換等の課税関係

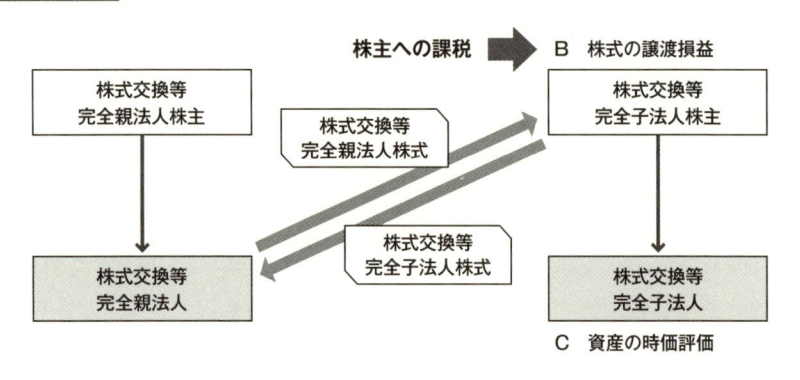

株主への課税　→　B　株式の譲渡損益

株式交換等
完全親法人株主

株式交換等
完全子法人株主

株式交換等
完全親法人株式

株式交換等
完全子法人株式

株式交換等
完全親法人

株式交換等
完全子法人

C　資産の時価評価

　具体的には、合併または分割型分割の場合における被合併法人または分割法人の株主に対して「株式の譲渡損益」と「みなし配当」が、株式交換等における株式交換等完全子法人株主に対して「株式の譲渡損益」が発生するケースがあります。いずれの場合も、非適格組織再編が行われた場合に限りますので、適格組織再編が行われた場合には、これらの株主への課税関係は一切生じないことになります。

2）みなし配当

　非適格合併または非適格分割型分割が行われた場合には、被合併法人または分割法人の株主に対して、みなし配当課税が発生します。このみなし配当課税は、

その組織再編が株式以外の財産の交付を伴うものかどうかにかかわらず、非適格合併または非適格分割型分割が行われた場合に発生します。

具体的には、次の算式により計算された金額がみなし配当とされる金額になります。

> みなし配当＝交付財産の額－対応資本金等の額※

※この場合の対応資本金等の額は、下記の区分に応じそれぞれに定める方法により計算した金額となります。

＜非適格合併の場合＞

$$\frac{\text{被合併法人の合併の日の前日の属する事業年度終了時の資本金等の額}}{\text{被合併法人の発行済株式等の数}} \times \text{所有する被合併法人の株式数}$$

＜非適格分割型分割の場合＞

$$\text{分割法人の分割直前の資本金等の額} \times \frac{\text{分割法人における移転資産・負債の分割直前簿価純資産価額}}{\text{分割法人の前期末簿価純資産価額}} \times \frac{\text{所有する分割法人の株式数}}{\text{分割法人の発行済株式等の数}}$$

3）株式の譲渡損益

非適格合併、非適格分割型分割または非適格株式交換等が行われた場合において、これらの組織再編に伴い株式以外の財産の交付がされた場合には、被合併法人、分割法人または株式交換等完全子法人の株主は、その所有する株式について株式の譲渡損益を認識します。ただし、株式以外の財産の交付がされない場合には、株式の譲渡損益は認識しません。

具体的には、次の算式により計算した金額が譲渡損益となります。

> 譲渡損益＝交付金銭等の額－みなし配当－譲渡原価※

※この場合の譲渡原価は、下記の区分に応じそれぞれに定める方法により計算した金額となります。

＜非適格合併の場合＞
　合併直前の被合併法人株式の帳簿価額

＜非適格分割の場合＞
　分割直前の分割法人株式の帳簿価額 × $\dfrac{\text{分割法人における移転資産・負債の分割直前簿価純資産価額}}{\text{分割法人の前期末簿価純資産価額}}$

＜非適格株式交換等の場合＞
　株式交換等直前の株式交換等完全子法人株式の帳簿価額

【事例】非適格分割型分割が行われた場合
　交付金銭　　100
　対応資本金等の額　　50
　譲渡原価　　80

```
┌─────────┐
│         │ みなし配当 50
│ 交付金銭 │         ┌──────────┐ 株式譲渡損 30 ┌─────────┐
│  100    │         │対応資本金等の額│              │ 譲渡原価 │
│         │         │    50    │              │   80    │
└─────────┘         └──────────┘              └─────────┘
```

　分割に伴う交付金銭の額100が対応資本金等の額50を超える部分の金額50がみなし配当の金額となります。また、分割法人株式の譲渡損益の計算が必要になりますが、譲渡対価は移転純資産対応資本金等の額50（交付金銭等の額100－みなし配当50）となりますので、譲渡原価80との差額30が株式譲渡損として認識されます。

【分割法人株主の仕訳】

（借方） 交付金銭	100	（貸方） みなし配当	50
株式譲渡損	30	分割法人株式	80

なお、上記の事例において、分割時において、分割法人株主と分割法人に完全支配関係がある場合には、株式譲渡損は発生せず資本金等のマイナスとして処理されますので、分割法人株主ではみなし配当への課税のみが発生することとなります（7「グループ法人税制の影響」参照）。

【分割法人株主の仕訳（完全支配関係がある場合）】

（借方）	交付金銭	100	（貸方）	みなし配当	50
	資本金等	30		分割法人株式	80

5　株式等の取得価額

合併、分割、現物出資または株式交換等が行われた場合において、これらの組織再編に伴い被合併法人、分割法人、現物出資法人または株式交換等完全子法人の株主に対して新たに株式が交付された場合には、その交付された株式の取得価額を計算する必要があります。

具体的には、図表Ⅱ-5-19に掲げる区分に応じて、それぞれに掲げる方法により計算した金額とされます。

株式等の取得価額の計算方法は、組織再編の手法によって異なりますが、適格組織再編が行われた場合には原則として帳簿価額を基に計算され、非適格組織再編が行われた場合には時価を基に計算されることとなります。

6　資産調整勘定

1）概要

非適格組織再編のうち、合併、分割、現物出資については、税務上ののれんである資産調整勘定が発生するケースがあります。この資産調整勘定の金額は、組織再編の対価である株式等の価額から組織再編により移転する資産負債の時価純資産価額を控除した金額とされており、その会計処理の如何にかかわらず税務上、5年間で強制的に均等償却され、損金の額に算入されることとなります。

図表Ⅱ-5-19　株式の取得価額

対象法人	対象となる株式	適格組織再編の場合	非適格組織再編の場合
被合併法人株主 分割法人株主 （分割型分割）	合併法人株式 分割承継法人株式	合併（分割）直前の被合併法人（分割法人）株式の帳簿価額	金銭等の交付がない場合 合併（分割）直前の被合併法人（分割法人）株式の帳簿価額にみなし配当を加算した金額 金銭等の交付がある場合 交付を受けた合併法人（分割承継法人）株式等の時価
分割法人 （分社型分割） 現物出資法人	分割承継法人株式 被現物出資法人株式	分割（現物出資）により移転した資産負債の分割（現物出資）直前の簿価純資産価額	分割（現物出資）により移転した資産負債の分割（現物出資）直前の時価純資産価額
株式交換等 完全親法人	株式交換等完全子法人株式	株式交換等完全子法人の交換直前の簿価純資産価額をベースに計算（当該子法人の株主数が50人未満である場合には、当該子法人の株主の取得価額を引き継ぐ）	交換等により取得した株式交換等完全子法人株式の交換時の時価
株式交換等 完全子法人株主	株式交換等完全親法人株式	（株式交換等前に所有する）株式交換等完全子法人株式の帳簿価額	金銭等の交付がない場合 適格と同じ 金銭等の交付がある場合 交換等により取得した株式交換等完全親法人株式の時価

　また、組織再編の対価である株式等の価額が組織再編により移転した資産負債の移転時の時価純資産価額に満たない場合には、差額負債調整勘定となり、5年間で強制的に均等に益金に算入されます。

　上記のように資産調整勘定は、組織再編により移転された資産負債の差額としての時価純資産価額とその対価として交付された株式等の時価との差額として計算されるものです。非適格組織再編が行われた場合には、資産等を移転させる法人において資産等を時価で譲渡したものとして課税されますので、いったん資産等を移転させる法人において課税された資産調整勘定を、資産等の移転を受ける法人において受け入れ5年間で償却することによって、移転させる側と受け入れる側における処理の整合性が取られることとなります。

図表Ⅱ-5-20　資産調整勘定のイメージ

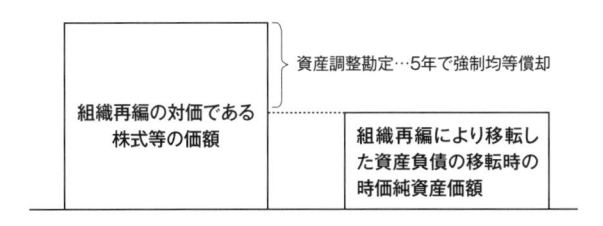

```
┌─────────────────┐
│                 │ ┐ 資産調整勘定…5年で強制均等償却
│  組織再編の対価である │ │
│   株式等の価額    ├─┼──────────────┐
│                 │ │ 組織再編により移転し │
│                 │ │ た資産負債の移転時の │
│                 │ ┘ 時価純資産価額   │
└─────────────────┴──────────────┘
```

図表Ⅱ-5-21　資産調整勘定の益金算入と損金算入のイメージ

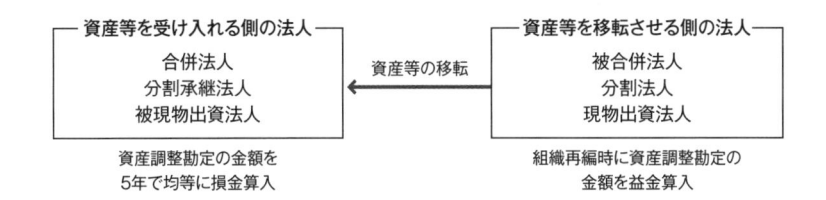

```
┌─資産等を受け入れる側の法人─┐         ┌─資産等を移転させる側の法人─┐
│      合併法人       │  資産等の移転  │      被合併法人       │
│     分割承継法人     │ ←─────── │      分割法人        │
│     被現物出資法人    │         │     現物出資法人      │
└───────────────┘         └───────────────┘
   資産調整勘定の金額を           組織再編時に資産調整勘定の
    5年で均等に損金算入            金額を益金算入
```

　ただし、被合併法人等の繰越欠損金の使用を意図して組織再編の対価である株式等の価額を恣意的に高く設定しているような場合には、資産調整勘定の金額のうち、通常の価額よりも高い部分の金額は資産調整勘定とは認められず、資産等を受け入れる側でその償却費が損金に算入できないこととなります。

【事例】

前提条件
　・A社（合併法人）とB社（被合併法人）の合併
　・税制非適格合併に該当
　・B社の合併直前の資産の帳簿価額200、時価250
　・B社の合併直前の負債の帳簿価額100、時価100
　・合併等の対価はA社株式……交付されたA社株式の時価300

B社（被合併法人）の合併直前事業年度の税務上の清算仕訳

| （借方）負債 | 100 | （貸方）資産 | 200 |

純資産	300		移転損益	200 ←B社の益金に算入

A社（合併法人）の合併事業年度の税務上の受入仕訳

（借方）	資産	250	（貸方）	負債	100
	資産調整勘定	150		資本金等	300

↑
A社で5年均等償却（強制）

　上記の事例において、B社で益金の額に算入された移転損益200のうち、50はB社が有する資産の含み益50（時価250－帳簿価額200）に相当する金額であり、差額の150がA社で計上された資産調整勘定に相当する金額となります。このようなケースにおいてB社に繰越欠損金がある場合には、B社で計上された移転損益と繰越欠損金が相殺される一方、A社においては資産調整勘定の償却によって損金算入を図ることができる結果となります。

7　グループ法人税制の影響

1）概要

　平成22年度税制改正により導入されたグループ法人税制は、完全支配関係のある法人間の取引に対して強制的に適用される税制です。この完全支配関係とは、一の者が法人の発行済株式等の全部を直接もしくは間接に保有する関係又は一の者により法人の発行済株式等の全部を直接もしくは間接に保有される法人相互の関係をいいます。

　グループ法人税制の対象となる法人のイメージ図は図表Ⅱ-5-22の通りです。

　グループ内組織再編が行われた場合において、グループ法人税制の適用対象となる項目は以下の3つです。

　①譲渡損益調整資産の譲渡損益の繰延べ
　②非適格株式交換等における時価評価の不適用
　③みなし配当の益金不算入と株式の譲渡損益の調整

図表Ⅱ-5-22　グループ法人税制の適用範囲

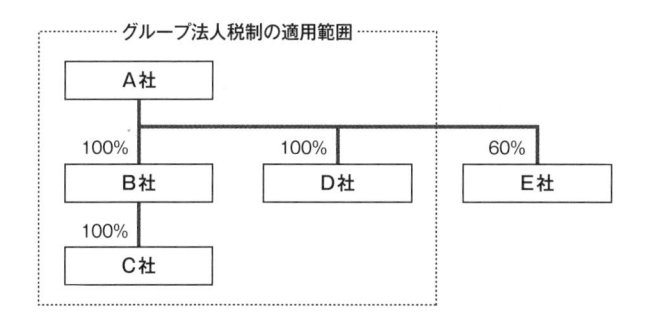

```
┌─── グループ法人税制の適用範囲 ───────────┐
│              ┌─────┐                      │
│              │ A社 │                      │
│              └──┬──┘                      │
│        100%    │  100%        60%         │
│      ┌─────────┼──────────┬──────────┐    │
│   ┌──┴──┐   ┌──┴──┐   ┌──┴──┐              │
│   │ B社 │   │ D社 │   │ E社 │              │
│   └──┬──┘   └─────┘   └─────┘              │
│    100%                                    │
│   ┌──┴──┐                                  │
│   │ C社 │                                  │
│   └─────┘                                  │
└────────────────────────────────────────────┘
```

2）譲渡損益調整資産の譲渡損益の繰延べ

　完全支配関係のある法人間で譲渡損益調整資産(※)の譲渡が行われた場合には、その譲渡損益調整資産の譲渡による損益は繰り延べられ、完全支配関係がなくなる等の一定の事由が生じるまでその損益は実現しません。

※譲渡損益調整資産
　次に掲げる資産のうち、その帳簿価額が1,000万円以上のものをいいます。
・固定資産
・土地（土地の上に存する権利を含む）
・有価証券（売買目的有価証券を除く）
・金銭債権
・繰延資産

3）非適格株式交換等

　株式交換等においては、組織再編当事法人間において資産の移転は生じないため、譲渡損益調整資産の譲渡損益の繰延べの規定は適用されません。しかしながら、完全支配関係がある法人間で行われる非適格株式交換等については、その株式交換時に株式交換等完全子法人の資産の時価評価が不要となります。

4）みなし配当が生じる場合の留意点

①みなし配当の全額益金不算入

完全支配関係のある法人から受けるみなし配当については、完全子法人株式等にかかる配当として、負債利子を控除することなく配当金全額が益金不算入となります。

②みなし配当事由が生じる株式の譲渡損益の調整

内国法人が所有する完全支配関係のある他の内国法人の株式について、非適格合併、非適格分割型分割、資本の払戻し・解散による残余財産の分配または自己株式の取得等により、みなし配当が発生する事由が生じた場合には、その株式はその譲渡原価（帳簿価額）で譲渡したものとされ、株式の譲渡損益は計上されません。

この場合において、その株式譲渡損益に相当する金額は、その内国法人の資本金等の額の増減で調整されることになります。

なお、グループ内組織再編においては、被合併法人株主と被合併法人に完全支配関係がある場合に行われる非適格合併のケースと分割法人株主と分割法人に完全支配関係がある場合に行われる非適格分割のケースで上記①②の規定の適用があります。

8　海外子会社への現物出資

1）外国法人に対する現物出資

外国法人に対して現物出資が行われた場合においても、一定の要件を満たせば適格現物出資に該当します。外国法人に対する現物出資について、税務上、留意すべき事項は以下のとおりです。

①現物出資資産

外国法人への現物出資については、現物出資資産が国内にある不動産等その他国内にある事業所に属する資産または負債である場合には、125ページ以降に記載した税制適格要件を満たしても、非適格現物出資になります。したがって、現

物出資資産にこれらの資産が含まれている場合には、非適格現物出資になります。

ただし、この国内にある事業所に属する資産には、現物出資法人が25％以上保有する外国法人株式は含まれませんので、25％以上保有する外国株式のみの現物出資であれば、前述の税制適格要件を満たせば適格現物出資に該当します。

なお、資産または負債が、国内にある事業所に属する資産または負債に該当するかどうかは、その資産または負債が国内にある事業所または国外にある事業所のいずれの事業所の帳簿に記載されているかにより判定するものとされています。

② 100％未満支配関係法人間の現物出資

外国法人に対する現物出資に限りませんが、100％子会社への現物出資の場合には、現物出資等の対価が被現物出資法人の株式の交付のみであれば、現物出資後の100％の支配関係の継続見込みのみで適格現物出資に該当します。これに対して、50％超100％未満子会社への現物出資の場合においては、50％超の支配関係の継続見込みに加えて、従業者引継要件、主要資産等引継要件、事業継続要件を満たす必要があります。

したがって、50％超100％未満の支配関係における現物出資の際には、事業の移転が行われない債権や株式のみの現物出資の場合には、非適格現物出資になるため、注意が必要です。

2）海外子会社を再編する場合の組織再編税制の活用

海外子会社等の効果的な運営等を目的として、海外の一定の地域を統括するような海外統括会社を設立するケースがあります。この場合、既に活動を行っている海外子会社の株式を現物出資財産として地域統括会社に移転することにより適格現物出資として課税関係を発生させることなく、海外子会社の再編を行うことができます。

なお、この場合の注意点としては、以下の2点があげられます。

① 特定現物出資

被現物出資法人および現物出資資産である外国法人にともに事業実体がなく、かつ、軽課税国に本店等を有している場合には、非適格現物出資になるため、事

図表Ⅱ-5-23　海外統括会社の設立

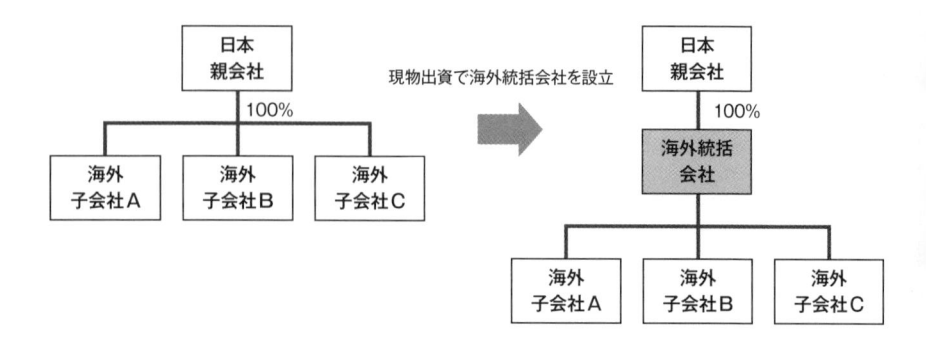

業実態の有無、外国子会社の本店等の所在地の税率には注意が必要です。

②タックスヘイブン対策税制

　軽課税国に本店等を有する外国法人のうち、事業実体のない法人については、その法人の外国における所得を日本の親法人等の所得と合算して、日本の課税所得を計算しなければなりません（タックスヘイブン対策税制）。

　ただし、株式等のみを保有する外国法人であっても、当該外国法人が内国法人の100％子会社であり、かつ、2以上の事業実体を有する他の外国法人の株式を25％以上保有し、当該外国法人自体が子会社等の統括業務にかかわる施設および従業員等を有している場合には、当該外国法人はタックスヘイブン税制の対象とはなりません。

3）海外子会社に対する債権を現物出資する場合

　内国法人が海外子会社に対する債権を当該子会社に現物出資（DES）する場合において、その債権が内国法人の国内にある事業所の帳簿で管理されている場合には、その債権は国内にある事業所に属する資産に該当するため、非適格現物出資になります。この場合、債権の時価および現物出資により発行される株式等の時価を算定し、現物出資による債権の移転損益および株式等の取得価額を計算する必要があります。

　業績不振で財務状況の悪い海外子会社の再建を目的として、このような現物出

資を検討するケースがありますが、このような子会社への貸付金などの債権は一般的には国内本社で管理されているケースが多く、その場合の現物出資は、基本的には、非適格現物出資に該当することとなります。

非適格現物出資に該当する場合には、その債権を時価で子会社へ譲渡したものとして処理されます。したがって、その債権の時価が帳簿価額よりも低い場合には、現物出資法人で債権の移転による損失が発生することとなります。この債権譲渡による損失は、この現物出資が合理的な再建計画に基づくものでない場合には、現物出資法人から海外子会社への寄付金と認定される可能性がありますので、その実行にあたっては慎重な検討が求められます。

9 包括的租税回避防止規定について

1）概要

組織再編税制においては、適格・非適格の要件や、繰越欠損金の引継ぎ使用制限、特定資産譲渡等損失の損金算入制限等の規定が細かく定められています。これらの規定は租税回避行為の防止を目的とするものですが、個別規定ではカバーできない租税回避行為を防ぐことを目的として、包括的租税回避防止規定が設けられています。

この規定は、組織再編を起因として組織再編当事法人またはその株主の課税所得または法人税等が不当に減少すると認められる場合には、税務署長の認めるところにより法人税等を計算することができるとされているものであり、所得税、相続税、地方税にも同様の規定が設けられています。

したがいまして、節税のみを目的とした組織再編には十分に注意する必要があるとともに、結果的に節税効果がある組織再編については、その経済的合理性を十分に説明できるように準備しておく必要があるものと考えます。

2）事例（繰越欠損金の付替）

製造業を営む親会社A社とその親会社が製造した製品の販売業を営む100％子会社B社の事例です。

事業上の理由から製販分離を継続する必要がある中、収益力の低い子会社に溜

前提条件
・事業上の制約により、製造業と販売業を統合することはできない。
・B社の収益力では、B社の繰越欠損金は将来的に切り捨てられる見込みである。
・A社とB社が現時点で合併した場合には、B社の繰越欠損金はA社に引き継ぐことができる。

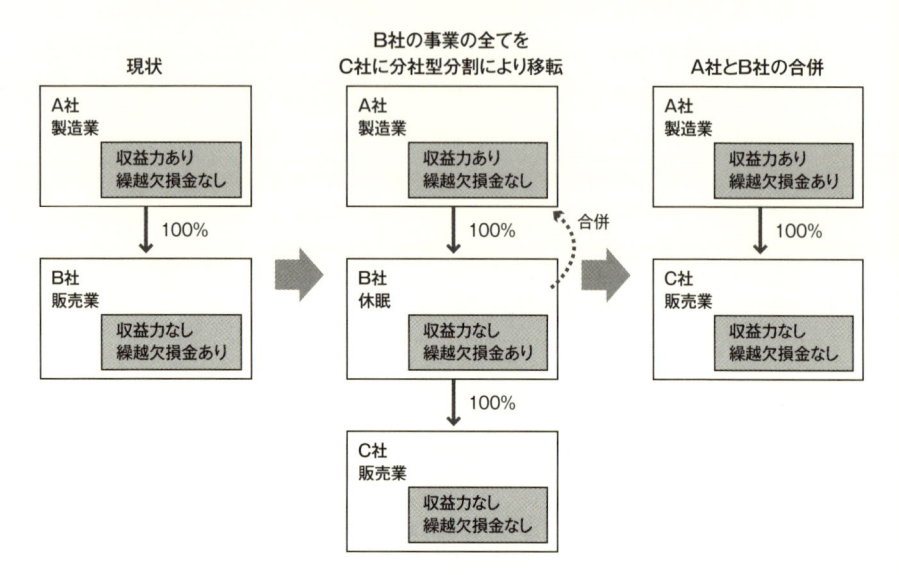

現状	B社の事業の全てをC社に分社型分割により移転	A社とB社の合併
A社 製造業（収益力あり 繰越欠損金なし）100% → B社 販売業（収益力なし 繰越欠損金あり）	A社 製造業（収益力あり 繰越欠損金なし）100% → B社 休眠（収益力なし 繰越欠損金あり）100% → C社 販売業（収益力なし 繰越欠損金なし）／合併	A社 製造業（収益力あり 繰越欠損金あり）100% → C社 販売業（収益力なし 繰越欠損金なし）

まっている繰越欠損金を利用する目的で、まずB社事業を会社分割によって切り出し、抜け殻になった繰越欠損金を有するB社を親会社であるA社が吸収合併することで親会社に繰越欠損金を移転させるというスキームです。

　このケースでは、現状と合併後で実態に何ら変化がないにもかかわらず、繰越欠損金が使用見込みのない子会社から使用見込みのある親会社へ付け替わっています。このような分割、合併は繰越欠損金の使用のみを目的とした租税回避行為と認定され、包括的租税回避防止規定が適用される可能性が相当程度に高いと考えられます。仮に本当の目的が繰越欠損金の利用目的でないのであれば、このような組織再編の実行に至った理由について、繰越欠損金の使用目的以外の経済的合理性を十分に説明できるようにしておく必要があります。

10 その他諸税の取扱い（不動産取得税・登録免許税・消費税）

1）土地・建物の移転に係る諸税

　土地・建物を組織再編により移転させた場合には、不動産取得税や登録免許税が課税されるケースがありますが、その移転の手法により税額が異なります。手法別の税率等は以下の通りです。不動産取得税・登録免許税の税額は固定資産税評価額にこれらの税率を乗じたものとなります。

手法	不動産取得税	登録免許税
合併	非課税	0.4%
分割	土地3%・建物4% （一定の場合には非課税※1）	2% （H24.3までは1.3%※3）
現物出資	土地3%・建物4% （一定の場合には非課税※2）	2%
事業譲渡	土地3%・建物4%	2% （土地のみH24.3までは1.3%） （土地のみH25.3までは1.5%）

（※1）分割で不動産取得税が非課税の場合

　分割の対価として金銭等の交付がされずに、以下の要件のすべてを満たす場合には、不動産取得税は非課税となります（分割型分割の場合で株式の交付がされる場合には、株式の保有割合に応じて交付される場合に限ります）。

・分割により分割事業にかかわる主要な資産および負債が分割承継法人に移転していること
・分割にかかわる分割事業が分割承継法人において当該分割後に引き続き営まれることが見込まれていること
・分割直前の分割事業にかかわる従業者のうち、その総数の概ね100分の80以上に相当する数の者が当該分割後に分割承継法人の業務に従事することが見込まれていること。

（※2）現物出資で不動産取得税が非課税の場合

　新設現物出資を行う場合であって、被現物出資法人の設立時において、次に掲げる要件が充足されるとき。

- 現物出資法人が被現物出資法人の発行済株式の総数の100分の90以上の数を所有していること
- 被現物出資法人が現物出資法人の事業の一部を引き継ぎ、当該事業を継続して行うことを目的としていること
- 被現物出資法人の取締役の一人以上が現物出資法人の取締役または監査役であること

（※3）平成24年度税制改正案において、平成26年3月までは1.5％、平成27年3月までは1.8％とされています。

2）資本金が増加した場合

　合併、分割、現物出資、株式交換等により資本金が増加した場合の登録免許税の税率は以下の通りです。税額は増加した資本金にそれぞれの税率を乗じたものとなります。

手法	登録免許税	
合併	増加した資本金のうち被合併法人の資本金を超える部分の金額の7％	増加した資本金のうち左記以外の金額の1.5％
分割	増加した資本金のうち分割法人で減少した資本金を超える部分の金額の7％	増加した資本金のうち左記以外の金額の1.5％
株式交換等現物出資	増加した資本金の7％	

3）消費税の取扱い

①資産の移転

　資産の移転を伴う組織再編のうち、合併・分割による資産の移転は消費税の課税対象外取引となりますが、現物出資・事業譲渡による場合には消費税の課税対象取引となります。

②株式交換等

　株式交換等に伴い、株式交換等完全子法人の株主は株式交換等完全子法人株式を株式交換等時に譲渡したものとされ、その譲渡対価の5％が消費税の非課税売

上となります。この場合の譲渡対価とは、その株式交換等の対価として取得した株式等の株式交換等時の価額となります。

第6章

グループ内組織再編の事例紹介

図表Ⅱ-6-1 現状のグループ関係図

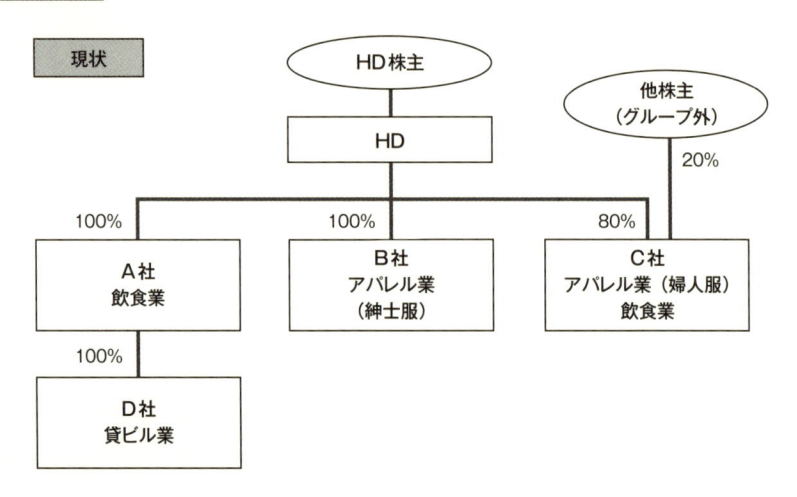

```
現状
                      HD株主
                        │
                        HD                    他株主
                        │                   （グループ外）
        ┌───────────────┼───────────┐        │20%
      100%            100%          80%       │
        │               │            │        │
       A社             B社          C社
      飲食業         アパレル業    アパレル業（婦人服）
                     （紳士服）        飲食業
        │
       100%
        │
       D社
      貸ビル業
```

　HDグループは企業グループの経営効率化を図るため、次に掲げる組織再編を行います。
　①「孫会社の子会社化（D社株式の現物分配によるD社の子会社化）」
　②「子会社の完全子会社化（株式交換によるC社の完全子会社化）」
　③「アパレル事業の統合（C社アパレル事業のB社への分割型分割）」

以下、それぞれの再編手法について会計・税務の取扱いを解説します。
なお、HDの各子会社に対する支配関係および各子会社の事業は再編後も継続する見込みです。

【前提条件】

会社名	内容		数値等
HD	子会社株式の帳簿価額	A社株式	100百万円
		B社株式	100百万円
		C社株式	100百万円
	子会社株式の取得時期	B社株式	会社分割の日の3年前の日
		C社株式	会社分割の日の2年前の日
	株式交換の対価		HD株式のみ
	株式交換対価の時価		200百万円
A社	D社株式帳簿価額		50百万円
	配当可能利益		100百万円
	株主資本の額		200百万円
B社	繰越欠損金		あり
	従業員数	HDによる買収時	80人
		B社・C社分割時	100人
C社	分割資産（帳簿価額）		200百万円
	分割負債（帳簿価額）		100百万円
	分割直前の貸借対照表		資産 1,000百万円　負債 200百万円　資本金等 200百万円　利益積立金額 600百万円
	従業員数	株式交換時のC社全体	1,000人
		HDによる買収時のアパレル部門	180人
		B社・C社分割時のアパレル部門	200人
	株主数		50人以上

1　現物分配による孫会社の子会社化

図表Ⅱ-6-2　D社株式の現物分配による子会社化

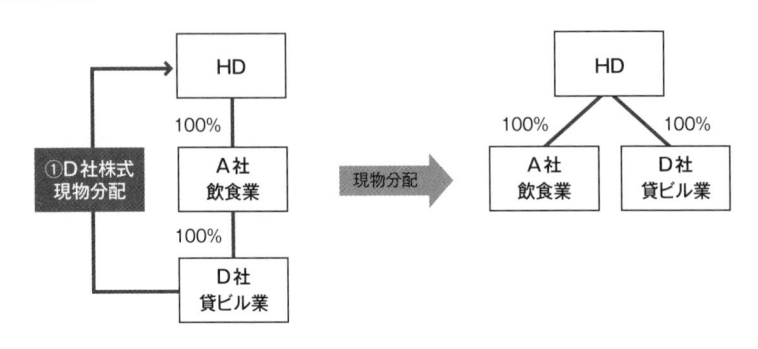

【会計】
　ⅰ．取引の分類
　グループ内の取引であり、共通支配下の取引に該当します。

　ⅱ．A社の会計処理
　共通支配下の取引であるため、A社はD社株式を帳簿価額でHD社に配当することになります。

　（借方）　利益剰余金　50百万円　　　　（貸方）　D社株式　50百万円

　ⅲ．HD社の会計処理
　これまで保有していたA社株式の一部が、D社株式に引き換えられたと考えます。A社もD社もHD社の子会社であり、HD社にとって投資が継続しているものと考えられ、A社株式の帳簿価額に基づいてD社株式を受け入れます。また引き換えられるA社株式は、HD社保有の一部になるため、合理的な方法で按分します。ここでは、D社株式の帳簿価額とA社株主資本の比率でA社株式の帳簿価額を按分します。

　　A社株式100百万円×（D社株式50百万円÷A社株主資本200百万円）

＝HD社のD社株式25百万円

（借方）　D社株式　25百万円　　　　　（貸方）　A社株式　25百万円

【税務】

　ⅰ．適格・非適格の判定

　現物分配直前において、HDはA社を100％支配していますので、適格現物分配に該当します。

　ⅱ．A社の課税関係

　A社はD社株式を帳簿価額でHD社に配当することとなります。

（借方）利益積立金　50百万円　　　（貸方）　D社株式　50百万円

　ⅲ．HDの課税関係

　HDはD社株式をA社の帳簿価額で取得し、D社株式の簿価が受取配当金となります。なお、この受取配当金は完全支配関係のある法人間で行われる現物分配に該当するため、適格現物分配となり、全額益金不算入となります。

（借方）D社株式　50百万円　　　　（貸方）　受取配当金　50百万円
　　　　　　　　　　　　　　　　　　　　　　　　　　　↑
　　　　　　　　　　　　　　　　　　　　　　　　全額益金不算入

　ポイント

・A社の配当可能利益

　A社にD社株式簿価に相当する配当可能利益がない場合、D社株式の現物分配を行うことができません。この場合、D社株式の売買やD社株式を分割資産とする会社分割などにより、D社をHDの子会社とすることが可能ですが、株式売買の場合、HDに株式購入資金が必要となり、会社分割の場合、債権者保護手続が必要になる点などに注意が必要です。

2 株式交換による100％子会社化

図表Ⅱ-6-3　株式交換によるC社の完全子会社化

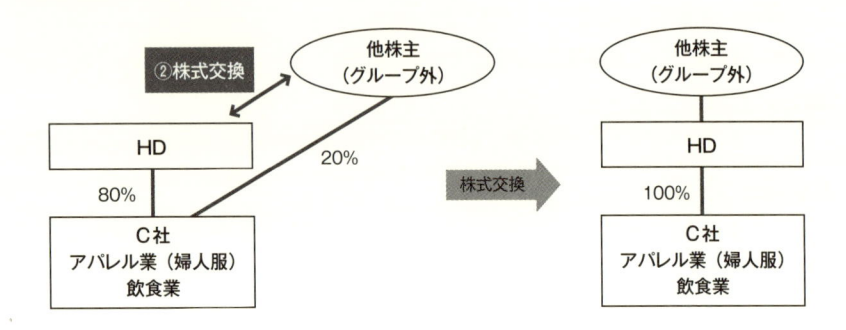

【会計】
　ⅰ．取引の分類
　グループ内の組織再編ですが、グループ外の株主からの持分の取得を伴うため、共通支配下の取引における少数株主との取引に該当します。

　ⅱ．HD社の会計処理
　少数株主との取引に該当するため、少数株主から受け入れたC社株式（子会社株式）は株式交換対価であるHD社株式の時価で算定します。
　（借方）C社株式　　　200百万円　　（貸方）資本金等　　　200百万円

　（参考）HD社連結財務諸表の会計処理
　HD社の連結財務諸表上、追加取得したC社株式の取得原価200百万円と減少する少数株主持分の金額160百万円（C社純資産800百万円×20％）の差額をのれんとして計上します。
　（借方）少数株主持分　160百万円　　（貸方）C社株式　　　200百万円
　　　　　のれん　　　　 40百万円

【税務】

　i．適格・非適格の判定

　HDはC社を80％支配していますので、50％超支配関係のある法人間における株式交換になります。

　この場合の適格要件は以下の4要件です。

・交換等の対価としてHD株式以外の交付がない
・HDとC社の50％超の支配関係が継続する見込みである
・C社の営む主要な事業（飲食業）が交換後も引き続きC社で営まれる見込みであること
・C社の従業員の80％以上が交換後もB社の業務に従事する見込みであること

　前提条件から、本事例においては上記の要件をすべて満たすため、適格株式交換となります。

　ii．HDの課税関係

　HDはC社株式の20％を取得しますが、C社の交換直前の株主は50人以上いるため、HDのC社株式の取得価額は交換直前のC社の簿価純資産を基準に計算します。C社の交換直前の簿価純資産価額は800百万円であるため、800百万円×20％＝160百万円となります。

　（借方）　C社株式　　　160百万円　　（貸方）　資本金等　　　160百万円

　iii．C社の課税関係

　適格株式交換に該当するため、C社に課税関係は発生しません。

| ポイント |

・HDのC社株式の税務上の取得価額計算

　HDのC社株式の取得価額は、株式交換直前のC社の税務上の資産負債を基に計算します。したがって、株式交換日の前日が決算期末でない場合、あらためて、株式交換日の前日におけるC社の税務上の資産負債を計算する必要があります。

・グループ外株主のHDへの影響

　株式交換によりHD株式を取得するグループ外株主の保有するC社株式の時価

が大きい場合には、HDの大株主になるため、グループ全体の経営に影響を及ぼす可能性があります。

3 100％子会社間における分割型分割

図表Ⅱ-6-4　C社アパレル事業のB社への分割型分割

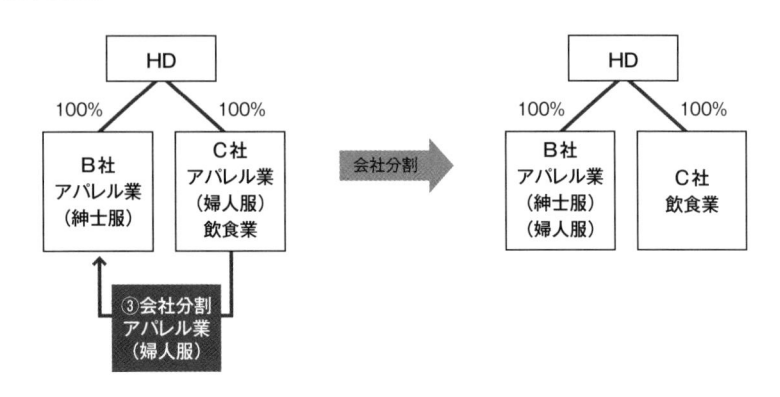

【会計】
　ⅰ．取引の分類

　100％グループ内の会社分割であり共通支配下の取引に該当します。また分割型分割は、分社型分割を行ったあと分割対価である株式を現物配当したものと考えます。

　ⅱ．C社の会計処理

　C社からB社へのアパレル事業の分割は、共通支配下の取引に該当するため、C社が受け取った対価であるB社株式は移転したアパレル事業の資産負債の帳簿価額で算定します。また株式受け取り後HD社に対し現物配当を行います。

(借方)	アパレル事業負債	100百万円	(貸方)	アパレル事業資産	200百万円
	B社株式	100百万円			
	利益剰余金	100百万円		B社株式	100百万円

ⅲ．B社の会計処理

C社からのアパレル事業の受入れは、共通支配下の取引に該当するため、受入資産負債は移転元の帳簿価額に基づきます。

（借方）アパレル事業資産　200百万円　（貸方）アパレル事業負債　100百万円
　　　　　　　　　　　　　　　　　　　　　　　資本金等　　　　　100百万円

ⅳ．HD社の会計処理

現物配当の処理として、これまで保有していたC社株式の一部が、B社株式に引き換えられたと考えます。B社もC社もHD社の子会社であり、HD社にとって投資が継続しているものと考えられ、C社株式の帳簿価額に基づきB社株式を受け入れます。また引き換えられるC社株式は、HD社保有の一部になるため、合理的な方法で按分します。ここでは、移転資産の株主資本相当額100（アパレル事業資産200－アパレル事業負債100）とC社株主資本の比率でHD社の保有するC社株式の帳簿価額を按分します。

C社株式100百万円×（アパレル事業株主資本相当額100百万円÷C社株主資本800百万円）＝B社株式12.5百万円

（借方）B社株式　　　12.5百万円　　（貸方）C社株式　　　12.5百万円

【税務】

ⅰ．適格・非適格の判定

100％支配関係にある法人間の分割であり、HDのB社とC社に対する支配関係は継続する見込みであるため、適格分割に該当します。

ⅱ．C社の課税関係

アパレル事業の資産負債は帳簿価額により移転するため、分割により移転する資産負債に移転損益は発生しません。

C社の分割時の仕訳は以下の通りです。

（借方）アパレル事業負債　100百万円　（貸方）アパレル事業資産　200百万円
　　　　資本金等の額[※1]　　25百万円
　　　　利益積立金額[※2]　　75百万円

(※1) 資本金等の額の計算

　分割直前のC社の資本金等の額200百万円×（分割により移転する資産負債の簿価純資産価額100百万円÷C社の分割直前簿価純資産価額800百万円）＝25百万円

(※2) 利益積立金額

　分割により移転する資産負債の簿価純資産価額100百万円－分割により減少する資本金等の額25百万円＝75百万円

　ⅲ．B社は繰越欠損金を有しており、B社とC社をHDが買収してから5年を経過していないため、B社のアパレル事業（紳士服）とC社のアパレル事業（婦人服）がみなし共同事業要件を満たさない場合には、B社の繰越欠損金の使用制限や分割後にB社で発生する特定資産の譲渡等損失の損金算入制限が発生しますが、前提条件からは下記の通りみなし共同事業要件を満たすため、この制限はありません。

図表Ⅱ-6-5　みなし共同事業要件の判定

要件	B社アパレル事業	C社アパレル事業	判定	理由
事業関連性	アパレル業（紳士服）	アパレル業（婦人服）	○	同種の事業のため関連性あり
事業規模比較	従業員数100人	従業員数200人	○	B社とC社の事業規模が5倍以内
事業規模変動	HDによる買収時80人 分割時100人	HDによる買収時180人 分割時200人	○	B社とC社のHDによる買収時と分割時の事業規模の変動がそれぞれ2倍以内

3）再編後

　以上の組織再編を行った結果、以下のようになります。

図表Ⅱ-6-6　再編後のグループ資本関係図

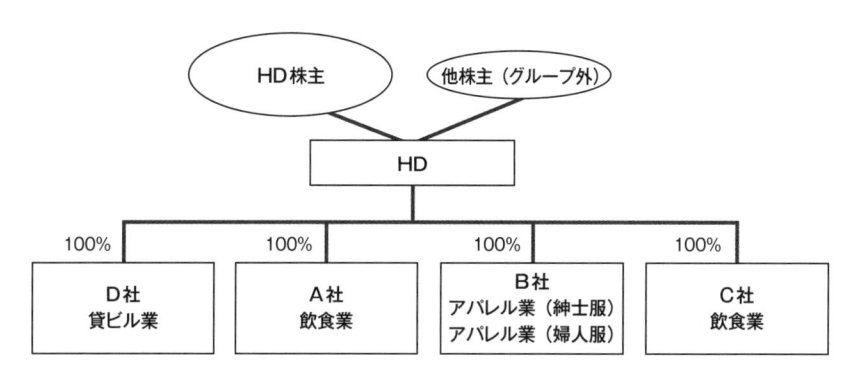

```
        HD株主        他株主（グループ外）
           \           /
            \         /
             [  HD  ]
      ┌────────┼────────┬────────┐
   100%     100%     100%     100%
     │        │        │        │
   [D社]    [A社]    [B社]     [C社]
   貸ビル業  飲食業   アパレル業（紳士服）  飲食業
                    アパレル業（婦人服）
```

第6章　グループ内組織再編の事例紹介

第III部

法務・諸手続き上の論点と実務のポイント

第7章 組織再編の必要手続きの概観

1　吸収合併

　合併には、吸収合併と新設合併があります。吸収合併は一方の会社が存続会社、他方の会社が消滅会社となります。存続会社では、合併に伴う商号や本店所在地の変更がなければ、諸官庁への届出や許認可、取引先への対応などの実務上の手続きが全くないか、仮にそれがあってもその負担は小さいですが、消滅会社ではこれらの手続きが不可欠であり実務上の負担が大きくなります。新設合併では合併する2つ以上の会社の何れもが消滅して、その権利義務はすべて合併により新設する会社に承継されるため、何れの会社でもこれらの手続きが不可欠で、会社設立に伴う登記や登録免許税等の負担も伴うことから行われません。合併といえば吸収合併であり、この手続きは一般的には図表Ⅲ-7-1のとおりです。

①事前開示書類の備置き
　事前開示書類の作成には、合併契約書が取締役会で承認され調印されることが前提ですが、その備置きは、存続会社においては効力発生日後6カ月を経過する日までです。これに対して、消滅会社の事前開示書類の備置きは合併の効力発生日までです。ただし、その記載内容は、合併会社の事後開示書類に記載されるため、効力発生日から6カ月の開示がなされることとなります。

図表Ⅲ-7-1　吸収合併の手続き

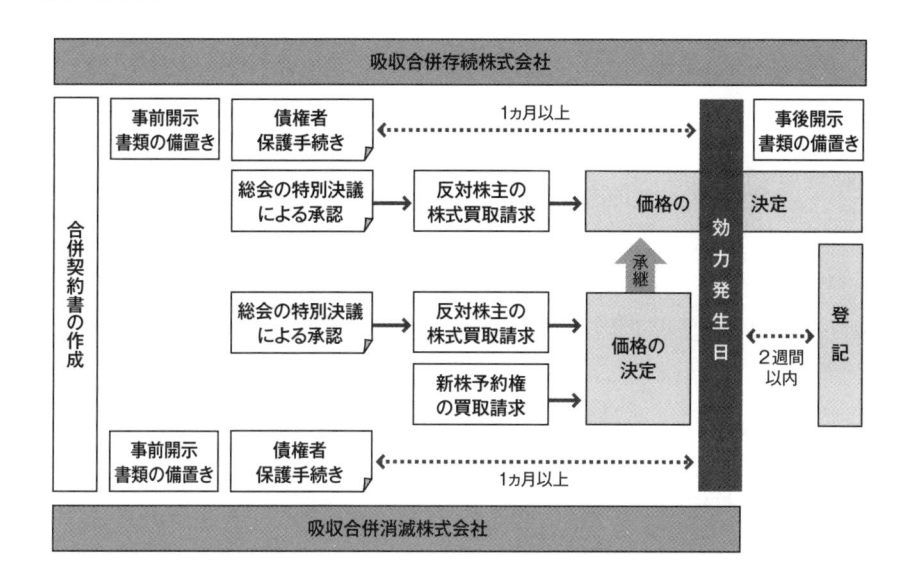

吸収合併存続株式会社：合併契約書の作成 → 事前開示書類の備置き → 債権者保護手続き／総会の特別決議による承認 → 反対株主の株式買取請求 → 価格の決定 → 効力発生日 → 事後開示書類の備置き／決定／登記（2週間以内）。1ヵ月以上。

吸収合併消滅株式会社：合併契約書の作成 → 事前開示書類の備置き／総会の特別決議による承認 → 反対株主の株式買取請求／新株予約権の買取請求 → 価格の決定（承継）→ 効力発生日／債権者保護手続き。1ヵ月以上。

②株主総会の承認手続き

図表Ⅲ-7-1の手続きの流れは一般的なものであり、存続会社、消滅会社とも効力発生日の前日までに承認を受ければよいとされています。

③債権者保護手続き

存続会社、消滅会社とも必要であり、両社ともすべての債権者が対象です。株主総会の特別決議が不要な簡易合併や略式合併においても、債権者保護手続きは必要であり、例外はありません。この債権者保護手続きが終了しないと、合併の効力は生じません。官報公告の掲載日の翌日かつ個別催告書の到達の翌日から1カ月間の債権者の異議申出期間内は合併できないため、効力発生日はこの期間が経過するようスケジュール調整します。

④合併登記

吸収合併の効力は、合併契約書に定めた効力発生日に生じます。消滅会社の権利義務はすべて、この効力発生日に存続会社に承継され、会社は解散します。そ

して、合併登記を行います。この合併登記は効力発生日から2週間以内とされていますが、実務上は効力発生日に申請します。ただ、土曜日や日曜日、国民の祝日等の休日や年末年始期間で登記所が業務の取扱いをしていないときは、業務開始後の直近の日に申請します。

2 会社分割～吸収分割～

　会社分割とは、会社の事業に関して有する権利義務の全部または一部を、他の会社に承継させるものです。会社分割は、会社の一事業部門を他の会社に承継させる場合に利用されることが一般的です。ただ、会社法改正前の商法では「営業ノ全部又ハ一部ヲ～～承継セシムル」と定めておりましたが、会社法では事業の承継が会社分割の要件とはされておりません。この会社分割には、吸収分割と新設分割があります。また、分割には分社型分割と分割型分割とがあり、分割対価として交付される吸収分割承継会社の株式を分割会社の株主に交付することで、分割型分割いわゆる人的分割をすることができます（192ページ参照）。この吸収分割の手続きは、一般的には図表Ⅲ-7-2のとおりです。

①事前開示書類の備置き
　事前開示書類の作成には、吸収分割契約書が取締役会で承認され調印されることが前提です。その備置きは効力発生日後6カ月を経過する日までです。

②株主総会の承認手続き
　図表Ⅲ-7-2の手続きの流れは一般的なものであり、承継会社、分割会社とも効力発生日の前日までに承認を受ければよいと定められています。

③債権者保護手続き
　吸収分割承継会社では、すべての債権者を対象とする債権者保護手続きが必要であり、例外はありません。
　吸収分割会社では、債権者保護手続きは次の場合に必要です。
　分社型分割：分割によって承継会社に承継させる債務について免責的債務引受

図表Ⅲ-7-2　吸収分割の手続き

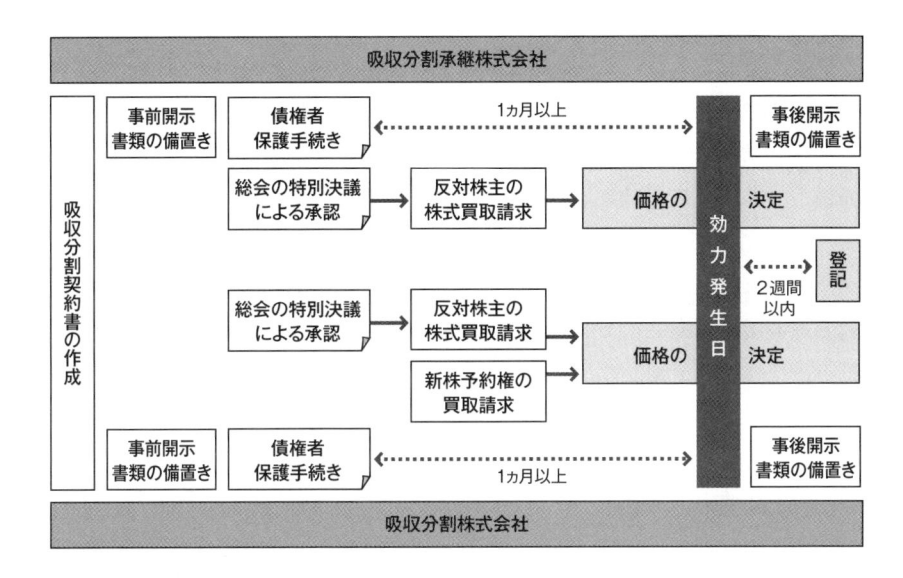

```
┌──────────────────────────────────────────────────────────┐
│                    吸収分割承継株式会社                     │
└──────────────────────────────────────────────────────────┘
  ┌──────┐  ┌──────┐  ←──1ヵ月以上──→  ┌──┐  ┌──────┐
  │事前開示│  │債権者  │                  │効 │  │事後開示│
  │書類の  │  │保護手続き│                │力 │  │書類の  │
  │備置き  │  └──────┘                  │発 │  │備置き  │
  └──────┘  ┌──────┐  ┌──────┐  │生 │  ┌──────┐
吸収        │総会の特別│→│反対株主の│→│価格の│日 │→│ 決定 │
分割        │決議による│  │株式買取  │  │      │   │  └──────┘
契約        │承認      │  │請求      │  │      │   │        ┌──┐
書の        └──────┘  └──────┘  │      │   │   ···→ │登記│
作成        ┌──────┐  ┌──────┐  │      │   │  2週間  └──┘
            │総会の特別│→│反対株主の│→│価格の│   │  以内
            │決議による│  │株式買取  │  │      │   │
            │承認      │  │請求      │  │      │   │
            └──────┘  └──────┘  │      │   │  ┌──────┐
                        ┌──────┐  │      │   │→│ 決定 │
                        │新株予約権の│→│      │   │  └──────┘
                        │買取請求  │  │      │   │
                        └──────┘  │      │   │
  ┌──────┐  ┌──────┐             │      │   │  ┌──────┐
  │事前開示│  │債権者  │             │      │   │  │事後開示│
  │書類の  │  │保護手続き│←─1ヵ月以上→│      │   │  │書類の  │
  │備置き  │  └──────┘             └──┘  │備置き  │
  └──────┘                                      └──────┘
┌──────────────────────────────────────────────────────────┐
│                      吸収分割株式会社                       │
└──────────────────────────────────────────────────────────┘
```

　けがなされるとき。つまり、吸収分割後に分割会社に請求できない債権者が生じる場合に、その債権者を対象として債権者保護手続きがなされます。

　分割型分割：常に必要であり、すべての債権者が対象となります。

　この債権者保護手続きが終了しないと、吸収分割の効力は生じません。官報公告の掲載日の翌日かつ個別催告書の到達の翌日から1ヵ月間の債権者の異議申出期間内は会社分割ができないため、効力発生日はこの期間が経過するようスケジュール調整します。

④分割登記

　吸収分割の効力は、吸収分割契約書に定めた効力発生日に生じます。吸収分割会社の権利義務は、吸収分割契約書の記載に従って、この効力発生日に吸収分割承継会社に承継されます。そして、吸収分割登記を行います。この吸収分割登記は効力発生日から2週間以内とされていますが、実務上は効力発生日に申請します。ただ、土曜日など登記所が業務の取扱いをしていないときは、業務開始後の直近の日に申請します。

3 会社分割〜新設分割〜

　新設分割は、会社の事業に関して有する権利義務の全部または一部を、新たに設立する会社に承継させるものです。会社分割は、会社の一事業部門を他の会社に承継させる場合に利用されることが一般的ですが、事業の承継が新設分割の要件とはされておりません。この新設分割にも分社型分割と分割型分割とがあり（192ページ参照）、単独の会社による分社型分割であれば、分割後は、新設分割会社と新設分割設立会社とは完全親子会社関係となります。また、分割型分割では、分割後は新設分割会社と新設分割設立会社とは兄弟会社関係となります。この新設分割の手続きは、一般的には図表Ⅲ-7-3のとおりです。

①事前開示書類の備置き

　事前開示書類の作成には、吸収分割計画書が取締役会で承認されることが前提です。その備置きは、新設分割設立会社の成立した日後6カ月を経過する日までです。

②株主総会の承認手続き

　図表Ⅲ-7-3の手続きの流れは一般的なものであり、債権者保護手続きを株主総会の承認手続きの前に行うこともできます。

③債権者保護手続き

　債権者保護手続きは次の場合に必要です。

　分社型分割：分割によって新設分割設立会社に承継させる債務について、免責的債務引受けがなされるとき。つまり、新設分割後に新設分割会社に請求できない債権者が生じる場合に、その債権者を対象として債権者保護手続きがなされます。

　分割型分割：常に必要であり、全ての債権者が対象となります。

　新設分割は、新設分割設立会社が成立した日に生じますが、この成立日は、官報公告の掲載日の翌日かつ個別催告書の到達の翌日から1カ月間の債権者の異議

図表Ⅲ-7-3　新設分割の手続き

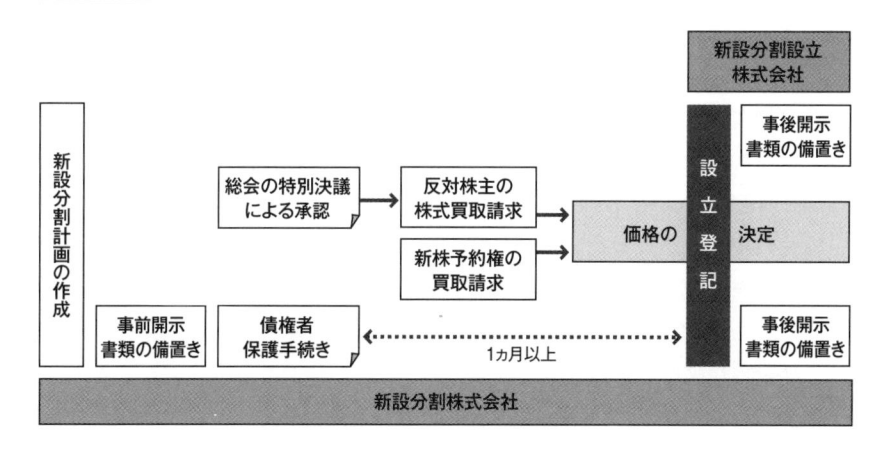

申出期間内が経過するようスケジュール調整します。

④分割登記

　新設分割の登記とは、会社分割によって新たな会社を設立する登記となります。新設分割設立会社の成立によって新設分割の効力が発生しますが、新設分割計画書には、会社の設立登記をする日を記載することが一般的です。吸収分割と異なって、土曜日や日曜日、国民の祝日等の休日や年末年始期間など登記所が業務の取扱いをしていない日は登記申請ができませんから、その日に新設分割の効力を発生させることはできません。

⑤事後開示書類の備置き

　事後開示書類は、新設分割会社と新設分割設立会社とが共同で作成し、それぞれの会社で備置きます。ただ、新設分割は分割会社がすべてリードして行うものですので、事後開示書類の作成も、新設分割会社が設立会社の意向を聴いて共同名義で作成すれば十分です。その備置きは、新設分割設立会社の成立した日後6カ月を経過する日までです。

4　株式交換

　株式交換とは、株式会社がその発行済株式の全部を他の株式会社に取得させることをいいます。株式交換によって、発行済株式の全部を他の株式会社に取得された会社は完全子会社となり、全株を取得した他の株式会社は完全親会社となって、両社の間に完全親子会社関係が形成されます。この株式交換の手続きは、一般的には図表Ⅲ-7-4のとおりです。

①事前開示書類の備置き
　事前開示書類の作成には、株式交換契約書が取締役会で承認され調印されることが前提です。その備置きは効力発生日後6カ月を経過する日までです。

②株主総会の承認手続き
　図表Ⅲ-7-4の手続きの流れは一般的なものであり、株式交換完全親会社、株式交換完全子会社とも効力発生日の前日までに承認を受ければよいと定められています。

③債権者保護手続き
　株式交換完全子会社における債権者保護手続きは、新株予約権付社債を発行している会社において、その新株予約権に対して完全親会社の新株予約権が交付され社債債務が完全親会社に承継される場合に、その社債権者を対象としてなされるだけです。そこで、株式交換完全子会社で債権者保護手続きが必要となるのは、実務上は限られます。
　完全親会社における債権者保護手続きは、完全子会社の株主に交換対価として現金などを交付する場合と、完全子会社の新株予約権付社債の社債債務を承継する場合です。
　この債権者保護手続きが終了しないと、株式交換の効力は生じません。官報公告の掲載日の翌日かつ個別催告書の到達の翌日から1カ月間の債権者の異議申出期間内は株式交換できないため、効力発生日はこの期間が経過するようスケ

図表Ⅲ-7-4　株式交換の手続き

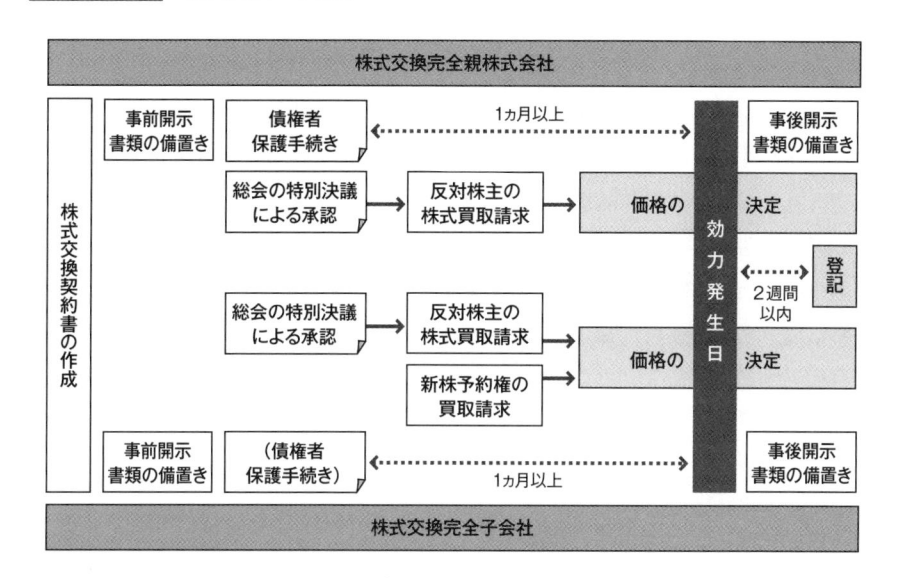

	株式交換完全親株式会社						
株式交換契約書の作成	事前開示書類の備置き	債権者保護手続き	←―― 1ヵ月以上 ――→		効力発生日	事後開示書類の備置き	
		総会の特別決議による承認	反対株主の株式買取請求	価格の		決定	
							登記（2週間以内）
		総会の特別決議による承認	反対株主の株式買取請求			決定	
			新株予約権の買取請求	価格の			
	事前開示書類の備置き	（債権者保護手続き）	←―― 1ヵ月以上 ――→			事後開示書類の備置き	
	株式交換完全子会社						

ジュール調整します。

④株式交換による変更登記

　株式交換は、完全子会社では株主が完全親会社へと変更になるだけであって、それ自体、変更登記の必要はありません。また、完全親会社においても、交換対価を金銭とすれば、完全子会社の株主から株式を買い取って完全子会社としただけですので、これも変更登記の必要はありません。もっとも、交換対価を完全親会社の株式として新株を発行するときは、発行済株式の総数が増加しますのでその変更登記が必要ですし、資本金を増額すればその変更登記も必要となります。この変更登記は、株式交換の効力発生日から2週間以内となります。なお、新株の発行をしないで自己株式を交付するときは、資本金を増加させなければ変更登記は不要です。

　完全子会社の新株予約権に対して完全親会社の新株予約権を交付するときは、両社において、変更登記が必要となります。

5　株式移転

　株式移転とは、株式会社がその発行済株式の全部を新たに設立する株式会社に取得させることをいいます。株式移転によって、新たに設立する株式会社は完全親会社となり、その発行済株式の全部を取得させた株式会社は完全子会社となって、両社の間に完全親子会社関係が形成されます。この株式移転は、一社単独でも、二社以上の共同でも行うことができます。二社以上の共同株式移転のときは、移転によって設立された株式会社は、直ちに二社以上の事業会社を傘下とする持株会社（ホールディングカンパニー）となります。この株式移転の手続きは、一般的には図表Ⅲ-7-5のとおりです。

①事前開示書類の備置き
　事前開示書類の作成には、株式移転計画書が取締役会で承認されることが前提です。その備え置きは、株式移転設立完全親会社の成立日後6カ月を経過する日までです。

②株主総会の承認手続き
　図表Ⅲ-7-5の手続きの流れは一般的なものであり、債権者保護手続きが必要なときは、これを株主総会の承認手続きの前に行うこともできます。

③債権者保護手続き
　株式移転における債権者保護手続きは、新株予約権付社債を発行している会社において、その新株予約権に対して完全親会社の新株予約権が交付され社債債務が完全親会社に承継される場合に、その社債権者を対象としてなされるだけです。そこで、株式移転で債権者保護手続きが必要となるのは、実務上は限られます。

④株式移転登記
　株式移転の登記とは、株式移転によって新たな会社を設立する登記となります。株式移転完全親会社の成立によって株式移転の効力が発生しますが、株式移転計

図表Ⅲ-7-5　株式移転の手続き

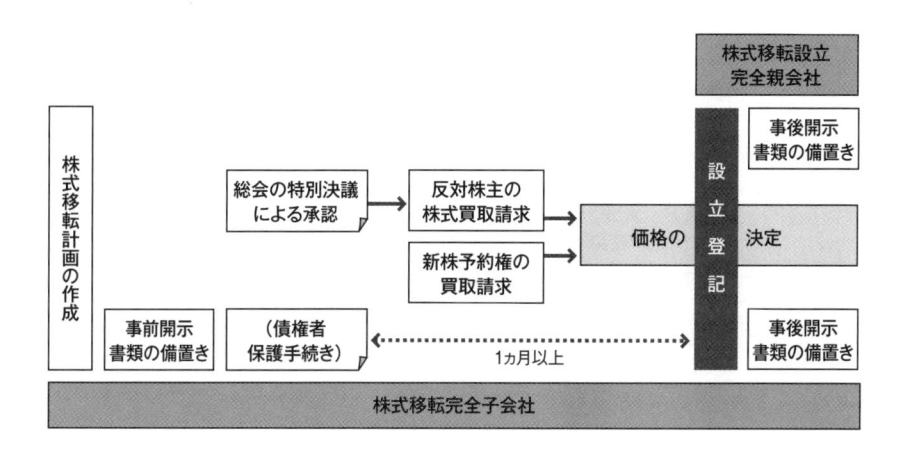

```
株式移転計画の作成
 ├─ 事前開示書類の備置き
 ├─ 総会の特別決議による承認 → 反対株主の株式買取請求 → 価格の決定
 │                          → 新株予約権の買取請求   →
 ├─ （債権者保護手続き） ······ 1ヵ月以上 ······
 └─ 設立登記
     ├─ 株式移転設立完全親会社
     ├─ 事後開示書類の備置き
     └─ 事後開示書類の備置き

株式移転完全子会社
```

画書には、会社の設立登記をする日を記載することが一般的です。株式交換と異なって、土曜日など登記所が業務の取扱いをしていない日は登記申請ができませんから、その日に株式移転の効力を発生させることはできません。

⑤事後開示書類の備置き

　事後開示書類は、完全子会社と完全親会社とが共同で作成し、それぞれの会社で備置きます。ただ、株式移転は完全子会社が全てリードして行うものですので、事後開示書類の作成も、完全子会社が完全親会社の意向を聴いて共同名義で作成すれば十分です。その備え置きは、株式移転設立完全親会社の成立した日後6ヵ月を経過する日までです。

6　簡易組織再編

　組織再編をスムーズに進めることができるように、以下のような規模の小さな組織再編では、株主総会の決議なしに取締役会の承認決議だけで組織再編を行うことができます。これを簡易組織再編といいますが、これは株主総会の承認決議を省略することができることであり、規模の小さな組織再編であれば取締役会決

図表Ⅲ-7-6　簡易組織再編

	組織再編	要件	総会決議の不要となる会社	反対株主の株式買取請求
a	吸収合併	消滅会社の株主に対して交付する資産の合計額が、吸収合併存続会社の純資産の20％以下	吸収合併存続会社	あり
b	吸収分割	吸収分割会社に対して交付する資産の合計額が、吸収分割承継会社の純資産の20％以下	吸収分割承継会社	あり
c		承継会社に承継させる資産の合計額が、吸収分割会社の総資産額の20％以下	吸収分割会社	なし
d	株式交換	完全子会社の株主に対して交付する資産の合計額が、完全親会社の純資産の20％以下	株式交換完全親会社	あり
e	新設分割	新設分割設立会社に承継させる資産の合計額が、新設分割会社の総資産額の20％以下	新設分割会社	なし

議だけで組織再編を行うことが許容されていることです。もっとも、このような組織再編であっても、株主総会の承認決議を得ることはできます。

なお、次の様なケースでは、簡易組織再編はできないとされています。

・議決権総数の6分の1以上の株主から、反対通知があったとき（abc）
・合併差損が生じるとき（a）
・分割差損が生じるとき（b）
・株式交換差損が生じるとき（d）
・消滅会社の株主に対して交付する合併対価の全部または一部が吸収合併存続会社の譲渡制限株式のときで、吸収合併存続会社が公開会社でないとき（a）
・吸収分割会社に交付する分割対価の全部または一部が吸収分割承継会社の譲渡制限株式のときで、吸収分割承継会社が公開会社でないとき（b）
・完全子会社の株主に対して交付する交換対価の全部または一部が株式交換完全親会社の譲渡制限株式のときで、株式交換完全親会社が公開会社でないとき（d）

7　略式組織再編

特別支配会社（A社）が、被支配会社（B社）との間で吸収合併、吸収分割及び株式交換を行うとき、A社がB社の90％以上の議決権を保有していれば、B社

図表Ⅲ-7-7　特別支配会社

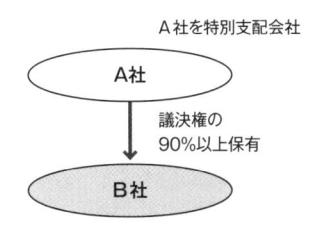

A社を特別支配会社

A社 → 議決権の90％以上保有 → B社

で株主総会を開催して10％以下の少数株主の意思を反映する機会を設けなくとも、90％以上の株式を保有しているA社の意思どおりに組織再編決議が成立します。そこで、B社においては、株主総会を開催しないことが認められています。

なお、B社の少数株主を保護する制度として、組織再編をする旨の通知や株式買取請求権、法令・定款違反や対価の定めが著しく不当なときの略式組織再編の差止請求権があります。

図表Ⅲ-7-8　略式組織再編のできるケース

特別支配会社（A社）	被支配会社（B社）	例外として株主総会決議が必要なケース
吸収合併存続会社	吸収合併消滅会社	あり（a）
吸収分割承継会社	吸収分割会社	なし
株式交換完全親会社	株式交換完全子会社	あり（b）

(a) 合併対価の全部または一部が譲渡制限株式、取得条項付株式または取得条項付新株予約権のときで、吸収合併消滅会社が公開会社であり、かつ種類株式発行会社でないとき。
(b) 交換対価の全部または一部が譲渡制限株式、取得条項付株式または取得条項付新株予約権のときで、株式交換完全子会社が公開会社であり、かつ種類株式発行会社でないとき。

特別支配会社（A社）	被支配会社（B社）	例外として株主総会決議が必要なケース
吸収合併消滅会社	吸収合併存続会社	あり（c）
吸収分割会社	吸収分割承継会社	あり（d）
株式交換完全子会社	株式交換完全親会社	あり（e）

(c) 消滅会社の株主に対して交付する合併対価の全部または一部が吸収合併存続会社の譲渡制限株式のときで、吸収合併存続会社が公開会社でないとき。
(d) 吸収分割会社に交付する分割対価の全部または一部が吸収分割承継会社の譲渡制限株式のときで、吸収分割承継会社が公開会社でないとき。
(e) 完全子会社の株主に対して交付する交換対価の全部または一部が株式交換完全親会社の譲渡制限株式のときで、株式交換完全親会社が公開会社でないとき。

第8章

基本合意書作成から株主総会承認までの主な検討事項と実務ポイント

1　基本合意書の作成

　企業グループ内の合併や分割、株式交換、株式移転という組織再編においても、基本合意書が作成されることが少なくありません。吸収合併をケースに説明しますと、基本合意書とは、会社法で定めた要件を満たした吸収合併契約書を作成する前に、吸収合併を進める会社間で合併の基本方針や確認された事項、合意に達した事項などを書面にまとめたものです。実際の基本合意書は、これから合併に向けての協議を開始するという簡単なものもあれば、存続会社をいずれとするかを決めた上で、商号や本店の所在場所を決定し、合併比率あるいはその算定方法を定めるものもあります。

　第三者間のM&Aではない企業グループ内の組織再編において、基本合意書の作成は不要とも思われます。しかし、親会社が主導して子会社同士を合併させるときでも、合併の当事者となる子会社は企業グループの中で協調的でなかったり、人間関係の面で対立的な関係にあったりして、合併を円滑に遂行することは難しいことがあります。親会社においても、社内の部門対立を背景にいずれを存続会社とするかについて深刻な対立が生じることもあります。そのようなとき、それまでの進行経緯を踏まえて作成される基本合意書は、組織再編をすすめる上で重要なエポックとなります。

存続会社が決定されると、他方の会社は消滅会社となりますので、消滅会社では事務負担も多くなります。また、役員は合併期日で退任となり、従業員は長年自分が勤めてきた会社が消滅することへの感情的な反発も生じます。特に、何れの会社が存続会社となってもおかしくないようなケースにおいては、この辺への配慮も踏まえつつ、存続会社が決定した段階で合意書を作成・調印することは、その後の取り組むべき課題を明確とし、今後の無用な対立を防ぐ意味を持つものです。

【基本合意書の例】

合併に関する基本合意書

　株式会社甲社（以下「甲」という）と株式会社乙社（以下「乙」という）とは、予てより合併に関し交渉を続けてきたが、本日、基本合意が成立したので本合意書を取り交わす。

第1条（合併の精神）
　　甲と乙とは、対等と互譲の精神で合併する。
第2条（合併の方式）
　　合併は吸収合併方式で行い、法手続き上、甲が存続会社となる。
第3条（合併会社の商号等）
　1　合併後の新会社（以下「新会社」という）の商号は□□□□株式会社とし、その本店所在地は□□□□□とする。
　2　新会社の資本金の額は、□□□□□□□□円とする。
第4条（合併比率）
　　合併比率は、平成□□年度決算に基づき時価純資産方式により算定する。甲と乙とは合併比率の算定を□□□□に委託し、その算定結果を踏まえて甲乙協議して決定する。
第5条（合併期日）
　　合併期日は平成□□年□□月□□日とする。
第6条（従業員の継続雇用）
　　新会社は、合併期日をもって、勤続年数を通算して甲および乙の従業員を引き続き雇用する。
第7条（合併契約の締結）
　　甲と乙とは、速やかに協議し合併契約を締結し、株主総会において承認を得る。
第8条（協議）
　　上記の他、合併に必要な事項については甲乙協議して決定する。

2　基本的書面の記載事項

1）吸収合併契約書の記載事項

　会社法で定める吸収合併契約書の法定記載事項は図表Ⅲ-8-1であり、これに任意的な記載事項を加えて吸収合併契約書を作成しますが、そのひとつの見本は189～190ページのとおりです。

①合併対価

　吸収合併によって消滅会社の財産が存続会社に承継されることから、その対価として消滅会社の株主に交付される財産のことを、合併対価といいます。

　会社法改正前の商法では、合併対価は存続会社の株式だけでした。会社法では、合併対価は存続会社の株式に限らず、財産的な価値さえあれば合併対価とされるようになりました。もっとも、新たに合併対価として消滅会社の株主に交付される資産としては、実務上は会社法で定める社債、新株予約権の他には現金や親会社株式などになるでしょう。この合併対価は、必ず交付されるとは限りません。例えば、債務超過の会社を吸収合併したり、親会社が完全子会社を吸収合併したり、親会社の下にある完全子会社同士の合併などでは、合併対価は不要です。

　合併対価を現金とすれば少数株主を排除することができます。また、親会社が上場会社の場合において、子会社が孫会社を吸収合併するとき子会社が相互保有している上場会社の親会社株式を対価とすれば、子会社は金銭的負担がなく、しかも、合併によって株式を発行する必要がありませんから、この吸収合併によって子会社の株主構成を変えずにすむこととなります。

②効力発生日

　吸収合併契約書には、吸収合併がその効力を生ずる日が記載事項とされています。吸収合併登記は、この効力発生日から2週間以内にしなければなりませんが、実務上は効力発生日に行います。ただ、土曜日などで登記所が業務の取扱いをしていないときは、業務開始後の直近の日に申請します。なお、効力発生日の変更に関して、198ページを参照下さい。

図表Ⅲ-8-1　吸収合併契約書の記載事項

一	合併当事者			・吸収合併存続株式会社の商号および住所 ・吸収合併消滅株式会社の商号および住所
二	合併対価	その財産についての内容	吸収合併存続株式会社の株式	・株式の数（種類株式発行会社にあっては、株式の種類及び種類ごとの数）またはその数の算定方法 ・資本金および準備金の額に関する事項
			社債	社債の種類および種類ごとの各社債の金額の合計額またはその算定方法
			新株予約権	新株予約権の内容および数またはその算定方法
			新株予約権付社債	上の2つの事項
			上記以外の財産	当該財産の内容および数もしくは額またはこれらの算定方法
		財産の割当てに関する事項		
三	吸収合併消滅株式会社が新株予約権を発行しているとき、その新株予約権の取扱いに関する事項			
四	効力発生日（吸収合併がその効力を生ずる日）			

【吸収合併契約書の一例】

合併契約書

株式会社甲社（以下「甲」という）と株式会社乙社（以下「乙」という）とは、合併に関し、次のとおり契約（以下「本契約」という）を締結する。

第1条（合併の当事者）

　甲と乙は、甲を吸収合併存続会社、乙を吸収合併消滅会社として合併して、甲が乙の権利義務の全部を承継する。

2　吸収合併存続会社及び吸収合併消滅会社の商号及び住所は、次のとおりである。

　(1) 甲（吸収合併存続会社）　商号：株式会社甲社　　住所：〜〜〜〜〜
　(2) 乙（吸収合併消滅会社）　商号：株式会社乙社　　住所：〜〜〜〜〜

第2条（合併に際して発行する株式及び割当て）

　甲は、合併に際して普通株式□□□□株を発行し、合併の効力発生日の前日最終の乙の株主名簿に記載された株主（自己株式□□株を保有する乙を除く）に対し、その所有する乙の普通株式1株につき、甲の普通株式□株の割合をもって割当交付する。

第3条（増加すべき資本金等）

　甲が合併により増加すべき資本金等の額の取扱いは、次のとおりとする。

(1) 資本金の額　　　　金□□□□□□□□円
(2) 上記以外の資本準備金その他の増加額は会社計算規則に従い、甲が定める。

第4条（合併の承認）
　甲及び乙は、平成□□年□□月それぞれ開催する定時株主総会において、本契約書の承認及び合併に必要な事項について決議を求めるものとする。

第5条（効力発生日）
　合併の効力発生日は平成□□年□□月□□日とする。ただし、合併手続の進行に応じ必要があるときは、甲乙協議して、会社法の規定に従いこれを変更することができる。

第6条（権利義務の承継）
1　乙は、平成□□年□□月□□日現在の貸借対照表、その他同日現在の計算を基礎とし、これに効力発生日の前日までの増減を加味した一切の資産、負債及び権利義務を効力発生日に甲に引継ぎ、甲はこれを承継する。
2　乙は、平成□□年□□月□□日より合併がその効力を生ずる日に至る間の資産、負債及び権利義務に変動を生じたものについて、別に計算書を添付してその内容を甲に明示する。

第7条（会社財産の善管注意義務）
　甲及び乙は、本契約締結後効力発生日の前日に至るまで、善良な管理者としての注意をもってそれぞれ業務を執行し、かつ、一切の財産を管理、運営するものとし、その財産及び権利義務に重要なる影響を及ぼす行為については、あらかじめ甲乙協議して合意のうえ、これを実行する。

第8条（合併後の役員）
　合併に際し新たに甲の取締役となる者は次のとおりとし、甲は平成□□年□□開催する定時株主総会において必要な取締役の選任議案を提出する。ただし、その就任の時期は効力発生日とする。
　取締役　□□　□□　　□□　□□　　□□　□□

第9条（従業員の処遇）
　甲は、効力発生日において、乙の従業員全員を甲の従業員として引き続き雇用する。ただし、勤続年数は乙における年数を通算する。

第10条（本契約の効力）
　本契約は、甲及び乙の第4条に定める株主総会の承認を得たときにその効力を生じ、法令に定められた関係官庁の承認が得られないときは、その効力を失う。

第11条（合併条件の変更、契約の解除）
　本契約締結の日から効力発生日に至るまでの間において、天災地変その他の事由により、甲又は乙の財産状況若しくは経営状態に重要な変動を生じたときは、甲乙協議のうえ合併条件を変更し、又は本契約を解除することができる。

第12条（協議）
　本契約に定めるもののほか、合併に関し必要な事項は、本契約の趣旨に従って甲乙協議のうえこれを決定する。

2）吸収分割契約書の記載事項

　会社法で定める吸収分割契約書の法定記載事項は図表Ⅲ-8-2であり、これに任意的な記載事項を加えて吸収分割契約書を作成しますが、そのひとつの見本は、193～194ページのとおりです。

①承継する権利義務

　会社分割は、会社の事業に関して有する権利義務の全部または一部を他の会社へ承継することですので、承継する権利義務をどのように定めるかは重要です。この記載方法は、分割契約書の別紙として権利義務明細表として作成します。ただし、他の会社へ承継させる事業に属する資産や負債、契約関係などは多様なもので構成されており、また、分割に向けた当事会社双方の合意によって柔軟な対応も必要なことから、権利義務明細表の詳細な記載は実務的とはいえません。なお、承継する事業に使用されていない資産や関連の薄い負債、承継する事業に主として従事していない労働者との雇用契約も、分割契約書に記載することで承継の対象とすることができます。

②分割対価

　吸収分割によって吸収分割会社の財産が吸収分割承継会社に承継されることから、その対価として分割会社に交付される財産のことを、分割対価といいます。

③効力発生日

　吸収分割がその効力を生ずる日が記載事項とされています。吸収分割登記は、この効力発生日から2週間以内にしなければなりませんが、実務上は効力発生日に行います。ただ、土曜日などで登記所が業務の取扱いをしていないときは、業務開始後の直近の日に申請します。なお、効力発生日の変更に関して、198ページを参照下さい。

④分割対価の剰余金配当

　分割型分割をするには、吸収分割契約書に、分割対価である吸収分割承継会社の株式を株主に剰余金として配当する旨を定めます。剰余金の配当ですので、剰

図表Ⅲ-8-2　吸収分割契約書の記載事項

一	分割会社の当事者	・吸収分割株式会社の商号および住所 ・吸収分割承継株式会社の商号および住所	
二	吸収分割株式会社から承継する資産、債務、雇用契約その他の権利義務に関する事項		
三	吸収分割株式会社または吸収分割承継株式会社の株式を承継させるときは、その株式に関する事項		
四	分割対価	吸収分割承継株式会社の株式	吸収合併契約書の記載事項の該当箇所と同じ
		社債	
		新株予約権	
		新株予約権付社債	
		上記以外の財産	
五	吸収分割承継株式会社が、吸収分割に際して、吸収分割株式会社の新株予約権者に対してその新株予約権に代わる新株予約権を交付するときは、その新株予約権に関する事項		
六	効力発生日（吸収分割がその効力を生ずる日）		
七	効力発生日の行為	・吸収分割承継株式会社の株式を取得対価とする、全部取得条項付種類株式の取得 ・吸収分割承継株式会社の株式を配当財産とする、剰余金の配当	

余金配当の承認決議が必要です。もっとも、通常の剰余金配当とは異なり、分配可能額を超えてはならないという財源規制はありません。

> **＜分社型分割＞**
> 　会社法で定める会社分割は分社型分割で、これは物的分割ともいわれるものです。すなわち、会社のある事業に属する権利義務を他の会社に承継させ、その会社が分割会社に対して株式などの分割対価を交付し、分割会社がこれを取得するのが分社型分割です。
>
> **＜分割型分割＞**
> 　分割会社が分割によって取得した吸収分割承継会社の株式または新設分割設立会社の株式を、会社分割の成立日に、その会社の株主に剰余金として配当するのが分割型分割であり、人的分割ともいわれます。分割型分割は、分社型分割と分割対価の剰余金配当との組合せとして構成されており、分割対価の剰余金配当は、吸収分割契約書または新設分割計画書へ記載する必要があります。

【吸収分割契約書の一例】

吸収分割契約書

　株式会社甲社（以下「甲」という）と株式会社乙社（以下「乙」という）とは、次のとおり吸収分割契約（以下「本契約」という）を締結する。

第1条（会社分割の方法）
　甲は、吸収分割の方法により、乙に対して、別紙①記載の甲の事業（以下「本件事業」という）に関して有する別紙②記載の権利義務を承継させる。

第2条（分割当事者）
　吸収分割を行う当事者は、次のとおりとする。
　(1) 甲（吸収分割会社）　　　商号：株式会社甲社　　住所：～～～～～
　(2) 乙（吸収分割承継会社）　商号：株式会社乙社　　住所：～～～～～

第3条（分割に際して発行する株式）
　乙は、吸収分割に際して、普通株式□□□□株を新たに発行し、甲に交付する。

第4条（乙の資本金等）
　吸収分割により増加する乙の資本金及び資本準備金の額は、いずれも0円とする。

第5条（分割の承認）
　甲及び乙は、平成□□年□□月に開催する定時株主総会にて、本契約の承認及び吸収分割に必要な事項に関する決議を行う。

第6条（効力発生日）
　効力発生日は、平成□□年□□月□□日とする。但し、分割手続の進行の必要性その他の事由により、甲乙協議の上、会社法の規定に従い変更することができる。

第7条（権利義務の承継）
　1　乙は、本件分割の効力発生日において、別紙②記載の資産、債務、雇用契約、契約上の地位その他の権利義務を甲より承継する。
　2　乙は、本件分割により甲から乙に承継される一切の債務について併存的に引き受け、甲は、本件分割後も引き続き弁済の責を負う。

第8条（会社財産の善管注意義務）
　甲は、本契約締結後、効力発生日までの間、善良なる管理者の注意をもって本件事業の業務執行及び財産の管理運営を行うものとする。乙は、本契約締結後、効力発生日までの間、善良なる管理者の注意をもってその業務執行及び財産の管理運営を行うものとする。

第9条（本契約の効力）
　本契約は、甲及び乙の第5条に定める株主総会の承認を得たときにその効力を生じ、法令に定められた関係官庁の承認が得られないときは、その効力を失う。

第10条（会社分割の条件の変更等）

> 本契約締結の日から効力発生日までの間において、天災地変その他の事由により、甲の本件事業、財産状況若しくは経営状態又は乙の財産状況若しくは経営状況に重大な変動が生じた場合は、甲乙協議の上、吸収分割の条件を変更し又は本契約を解除することができる。
> 第11条（協議）
> 　本契約に定めるもののほか、吸収分割に関し必要な事項は、本契約の趣旨に従って甲乙間で誠実に協議のうえ決定する。
>
> 別紙：①分割対象となる甲の事業、②承継する権利義務の明細

3）新設分割計画書の記載事項

　会社法で定める新設分割計画書の法定記載事項は図表Ⅲ-8-3のとおりであり、これに任意的な記載事項を加えて新設分割計画書を作成しますが、その一つの見本は、196～197ページのとおりです。

①新設分割設立会社の定款作成

　事業に関する権利義務を新たに設立する会社に承継させることから、新設分割では、新会社の定款作成が必要となります。この点、新設分割計画書には、「目的、商号、本店の所在地及び発行可能株式総数」と、これ以外の「新設分割設立株式会社の定款で定める事項」が法定の記載事項とされています。なお、新会社設立時の定款に関する実務上のポイントについて211ページを参照下さい。

②承継する権利義務

　記載方法や内容は、吸収分割契約書の権利義務明細書と同様です。

③分割対価

　新設分割の分割対価は、会社が新しく設立されることから新設会社の株式ですが、株式に加えて社債や新株予約権を分割対価として交付することができます。

④新設分割の日

　新設分割計画書には、吸収分割契約書とは異なって、効力発生日を定めること

図表Ⅲ-8-3　新設分割計画書の記載事項

一	定款記載事項	・目的、商号、本店の所在地および発行可能株式総数 ・上のほか、新設分割設立株式会社の定款で定める事項
二	役員の氏名	・新設分割設立株式会社の設立時取締役の氏名 ・会計参与、監査役、会計監査人を設ける場合、設立時の氏名または名称
三	新設分割株式会社から承継する資産、債務、雇用契約その他の権利義務に関する事項	
四	分割対価	・新設分割設立株式会社が、新設分割に際して、新設分割株式会社に交付する新設分割設立株式会社の株式に関する事項 ・資本金及び準備金の額に関する事項
五	2以上の株式会社が共同して新設分割をするとき、新設分割株式会社に対する株式の割当てに関する事項	
六	社債や新株予約権に関する事項	・新設分割株式会社に対して社債や新株予約権を交付するときは、それに関する事項 ・新設分割株式会社の新株予約権者に対して新株予約権を交付するときは、それに関する事項
七	会社成立日の行為	・新設分割設立株式会社の株式を取得対価とする、全部取得条項付種類株式の取得 ・新設分割設立株式会社の株式を配当財産とする、剰余金の配当

はありません。新設分割の効力は、新設分割設立会社が成立した日に生じることから、効力発生日を予め定めることは意味がないためです。もっとも、新設分割の登記申請をいつ行うかについて、新設分割計画書に記載することが一般的です。ただし、登記所が業務の取扱いをしていないときは登記申請ができません。そこで、例えば平成24年4月1日に新設分割を行おうとしても、その日は日曜日であるため新設分割はできません。新設分割には、吸収分割と異なって、分割期日の選択に制約があります。

⑤本店の所在場所

　本店の所在場所は、定款に定める本店所在地の中で、実際に本店を設ける地のことをいいます。本店の所在場所にはオフィスビルの名称は不要です。ビルの名称を記載すると、公的書類等においてそのビル名まで記載が必要となりますので、実務上は記載しないのが便宜です。この本店の所在場所は新設分割会社の取締役会で決定しますが、新設分割計画書に記載することもできます。

⑥分割対価の剰余金配当

　分割型分割をするには、吸収分割と同じように、新設分割計画書に分割対価である新設分割設立会社の株式を株主に剰余金として配当する旨を定めた上で、剰余金配当の承認決議が必要です。分配可能額を超えてはならないという剰余金配当の財源規制は、かけられておりません。

【新設分割計画書の一例】

新設分割計画書

　株式会社甲社（以下「当社」という）は、□□□□事業に関して有する権利義務を新たに設立する株式会社乙社（以下「新設会社」という）に承継させるために新設分割（以下「本件分割」という）を行うことに関し、次のとおり新設分割計画書（以下「本計画書」という）を作成する。

第1条（新設分割）
　　当社は、本計画書に定めるところに従い、新設分割の方法により新設会社を設立し、□□□□事業（以下「本事業」という）に関して有する権利義務を承継させる。
第2条（新設会社の定款で定める事項等）
　1　新設会社の目的、商号、本店の所在地及び発行可能株式総数その他定款で定める事項は、別紙1「株式会社乙社の定款」に記載のとおりとする。
　2　新設会社の本店の所在場所は、□□県□□市□□□一丁目2番3号とする。
第3条（新設会社が交付する株式の数等）
　　新設会社は、本件分割に際して普通株式□□□株を発行し、その全てを当社に割当交付する。
第4条（新設会社の資本金等の額）
　　新設会社の資本金、資本準備金及び資本剰余金の額は、以下のとおりとする。
　(1) 資本金の額　　　　　　金□□□□□□□□円
　(2) 資本準備金の額　　　　金□□□□□□□□円
　(3) その他資本剰余金の額　会社計算規則第49条第1項に定める株主資本等変動額から前2号に定める合計額を控除した額
第5条（承継する権利義務）
　1　新設会社は、本件分割の効力発生日において、別紙2「承継権利義務明細表」記載の資産、債務、雇用契約、契約上の地位その他の権利義務を当社より承継する。
　2　新設会社は、本件分割により当社から新設会社に承継される一切の債務について併存的に引き受け、当社は、本件分割後も引き続き弁済の責を負う。
第6条（分割期日）

会社法第924条第1項第1号ヘに基づき当社が定める日は平成□□年□□月□□日とし、同日をもって新設会社の設立登記を行うものとする。
第7条（新設会社の設立時役員）
　　新設会社の設立時役員は次のとおりとする。
　(1) 取締役　　□□ □□　　□□ □□　　□□ □□　　□□ □□
　(2) 監査役　　□□ □□　　□□ □□
第8条（本計画書の効力）
　　本計画書は、当社の株主総会における承認又は法令に定める関係官庁の承認が得られないときはその効力を失う。
第9条（競業避止義務）
　　当社は競業避止義務を負わないものとし、本件分割の効力発生後においても、本事業と同一の事業を行うことができる。

別紙1　株式会社乙社の定款
別紙2　承継権利義務明細表

4）株式交換契約書の記載事項

　会社法で定める株式交換契約書の法定記載事項は図表Ⅲ-8-4のとおりであり、これに任意的な記載事項を加えて株式交換契約書を作成しますが、その一つの見本は、199〜200ページのとおりです。

①株式交換の当事者

　株式交換の当事者である株式交換完全親会社と株式交換完全子会社の商号と住所は、株式交換契約の記載事項とされています。

②交換対価

　株式交換によって完全子会社となる株主が有する株式が完全親会社に取得されることから、その対価として完全子会社となる株主に交付される財産のことを、交換対価といいます。交換対価については合併対価と同様ですので、188ページを参照下さい。

図表Ⅲ-8-4　株式交換契約書の記載事項

一	株式交換の当事者	・株式交換完全親会社の商号および住所 ・株式交換完全子会社の商号および住所		
二	交換対価	その財産についての内容	株式交換完全親会社の株式	吸収合併契約書の記載事項の該当箇所と同じ
			社債	
			新株予約権	
			新株予約権付社債	
			上記以外の財産	
		財産の割当てに関する事項		
三	株式交換完全親会社が、株式交換に際して、株式交換完全子会社の新株予約権者に対してその新株予約権に代わって株式交換完全親会社の新株予約権を交付するときは、その新株予約権に関する事項			
四	効力発生日（株式交換がその効力を生ずる日）			

③効力発生日

　吸収合併と同じように、株式交換がその効力を生ずる日が記載事項とされています。新株を発行して株式交換の登記が必要なときは、この効力発生日から2週間以内にしなければなりませんが、実務上は効力発生日に行います。ただ、土曜日や日曜日、国民の祝日等の休日や年末年始期間で登記所が業務の取扱いをしていないときは、業務開始後の直近の日に申請します。

　効力発生日は株式交換契約で定める法定記載事項です。しかし、債権者保護手続きが終了していないときは株式交換の効力は生じません。また、経営管理上の準備手続きの進行状況によっては、株式交換契約で定めた効力発生日に当事会社の準備が完了していないこともあります。完全親子会社関係を創設した後の子会社管理体制の整備や内部統制システムの構築などは重要な経営ポイントですが、拙速に株式交換をするのではなく、それが整ってから株式交換を実施することが適切でしょう。そのような要請に応えることができるよう、株式交換完全親会社と株式交換完全子会社の合意によって、効力発生日を変更することができます。このためには、取締役会決議による承認を受けることが必要で、株式交換完全子会社においては、変更前の効力発生日までに変更後の効力発生日を公告しなければなりません。なお、この効力発生日の変更は、吸収合併と吸収分割にも設けられています。

【株式交換契約書の一例】

株式交換契約書

　株式会社甲社（以下「甲」という）と株式会社乙社（以下「乙」という）とは、株式交換により完全親子会社関係を創設するため、次のとおり株式交換契約（以下「本契約」という）を締結する。

第1条（株式交換）
　　甲及び乙は、乙の発行済株式の全部を甲に取得させるための株式交換を行い、甲は完全親会社となり、乙は完全子会社となるものとする。

第2条（株式交換の当事者）
　　株式交換を行う当事会社の商号及び住所は、次のとおりである。
　　(1) 甲（株式交換完全親会社）　商号：株式会社甲社　　住所：〜〜〜〜〜
　　(2) 乙（株式交換完全子会社）　商号：株式会社乙社　　住所：〜〜〜〜〜

第3条（株式交換に際して発行する株式及び割当て）
　　甲は、株式交換に際して普通株式□□□□株を発行し、株式交換の効力発生日の前日最終の乙の株主名簿に記載された株主に対し、その所有する乙の普通株式1株につき、甲の普通株式□株の割合をもって割当交付する。

第4条（増加する株主資本の額）
　　甲が株式交換により増加すべき資本金等の額は、次のとおりとする。
　　(1) 資本金の額　　　　　　　金□□□□□□円
　　(2) 資本準備金の額　　　　　金□□□□□□円
　　(3) その他資本剰余金の額　　会社計算規則第39条第1項に定める株主資本等変動額から前2号に定める合計額を控除した額

第5条（株式交換交付金）
　　甲は、株式交換に際して、株式交換交付金を支払わないものとする。

第6条（株式交換の承認）
　　甲及び乙は、平成□□年□□月それぞれ開催する定時株主総会において、本契約の承認及び株式交換に必要な事項について決議を求めるものとする。

第7条（効力発生日）
　　株式交換の効力発生日は平成□□年□□月□□日とする。ただし、株式交換手続の進行に応じ必要があるときは、甲乙協議して、会社法の規定に従いこれを変更することができる。

第8条（会社財産の善管注意義務）
　　甲及び乙は、本契約締結後効力発生日の前日に至るまで、善良な管理者としての注意をもってそれぞれ業務を執行し及び一切の財産を管理運営するものとし、その財産及び権利義務に重要なる影響を及ぼす行為については、あらかじめ甲乙協議して合意のうえ、

これを実行するものとする。
第9条（株式交換後の役員）
　　株式交換に際し新たに甲の取締役となる者は次のとおりとし、甲は平成□□年□□開催する定時株主総会において必要な取締役の選任議案を提出する。ただし、その就任の時期は効力発生日とする。
　　取締役　　□□　□□　　□□　□□
第10条（株式交換条件の変更、契約の解除）
　　本契約締結の日から効力発生日に至るまでの間において、天災地変その他の事由により、甲又は乙の財産状況若しくは経営状態に重要な変動を生じたときは、甲乙協議のうえ株式交換条件を変更し、又は本契約を解除することができる。
第11条（協議）
　　本契約に定めるもののほか、株式交換に関し必要な事項は、本契約の趣旨に従って甲乙協議のうえこれを決定する。

5）株式移転計画書の記載事項

　会社法で定める株式移転計画書の法定記載事項は図表Ⅲ-8-5のとおりであり、これに任意的な記載事項を加えて株式移転計画書を作成しますが、その一つの見本は、202ページのとおりです。

①完全親会社の定款作成

　株式移転完全子会社の全株式を新たに設立する完全親会社に取得させるために、株式移転では、完全親会社の定款作成が必要となります。この点、株式移転計画書には、「目的、商号、本店の所在地及び発行可能株式総数」と、これ以外の「株式移転設立完全親会社の定款で定める事項」が法定の記載事項とされています。

　なお、新会社設立時の定款に関する実務上のポイントについて、新設分割設立会社に即して取り上げた211ページを参照下さい。

②移転対価

　株式移転により、株式移転完全親会社が株式移転完全子会社の株主から取得する株式の対価として、株式移転完全子会社の株主に対して交付される財産のことを、移転対価といいます。この移転対価は、会社が新しく設立されることから株

図表Ⅲ-8-5　株式移転計画書の記載事項

一	定款記載事項	・目的、商号、本店の所在地および発行可能株式総数 ・上のほか、株式移転完全親会社の定款で定める事項
二	役員の氏名	・株式移転設立完全親会社の設立時取締役の氏名 ・会計参与、監査役、会計監査人を設ける場合、設立時の氏名または名称
三	移転対価	・株式移転設立完全親会社が、株式移転に際して、株式移転完全子会社の株主に対して交付する株式移転設立完全親会社の株式に関する事項 ・資本金および準備金の額に関する事項 ・株式移転完全子会社の株主に対する株式の割当てに関する事項
四		株式移転設立完全親会社が、株式移転に際して、株式移転完全子会社の株主に対してその株式に代わって株式移転設立完全親会社の社債や新株予約権を交付するときは、それに関する事項
五		株式移転設立完全親会社が、株式移転に際して、株式移転完全子会社の新株予約権者に対してその新株予約権に代わって株式移転設立完全親会社の新株予約権を交付するときは、その新株予約権に関する事項

式移転完全親会社の株式ですが、株式に加えて社債や新株予約権を移転対価として交付することができます。

③株式移転の日

　株式移転計画書には、株式交換契約書とは異なって、効力発生日を定めることはありません。株式移転の効力は、株式移転完全親会社が成立した日に生じることから、効力発生日を予め定めることは意味がないためです。

　もっとも、株式移転の登記申請をいつ行うかについて、株式移転計画書に記載することが一般的です。ただし、土曜日や日曜日、国民の祝日等の休日や年末年始期間で登記所が業務の取扱いをしていないときは、株式移転の登記はできません。例えば、平成24年4月1日に株式移転を行おうとしても、その日は日曜日であるため株式移転はできません。株式移転には、株式交換と異なって、移転期日の選択に制約があります。

【株式移転計画書の一例】

株式移転計画書

　株式会社甲社（以下「甲」という）は、持株会社設立を目的として、当会社の発行済株式の全部を新たに設立する株式会社乙ホールディングス（以下「乙」という）に移転させるための株式移転（以下「本件株式移転」という）を行うことに関し、次のとおり株式移転計画書（以下「本計画書」という）を作成する。

第1条（乙の定款で定める事項等）
　　乙の目的、商号、本店の所在地及び発行可能株式総数その他定款で定める事項は、別紙「株式会社乙ホールディングスの定款」に記載のとおりとする。
　2　乙の本店の所在場所は、□□県□□市□□□一丁目2番3号とする。
第2条（乙の設立時役員）
　　乙の設立時役員は次のとおりとする。
　　(1) 取締役　　　□□　□□　　　□□　□□　　　□□　□□
　　(2) 監査役　　　□□　□□　　　□□　□□
第3条（乙が交付する株式の数等）
　　乙は、本件株式移転により取得する甲の株式全部に代わる対価として、普通株式□□□株を発行し、本件株式移転の効力発生日の前日最終の甲の株主名簿に記載された株主に対し、その所有する甲の普通株式1株につき、乙の普通株式□株の割合をもって割当交付する。
第4条（乙の資本金等の額）
　　乙の資本金等の額は、以下のとおりとする。
　　(1) 資本金の額　　　　　　金□□□□□□円
　　(2) 資本準備金の額　　　　金□□□□□□円
　　(3) その他資本剰余金の額　会社計算規則第52条第1項に定める株主資本変動額から前2号に定める合計額を控除した額
第5条（株式移転期日）
　　会社法第925条第6号に基づき甲が定める日は平成□□年□□月□□日とし、同日をもって乙の設立登記を行うものとする。
第6条（本計画書の効力）
　　本計画書は、甲の株主総会における承認が得られないとき又は法令に定める関係官庁の許認可等が得られなかったときは、その効力を失う。

別紙「株式会社乙ホールディングスの定款」

3 株主総会にかかわる検討項目

①株主総会の意義

　合併や分割、株式交換、株式移転などの組織再編は、株主総会の特別決議による承認事項です。簡易組織再編や略式組織再編では、株主総会は不要であり、取締役会決議で行うことができます（183～185ページ参照）。しかし、子会社が親会社の経営方針に従って組織再編を実施するときは、たとえ、簡易組織再編や略式組織再編に該当するとしても、親会社の意思が直接反映される株主総会で決定し、組織再編の正式決定を取締役会決議に委ねる簡易組織再編や略式組織再編は避けるのが適切です。

②株主総会をめぐるスケジュール

　事前開示書類の備置き、債権者保護手続き、取締役会の開催、合併契約書などの調印、株主総会の招集通知の発送や会社分割における労働者への通知など、各種の手続きは株主総会の開催期日を中心として集約的に決定されます。会社法では手続きの時間的な先後関係は問題とはされていませんので、官報公告や個別催告という債権者保護手続きを株主総会の承認決議の前に実施することもできますが、実務上は、株主総会の承認を受けて直ちに実施するのが一般的でしょう。このように、株主総会の開催期日は、効力発生日または会社の成立日と並んで、スケジュール調整の要となります。

③書面決議の活用

　株主総会は、たとえ100％子会社であっても実際に開催することには意味があります。親会社の担当者が子会社を訪問して、株主総会に出席し決議を行うことは、親会社の担当者と子会社の経営者とのコミュニケーションにもつながります。もっとも、親会社としては株主総会の開催期日前までに、子会社の組織再編について実質上の意思決定は終了していますので、株主全員が賛成する旨の同意書の提出による書面決議も活用できます。企業グループ内の組織再編では、株主総会の書面決議の活用により、迅速に手続きを進めることも重要です。

④反対株主の株式買取請求権

　株式会社が組織再編をする際、反対株主には、株式買取請求権が認められています。反対株主とは、株主総会決議に先だって会社に対して組織再編に反対する旨を通知し、かつ総会で反対した株主と、単位未満株主のように議決権を行使できない株主をいいます。株式買取請求権が行使されると、会社はその株式を公正な価格で買い取らなければならず、買取価格の交渉が成立しないときは裁判所による価格決定へと進みます。このため、企業グループ内の組織再編であっても、少数株主がいる会社の再編においては株式買取請求権に留意し、事前折衝が重要なポイントとなることがあります。

⑤実務上の留意点

　株主総会の承認を受けるまでのスケジュール調整は、実務上のポイントです。例えば、子会社Aと子会社Bで吸収分割を行うとき、親会社も含めて3社がかかわりますが、一般的には各社の経営会議と取締役会を経て、子会社Aと子会社Bの株主総会となります。3社における会議の日程調整が必要ですが、親会社の役員が子会社Aと子会社Bの両社の取締役を兼任しているときは、この役員が3社の経営会議や取締役会に出席できるように調整していくこととなります。

　また、株主総会の決議事項として吸収分割契約書の承認の他にも、定款の変更、役員の選任、剰余金の配当、減資や増資、役員報酬の変更などの決議が組織再編の決議に伴って必要となることもあります。その場合、吸収分割契約書の承認を条件とする決議事項であれば、その議案の順序は吸収分割契約書の承認議案の後となります。また、分割に際し新たに取締役となる者を選任するのであれば、その就任時期は会社分割の効力発生日とするなど、議案の細部にわたっての注意が必要です。

4　債権者保護手続きにかかわる検討項目

①官報公告

　債権者保護手続きでは、官報による公告は必須です。官報公告は文章も定型的で、行数も10行から20行程度の短いものです。原稿の雛形を官報販売所HPから

ダウンロードして、あるいは官報に掲載されている公告をベースとして作成し、官報販売所に申込みます。申込みに当たって、登記簿謄本等の提出や提示は必要ありません。官報公告は短いものですが、組織再編の登記の添付書類ですから、特に商号、本店の住所、代表者氏名は商業登記どおりに記載し、間違えてはなりません。仮に間違えたときは、軽微の誤りであれば訂正公告をすればいいので検討して下さい。

②個別催告

　個別催告は、個別催告書を、組織再編ごとに対象とされる会社の債権者全てに対して発送する方法で行います。しかしながら、少額の債権者を対象とする必要性は乏しいですので、実務上は一定の金額以上の債権者などに限定して行います。ただし、取引関係を考慮して、金額に関わらず発送しておいた方がいいと思われる債権者、例えば金融機関に対しては発送先に加えます。

　なお、定款で定める会社の公告方法が日刊新聞紙への掲載か電子公告のとき、これによって公告するときは個別催告書の発送は不要となります。この場合、日刊新聞紙への掲載は費用がかかります。電子公告も、電子公告調査機関に調査の委託が必要で、電子公告調査報告通知書が登記の添付書類となっています。

③実務上の留意点

　官報公告の申込みは、掲載日の1週間前とされています。公告方法が官報と定められている場合で、計算書類の公告をしていないときは、それも同時に行うため少なくとも2週間前です。掲載の申込日程は、余裕を見てスケジュールを立てて下さい。

　この債権者保護手続きが終了しないと、合併や分割などの組織再編の効力は生じません。そこで、組織再編の効力発生日や会社成立の日は、官報公告の掲載日の翌日かつ個別催告書の到達の翌日から1カ月間の債権者の異議申出期間を経過した後に設けるよう、スケジュール調整していきます。

【個別催告書の例】

催 告 書

拝啓　時下ますますご清栄のこととお慶び申し上げます。
　さて、当会社は、平成□□年□□月□□日付け合併契約により、株式会社乙社（住所：□□県□□市□□□一丁目2番3号）を合併してその権利義務一切を承継し、株式会社乙社は解散することにいたしました。
　つきましては、これに対して異議がございましたら、本催告書到達の翌日から1箇月以内にその旨をお申し出下さるよう、会社法の規定に基づき催告いたします。
　なお、各社の最終の貸借対照表の開示状況は次のとおりです。
　　　　　株式会社甲社　http://www.kousha･･･.co.jp
　　　　　株式会社乙社　掲載紙　官報
　　　　　　　　　　　　掲載の日付　平成□□年□□月□□日
　　　　　　　　　　　　掲載頁　□□頁（号外第□□□号）

敬具

平成□□年□□月□□日

　　　　□□県□□市□□□三丁目2番1号
　　　　株式会社甲社
　　　　代表取締役　□□　□□

5　組織再編と開示

①会社法の開示

　合併や分割、株式交換、株式移転という組織再編を行う際には、所定の事項を記載した書面を作成し、本店に備え置かなければなりません。吸収合併契約などの基本的書面や対価の相当性等を記載した組織再編前に作成する書面を事前開示書類、承継した権利義務や手続きの経過等を記載した組織再編直後に作成する書面を事後開示書類といいます。本店に備え置いた事前開示書類および事後開示書類については、会社は、株主や会社債権者から請求があれば閲覧および謄写をさせなければなりません。備置きは、合併や吸収分割、株式交換では効力発生日、新設分割や株式移転では会社成立の日から6カ月間経過するまで行います。閲覧

図表Ⅲ-8-6 吸収合併における開示書類の内容

事前開示書類の内容	
吸収合併消滅株式会社	吸収合併存続株式会社
・吸収合併契約の内容 ・対価の相当性および割当ての相当性に関する事項 ・対価の全部または一部が吸収合併存続株式会社の株式であるとき、存続会社の定款 ・対価の全部または一部が吸収合併存続株式会社以外の法人の株式、持分、社債などであるとき、その法人の定款、過去5年間の貸借対照表など ・新株予約権の取扱いについての定めの相当性に関する事項 ・吸収合併存続株式会社の最終事業年度の計算書類、事業報告、監査報告、会計監査報告および重要な後発事象 ・自社の重要な後発事象 ・吸収合併存続株式会社の債務の履行の見込みに関する事項 ・備置開始日から記載事項に変更が生じたときは、変更後の事項	・吸収合併契約の内容 ・対価の相当性および割当ての相当性に関する事項 ・新株予約権の取扱いについての定めの相当性に関する事項 ・吸収合併消滅株式会社の最終事業年度の計算書類、事業報告、監査報告、会計監査報告および重要な後発事象 ・自社の重要な後発事象 ・吸収合併存続株式会社の債務の履行の見込みに関する事項 ・備置開始日から記載事項に変更が生じたときは、変更後の事項
吸収合併存続株式会社における事後開示書類の内容	
・合併によって承継した吸収合併消滅株式会社の権利義務 ・吸収合併が効力を生じた日 ・吸収合併消滅株式会社における反対株主の株式買取請求、新株予約権買取請求、債権者保護手続きの経過 ・吸収合併存続株式会社における反対株主の株式買取請求、債権者保護手続きの経過 ・合併により承継した重要な権利義務に関する事項 ・吸収合併消滅株式会社が事前開示した書面の記載事項 ・その他吸収合併に関する重要な事項	

謄写請求がされることはほとんどないでしょうが、この事前開示書類と事後開示書類は法定の書類ですのできちんと作成します。そして、備置き期間が終了した後も、組織再編の基本書類として、文書管理規程などに従って所定の期間、保管しておきます。

②金融商品取引法の開示

有価証券報告書を提出している会社にあっては、自ら組織再編をする際に、あるいは子会社が組織再編をする際に、臨時報告書を提出しなければならないことがあります。次は、有価証券報告書提出会社の組織再編において、臨時報告書を

提出すべきケースです。
- 特定子会社の異動
- 完全親会社となる株式交換契約の機関決定（子会社となる会社の資産の額が提出会社の純資産額の10％以上、子会社となる会社の売上高が提出会社の3％以上）
- 完全子会社となる株式交換契約の機関決定
- 株式移転の機関決定
- 吸収分割の機関決定（提出会社の純資産額が10％以上増減、提出会社の売上高が3％以上増減）
- 新設分割の機関決定（提出会社の純資産額が10％以上減少、提出会社の売上高が3％以上減少）
- 存続会社となる吸収合併の機関決定（提出会社の純資産額が10％以上増加、提出会社の売上高が3％以上増加）
- 消滅会社となる吸収合併の機関決定

また、吸収合併消滅会社、株式交換完全子会社となる会社、分割型分割における吸収分割会社と新設分割会社、株式移転完全子会社となる会社が発行者である株券の所有者が多数の者である場合として政令で定める場合には、有価証券届出書の提出が必要です。

③適時開示

上場会社では、取引所規則に従って、自ら合併や会社分割、株式交換、株式移転をする際には適時開示が必要です。また、子会社が組織再編を行うときは、軽微基準に該当しない限り適時開示が必要です。次は、上場会社の子会社に関する事項で、適時開示を義務づけている規則です。

＜東京証券取引所：有価証券上場規程＞
（子会社等の情報の開示）
第403条
　　上場会社は、その子会社等が次の各号のいずれかに該当する場合（第1号に掲げる事項～～略～～にあっては施行規則で定める基準に該当するものその他の投資者の投資判断に及ぼす影響が軽微なものと当取引所が認めるものを、～～略～～除く。）は、施行規則

> で定めるところにより、直ちにその内容を開示しなければならない。
> (1) 上場会社の子会社等の業務執行を決定する機関が、当該子会社等について次のaからsまでに掲げる事項のいずれかを行うことについての決定をした場合（当該決定に係る事項を行わないことを決定した場合を含む。）
>   a 株式交換
>   b 株式移転
>   c 合併
>   d 会社分割

④開示内容の整合性確保

　特に上場会社では、会社法の開示、金商法の開示と適時開示が必要となるケースがあります。これらの開示内容は、その整合性が確保されなければなりません。子会社が合併や分割をするときは、会社法の開示は合併や分割をする子会社が主体となり、金商法の開示や適時開示は親会社である上場会社が主体となります。しかも、開示は適時開示と臨時報告書の提出から始まり、事前開示書類の備え置き、事後開示書類の備え置きとなるのが通常です。このように、開示の時期が異なるだけでなく、開示に責任を負う主体が分かれるときは、特に開示内容が不整合とならないよう注意が必要です。

6　許認可にかかわる検討項目

①合併や分割における許認可の取扱い

　合併や分割をしようとする会社が営んでいる事業が許認可事業であるとき、その許認可事業が、合併や分割においてどう扱われるかについては、それぞれの事業法によって異なります。一般貨物自動車運送業の許可のように許認可事業を営む会社の合併や分割に行政庁の許可が必要とされるもの、すなわち許可がなければ合併や分割ができないものや、建設業の許可のように合併や分割で承継されることがなく新規に許可を受けなければならないもの、倉庫業の登録のように合併や分割によって許認可を受けた地位が承継され所定の期間内の届出だけですむものもあります。合併や分割時の許認可がどのようになるのかは、法律で定めておくべき事項ですから、許認可の根拠となっている事業法に当たって確認していく

図表Ⅲ-8-7　許認可の取扱例

	合　併	分　割	根拠法
一般貨物自動車運送事業	合併には国土交通大臣の認可が必要。ただし、一般貨物自動車運送事業を営まない会社が消滅会社となって一般貨物自動車運送事業を営む会社が存続会社となる合併のときは不要	分割には国土交通大臣の認可が必要。ただし、一般貨物自動車運送事業者たる会社が分割をする場合において一般貨物自動車運送事業を承継させないときは不要	貨物自動車運送事業法30条2項
建設業	消滅会社の建設業の許可は存続会社に承継されない。消滅会社の役員は、30日以内に廃業の届出が必要。存続会社で新規許可の申請	分割会社の建設業の許可は承継されない。分割会社の役員は、30日以内に廃業の届出が必要。承継会社または新設会社で新規許可の申請	建設業法12条2号5号
倉庫業（発券倉庫業者を除く）	消滅会社の倉庫業の登録は存続会社に承継される。存続会社は継承の日から30日以内に国土交通大臣に届出	分割会社の倉庫業の登録は承継会社又は新設会社に承継される。承継会社又は新設会社は30日以内に国土交通大臣に届出	倉庫業法17条2項3項

ことになります。

②合併や分割における許認可の重要性

　事前の許可が必要なときはむろん、事後の届出ですむ場合でも、その手続きが円滑に進まないと合併や分割に影響が生じます。許可がなければ合併や分割ができないときは、許可なしには合併や分割の効力は生じませんし、登記手続でも、官庁の許可書が添付書類とされています。新規の許可をとらなければならないときは、必要な許可を受けることなく事業を営むと無許可営業となります。許認可は、合併や分割において細心の注意を払うところです。

③申請時の実務上の留意点

　会社における許認可事業は、経営管理部門で全て把握し切れていないこともありますから、合併や分割における許認可は、全社の許認可の洗い出しから始まります。根拠となる事業法令やその許認可に関連する通達などを丹念に調べていき、合併や分割を行った同業他社からの情報収集、業界団体への照会、合併や分割時の許認可の取扱いを掲載している官庁HPの調査など十分な準備を行います。そして、一定程度の情報収集がなされた段階で、許認可事務を担当する官庁の窓口

担当者に相談します。また、実際の申請を行う前に、準備書類を持参してアドバイスを受けることが適切です。

④許認可に関連する検討課題

　合併や分割による許認可の影響として、例えば、建設業では新規の許可取得によって経営事項審査がどのようになるのか、重要な検討課題です。また、新規の許可番号は、従来の許可番号とは異なる新しい番号ですので、業界における信用への影響も課題となります。

7　新設分割設立会社の定款作成

　新設分割計画書を作成する際に不可欠な新会社の定款に関して、実務上のポイントを取り上げます。

①商号

　会社法改正前の商法には、同一市町村内における同一営業のための同一商号の禁止規定があり、類似商号も禁止されておりました。このため、会社設立時の商号選定には相当の注意が必要でしたが、会社法では同一住所に同一商号が禁止されるだけとなり、このような制約はなくなりました。もっとも、不正目的で他の会社と誤認されるような商号の使用は許されないことに変わりありません。商号の選定においては、不正競争の目的と疑われることのないよう注意が必要です。

②目的

　新設分割設立会社が営む事業目的を記載します。会社の目的は、出資をする株主にとってはその目的を通して配当やキャピタルゲインという営利を図ることであり重要な意義があります。そこで、目的の記載は具体的であることが必要とも考えられますが、会社法施行後は会社の目的の記載は当事会社の意思に委ねられ、会社が定款に定めれば「商業」や「商取引」等の抽象的・包括的な記載でも認められます。もっとも、目的が不適法なもの、公序良俗に反するものや、記載内容の不明確なものなどは従来どおり登記することはできません。なお、新設分

図表Ⅲ-8-8　株式会社の機関設計

	公 開 会 社	株式譲渡制限会社	
大会社	取締役会 ＋ 監査役会 ＋ 会計監査人	(1) 取締役 ＋ 監査役 ＋ 会計監査人 (2) 取締役会 ＋ 監査役 ＋ 会計監査人 (3) 取締役会 ＋ 監査役会 ＋ 会計監査人	会計監査人の設置義務
中小会社	(1) 取締役会 ＋ 監査役 (2) 取締役会 ＋ 監査役 ＋ 会計監査人 (3) 取締役会 ＋ 監査役会 (4) 取締役会 ＋ 監査役会 ＋ 会計監査人	(1) 取締役 (2) 取締役 ＋ 監査役 (3) 取締役 ＋ 監査役 ＋ 会計監査人 (4) 取締役会 ＋ 会計参与 (5) 取締役会 ＋ 監査役 (6) 取締役会 ＋ 監査役 ＋ 会計監査人 (7) 取締役会 ＋ 監査役会 (8) 取締役会 ＋ 監査役会 ＋ 会計監査人	
	取締役会の設置義務	（委員会設置会社は除く）	

割設立会社が許認可事業を営むためには、許認可の申請手続において商業登記簿謄本を添付することが必要とされています。商業登記の目的欄には、許認可を受けようとする事業が適切に記載されていなければなりません。

③本店の所在地

　本店の所在地とは、本店を設ける市町村（東京23区では区）です。本店の具体的な所在場所は、この所在地の中で定めます。

④機関設計

　株式会社の機関設計は図表Ⅲ-8-8のように多様ですが、新設分割によって会社を設立するとき、分社型分割で設立する会社は100％子会社となりますから、資本金は5億円未満の中小会社で株式譲渡制限会社とするのが一般的です。そうすると、会社の機関設計は取締役会と監査役が選択されることになるでしょう。このとき、多くのケースでは、取締役の員数、監査役の員数と取締役の任期を1年に短縮するか否かが実務上の検討課題とされます。この他、監査役の監査範囲を会計監査に限定するか、一般の監査役と同様に業務監査も行うべきか否かが課題となります。

8 労働契約承継法に係る検討項目～会社分割の重要ポイント～

　会社分割においては、分割会社と労働者の雇用契約が労働者の理解なしに吸収分割承継会社または新設分割設立会社に承継されることがないよう、労働者の保護のために労働契約承継法等が制定されています。

①手続きの概略
　労働契約承継法等における手続きは、次の4段階です。
　(1) 労働者の理解と協力
　　労働者の過半数で組織する労働組合がある場合にはその労働組合、その労働組合がない場合には、労働者の過半数の代表者と協議します。
　(2) 労働者個人との事前協議
　　承継される事業に従事している労働者一人ひとりに対して、会社分割の背景、目的、分割後の会社概要などを説明し、本人の希望を聴取した上で、労働契約の承継の有無、承継される場合またはされない場合、それぞれの今後の業務内容、就業場所などを協議します。また、法律には定めていないものの、承継される事業に従事していない労働者で、会社分割にあたり労働契約を承継させる労働者がいれば、同じように協議します。
　(3) 労働者と組合への通知
　　労働契約承継法に定める会社分割に関する事項を、書面で通知します。
　　＜通知する労働者＞・承継される事業に主として従事する労働者
　　　　　　　　　　　・上記以外の労働者であって、承継会社に承継される労働者
　　＜通知する組合＞　・会社との間で労働協約を締結している労働組合
　(4) 労働者からの異議申出
　　異議申出ができるのは、次の労働者です。
　　(ｱ) 承継される事業に主として従事する労働者を、分割会社に残留させる場合
　　(ｲ) 上記以外の労働者を、承継会社または設立会社に承継させる場合
　　(ｱ)の労働者は、分割契約書または分割計画書では承継対象から外していま

すが、異議申出があれば、労働者の雇用契約は承継会社または設立会社へ承継されます。(イ)の労働者は、分割契約書または分割計画書では承継対象として記載していますが、異議申出があれば、承継会社または設立会社に承継させることはできなくなります。

②実務上の留意点

　会社分割では、労働者は現に勤務している会社から承継会社または新設会社という別会社に移ることとなります。別会社への移し方として、出向や転籍もあります。ただ、労働契約承継法の手続きを踏めば、承継される事業に従事している労働者にあっては、転籍と異なり本人の同意なしに雇用契約を別会社に承継させることはできます。

　しかし、勤務している会社が変わることへの労働者への配慮が十分になされないと、会社分割はスムーズに進みません。さらに、分割後の会社の経営課題を円滑に達成することも難しくなります。分割による経営課題の実現の基本は、分割における労務問題の円滑な処理にあることを認識しておいて下さい。

第9章

株主総会承認から新体制発足までの主な検討事項と実務ポイント

1 登記関連の手続き

①商業登記の留意点

　組織再編の登記は、役員の就任登記や退任登記などと異なり複雑で一般的ではありません。様々な書類も整えなければなりませんし、しかも、内容のチェックは細かく多岐にわたります。このため、早い段階から組織再編の登記に慣れた司法書士に依頼をして、組織再編の手続き上のアドバイスも受けながら、登記申請を委任するのが適切です。

　登記の申請は吸収合併や吸収分割では効力発生日から2週間以内であり、株式交換で登記申請が必要なときも同様です。しかし、実務上、組織再編の登記申請は効力発生日に行います。その日が土曜日や日曜日、国民の祝日等で登記所が業務の取扱いをしていないときは、業務開始後の直近の日に申請します。そして、組織再編がなされた旨の登記事項証明書を直ちに発行してもらい、官公庁の届出や許認可にかかわる申請などにつなげます。

②根抵当権登記について

　根抵当権は、合併や分割のとき、請求によって元本が確定することがあります。まず、債務者が合併したとき、または債務者が分割会社となる分割をしたとき

図表Ⅲ-9-1　合併・分割と根抵当権の元本確定

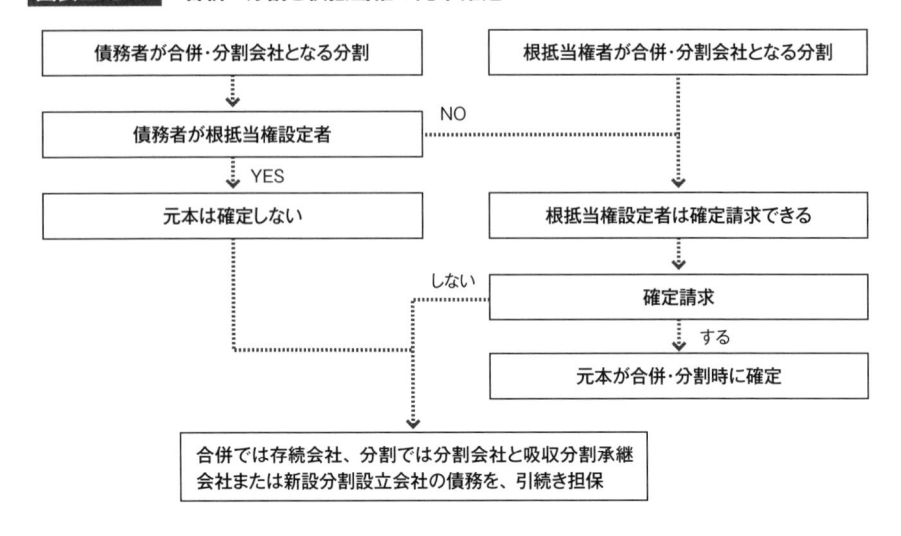

```
┌──────────────────────────┐         ┌──────────────────────────┐
│債務者が合併・分割会社となる分割│         │根抵当権者が合併・分割会社となる分割│
└──────────────────────────┘         └──────────────────────────┘
            │                 NO                  │
            ▼                                     ▼
┌──────────────────────────┐         ┌──────────────────────────┐
│   債務者が根抵当権設定者    │         │根抵当権設定者は確定請求できる│
└──────────────────────────┘         └──────────────────────────┘
            │ YES                                 │
            ▼                          しない     ▼     する
┌──────────────────────────┐    ┌────→ 確定請求 ────┐
│     元本は確定しない        │    │                    ▼
└──────────────────────────┘    │         ┌──────────────────────────┐
            │                    │         │  元本が合併・分割時に確定  │
            ▼                    │         └──────────────────────────┘
┌────────────────────────────────────────────────────────────────┐
│合併では存続会社、分割では分割会社と吸収分割承継会社または新設分割設立会社の債務を、引続き担保│
└────────────────────────────────────────────────────────────────┘
```

は、第三者が根抵当権を設定している場合には、この第三者つまり物上保証人は根抵当権の確定請求をすることができます。物上保証人は債務者のために担保提供しているところ、合併や分割によって予期しない会社の債務のために担保提供することがないようにしたものです。物上保証人が元本の確定請求をしないときは、合併では存続会社、分割では分割会社と承継会社または設立会社の債務を担保します。次に、根抵当権者が合併したとき、または分割会社となる分割をしたときは、根抵当権設定者は根抵当権の確定請求をすることができます。

　元本の確定請求は、合併や分割を知った日から2週間以内、合併や分割の日から1ヵ月以内と短期間です。

③産活法の活用による登記費用の減免

　組織再編を進めるに当たって登録免許税が高額になるケースがありますが、産業活力の再生及び産業活動の革新に関する特別措置法（産活法）を活用し、会社が事業計画を作成して事業を所管している省庁の認定を受けることができれば、合併や分割時の登録免許税や不動産登記の登録免許税などを軽減することができます。

2 独占禁止法の手続き

①事前届出義務

図表Ⅲ-9-2のような規模の大きい会社が、合併や分割、共同株式移転、株式交換を行う場合、独占禁止法で事前届出義務が課せられます。当事会社は、公正取引委員会にあらかじめ合併等の計画を届け出て、公正取引委員会の届出受理の日から30日を経過するまでは、合併等をすることができないとされています。

②同一の企業集団では不要

上の要件に該当する2つ以上の会社が合併、分割、共同株式移転や株式交換をするときでも、すべての組織再編を行う会社が、同一の企業集団に属するときは、事前届出は不要です。

同一の企業集団とは、図表Ⅲ-9-3のように、会社および当該会社の子会社

図表Ⅲ-9-2　組織再編と独占禁止法の事前届出義務

合併	国内売上高合計額が200億円超	国内売上高合計額が50億円超
共同新設分割	全部承継会社の国内売上高合計額が200億円超	全部承継会社の国内売上高合計額が50億円超、または重要部分承継会社の譲渡対象部分の国内売上高が30億円超
	全部承継会社の国内売上高合計額が50億円超	重要部分承継会社の譲渡対象部分の国内売上高が100億円超
	重要部分承継会社の譲渡対象部分の国内売上高が100億円超	重要部分承継会社の譲渡対象部分の国内売上高が30億円超
吸収分割	全部承継会社の国内売上高合計額が200億円超	分割承継会社の国内売上高合計額が50億円超
	全部承継会社の国内売上高合計額が50億円超	分割承継会社の国内売上高合計額が200億円超
	重要部分承継会社の分割対象部分の国内売上高が100億円超	分割承継会社の国内売上高合計額が50億円超
	重要部分承継会社の分割対象部分の国内売上高が30億円超	分割承継会社の国内売上高合計額が200億円超
共同株式移転	国内売上高合計額が200億円超	国内売上高合計額が50億円超
株式交換	株式取得会社の国内売上高合計額が200億円超	株式発行会社とその子会社の国内売上高を合計した額が50億円超

図表Ⅲ-9-3　同一の企業集団

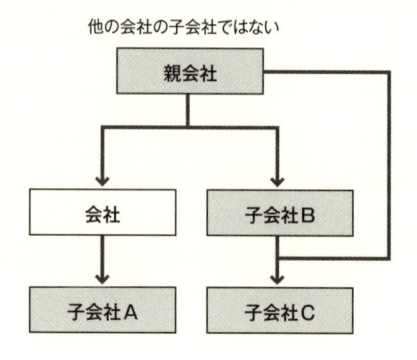

```
        他の会社の子会社ではない
                │
              親会社─────────┐
              ┌─┴─┐          │
             会社  子会社B      │
              │     │          │
           子会社A  子会社C     │
```

(A) 並びに当該会社の親会社であって他の会社の子会社でないものおよび当該親会社の子会社（BおよびC）から成る集団のことをいいます。なお、子会社の判定基準は支配力基準が採用されており、議決権の過半数を有している場合の他に経営を支配しているときは子会社に該当します。企業グループ内の組織再編においては、独占禁止法で定める同一の企業集団で行う限りは、同法の手続きを考慮する必要はありません。

3　人事・労務の諸手続き

①人事制度の再設計

　合併や吸収分割は組織と人の統合ですので、合併や吸収分割直後は両社の組織と人事制度を並行して運用できても、やがて統合することが必要です。従業員の給与や退職金などの処遇も、一元化を目指していかねばならないところです。もっとも、給与規程や退職金規程の変更は就業規則の変更ですので、不利益変更の禁止に留意する必要があります。一般に、給与制度の統一は数年程度で実施の見通しができますが、退職金や退職年金制度の統一は難しいところがあります。

②社会保険の手続き

　合併や分割では、従業員の勤務している会社が変わりますから、厚生年金、健康保険、雇用保険や労災保険などの事務手続きが必要です。

厚生年金基金は、合併では消滅会社に基金がある場合、存続会社の基金への移行や、存続会社に基金がないときは脱退などが課題となります。分割の場合も同様で、分割会社に基金がある場合の移行方法や、基金がないときの脱退などが課題です。厚生労働大臣の承認や認可を要する基金の規約変更が必要で、十分な検討と多方面の調整もありますから、早期に対応すべきです。なお、基金からの脱退には、脱退一時金の必要なケースが多くみられます。

　なお、合併や会社分割の当事会社が異なる企業年金制度を採用している場合、その統合が検討課題となります。

③持株会その他

　合併や吸収分割では、福利厚生制度の統合後のあり方も重要な課題です。

　また、従業員持株会を運営している子会社同士が合併するとき、持株会も統合されます。しかし、消滅会社の従業員株主に合併比率によって割り当てられる存続会社の株式数によっては、配当金額が変化したり、退職時の買取価格が変化したりしますので、これによって消滅会社の従業員株主が利益を享受しても不利益を被っても課題を残すことになります。

4　組織関連の諸課題

　組織再編を行ったときは、会社組織の見直しが必要となります。組織再編の目的、再編の規模や内容、事業規模や事業の種類・内容、従来の制度設計、社風や将来への見通しその他様々な要素によって各社でバリエーションがありますが、基本的に見直しが必要な項目を挙げておきます。

・取締役会規則、監査役規則、監査役監査基準などの整備
・組織再編に伴う会社の組織図の作成
・組織規程、職務分掌規程、職務権限規程の整備
・稟議規程、内部監査規程、コンプライアンス規程の見直し
・内部統制システムの整備
・社内の会議体の整理とそのメンバーの再確認
・子会社の区分

〜中核的子会社とそれ以外の子会社
　　〜内部統制機能を備えた会社か否かによる区分
・子会社管理体制の整備
・子会社の区分に応じた子会社の権限の整理

5　個別取引契約の見直し

①合併や分割における権利義務の承継

　吸収合併では、消滅会社の権利義務や契約関係を、一括して存続会社が承継します。この承継には、相手方当事者の承諾は不要です。会社分割においても、分割契約書または分割計画書に記載すれば、相手方当事者の承諾を得ずに、吸収分割承継会社または新設分割設立会社に承継されます。このような、合併や分割による権利義務の承継を、一般承継あるいは包括承継といいます。ただ、契約の相手方が合併や分割をすることに備えて、承諾なしに合併や分割がなされたときは、契約を解除する旨の特約は有効とされています。そこで、合併や分割を行うときには、契約書の中にこのような特約が定められていないかを確認する作業が必要となります。

②取引基本契約

　取引当事者の一方が合併や分割をしても、一般的には、取引基本契約の維持に問題は少ないでしょう。

　買い主が合併や分割をするときに、相手方の売り主は売掛金の保全さえできれ

図表Ⅲ-9-4　吸収分割による取引基本契約の承継

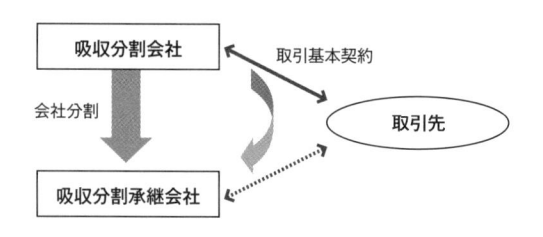

ば、合併や分割を理由に取引基本契約を解消しようとの動機は生じにくいでしょう。反対に、売り主が合併や分割をするときに、相手方の買い主は売り主の合併や分割を理由に取引基本契約を解消しようとの動機は乏しいでしょう。このように、取引契約は、合併や分割によっても解消され難いといえます。もっとも、取引先の合併や分割によって取引の系列関係に変化が生じるときは、取引基本契約を解消する動機となりますが、企業グループ内の組織再編では系列関係の変化はないでしょう。

　ただし、合併や分割を契機に、新規の契約書の作成と契約条件の変更要求がなされることもあります。一般承継ですので、契約内容は変更されないことを前提に、腰を据えて交渉し柔軟な対応が望まれます。

③不動産賃貸借契約

　合併や分割が一般承継である以上、不動産賃貸借契約における賃借人の地位も、合併では存続会社が、分割では吸収分割承継会社あるいは新設分割設立会社が承継することとなります。しかしながら、不動産賃貸借契約には、賃借人が賃借権の譲渡や賃借物の転貸を禁止する条項が設けられていますので、賃貸人の承諾なしになされた賃借権の譲渡は賃貸借契約の解除事由となってきます。もっとも、賃借権の譲渡禁止条項は合併や会社分割を前提にこれを明記して定められているものではなく、不動産賃貸借契約には賃借人の合併や会社分割をすることに備えた特約は多くはありません。

　このため、賃借人が合併や会社分割をするときは、一つひとつの不動産賃貸借契約書に当たって契約条項を確認します。そして、例えば親子会社間の合併や会社分割に伴う賃借権の譲渡は賃貸人の承認を要しないとの明確な定めがあるような場合を除いて、賃貸人に予め説明し、承認を求める作業が必要となります。その際、一般の賃借権の譲渡と異なる企業グループ内の組織再編である以上、賃借している不動産の利用実態に変更がなく、かつ賃料支払の信用力にも変化がない旨を説明して、了解を得るように努めます。ただ、立ち退きや賃料改定などのトラブルを抱えた賃貸人への対応については、弁護士のアドバイスを受けながら進めていくことが必要です。

6　庶務関連その他の手続き

　合併や分割、株式交換、株式移転などの組織再編をする際には、前ページまでに取り上げた組織再編を進める上での必要手続きの他にも、様々な業務や実務作業が発生します。それぞれの所管部署が組織再編に必要となる業務を洗い出し、経営管理部門でそれを把握して、全体の調整を図りながら進めていく必要があります。その内容は組織再編によっても異なりますし各社でバリエーションもありますが、ここでは、様々な項目がある中でそのいくつかを挙げておきます。

- 会社の公式案内状の作成
- 挨拶状の手配
    - 発送先に応じた挨拶状の文案作成　〜販売先、仕入先、業務委託先、株主など
    - 挨拶状の発送先の選定と発送先リストの作成
    - 挨拶状の印刷、発送
- 新会社設立時の労務関係
    - 就業規則の作成、労働者代表の意見聴取、労基署への届出
    - 労使協定の締結と労基署への届出　〜三六協定や事業場外労働のみなし労働時間の協定等
    - 労使協定の締結　〜賃金の一部控除に関する協定等
- 新会社の設立あるいは商号変更などに伴う各種の作業
- 看板の作成、変更
    - 封筒や名刺などの準備、社名入り事務用品の調達
    - ドメインやメールアドレスの新規取得
    - HPの作成、変更
    - 新しい制服、ユニホームの調製
- 新たな契約の締結
    - 会社分割のとき事業に使用する不動産を承継させないときは、不動産賃貸借契約の締結

- ・会社分割に伴って生じる親会社、子会社あるいは関係会社間の取引基本契約の締結
  - ・親会社と子会社間の経営指導料に関する契約の締結
  - ・組織再編に伴う従業員の出向があるときは、出向協定の締結
- ・加盟団体への手配
  - ・加盟団体の変更の検討　～会社分割のとき承継会社（新設分割会社）が加盟するか～
  - ・新会社設立に伴う加盟団体への加入検討
- ・商号や目的変更に伴う各種の変更届出
  - ・官公庁、諸団体等への届出
  - ・商号変更に伴う不動産の変更手続き
  - ・商標や特許権登録等の変更手続き
- ・その他
  - ・ISO認証の取扱いの検討
  - ・プライバシーマークの取扱いの検討
  - ・各種認証規格の取扱いの検討

索　引

《ア行》

一般承継 …………………………………… 220
移転事業規模継続要件 ……………………… 136
移転損益 …………………………………… 108
移転対価 …………………………………… 200

《カ行》

海外子会社への現物出資 …………………… 154
会社分割 ………………………………… 41、176
合併 ……………………………………… 47、174
合併対価 …………………………………… 188
株式移転 ………………………………… 45、182
株式継続保有要件 ………………………… 126
株式交換 ………………………………… 46、180
株式等の交付要件 ……………………… 32、125
株式等の取得価額 ……………………… 133、149
株式の譲渡損益 ……… 129、131、147、154
株主総会の書面決議 ……………………… 203
簡易組織再編 ……………………………… 183
間接取得 …………………………………… 117
完全支配関係 ……………………………… 127
完全支配関係継続要件 …………………… 127
官報公告 …………………………………… 204
関連会社 …………………………………… 91
機関設計 …………………………………… 212
企業結合 …………………………………… 78
基本合意書 ………………………………… 186
逆取得 ……………………………………… 81
吸収合併 ………………………………… 47、174
吸収分割 ………………………………… 41、176
共通支配下の取引 ………………………… 78
共通支配下の取引等 ……………………… 77
共同支配企業の形成 ……………………… 95
共同支配投資企業 ………………………… 95
業務移管 …………………………………… 44

繰越欠損金の引継ぎと使用制限 ………… 134
グループ法人税制 ……………………… 15、152
経営参画要件 …………………………… 126、136
結合企業 …………………………………… 78
　　――の株主 ……………………………… 104
結合後企業 ………………………………… 78
結合当事企業 ……………………………… 78
現物出資 ………………………………… 49、154
現物配当 …………………………………… 114
現物分配 …………………………………… 49
　　――による収益 ……………………… 132
交換損益 …………………………………… 109
交換対価 …………………………………… 197
効力発生日の変更 ………………………… 198
子会社 ……………………………………… 89
個別催告 …………………………………… 205

《サ行》

債権者保護手続き ………………………… 204
最後に支配関係があることとなった日 … 137
産活法 ……………………………………… 216
時価純資産価額を計算した場合の特例
　　………………………………………… 141、145
時価評価資産 ……………………………… 131
識別可能資産 ……………………………… 83
事業関連性要件 ………………………… 126、136
事業規模比較要件 ……………………… 126、136
事業継続要件 …………………………… 32、126
事業承継税制 ……………………………… 29
事業譲渡 …………………………………… 43
事業分離 …………………………………… 78
事業を移転しない組織再編の場合の特例
　　………………………………………… 142、145
事後開示書類 ……………………………… 207
資産調整勘定 ……………………………… 149

資産等の移転損益	128、130、132
資産等の受入価額	133
資産の時価評価	131
事前開示書類	207
事前届出義務	217
支配関係	127
支配関係継続要件	32、125
従業者引継要件	32、126
集権・分権バランス	37
取得	78
取得企業	78
取得原価	82
取得原価の配分	83
主要資産等引継要件	32、127
純資産の部	119
少数株主との取引	92
譲渡損益調整資産の譲渡損益の繰延べ	153
消費税	160
新設合併	47、174
新設分割	42、178
人的分割	192
税効果会計	116
税制適格要件	31、124
存続事業規模継続要件	136

《タ行》

抱合せ株式消滅差損益	110
タックスヘイブン対策税制	156
直接取得	116
適格現物分配	50、127
適時開示	208
適正な帳簿価額	89
同一の企業集団	218
投資の継続	96
投資の清算	97
登録免許税	159、160、216
特定現物出資	155
特定資産	143
特定資産譲渡等損失相当額	140
特定資産譲渡等損失の損金算入制限	142
特定引継資産	143
特定保有資産	143
特定役員	126
特別支配会社	185

《ナ行》

のれん	84、106
のれん償却	113

《ハ行》

パーチェス法	80
反対株主の株式買取請求権	204
被結合企業	78
被結合企業の株主	103
被取得企業	78
物的分割	192
不動産取得税	159
負ののれん	84、108
分割型分割	192
分割対価	191、194
——の剰余金配当	191、196
分社型分割	192
分離先企業	78
分離元企業	78
分離元企業の会計処理	95
包括承継	220
包括的租税回避防止規定	157

《マ行》

みなし共同事業要件	136
みなし配当	129、146、154
持分変動差額	111

《ラ行》

略式組織再編	184
臨時報告書	207
労働契約承継法	213

著者紹介

みずほ総合研究所株式会社

ハイレベルなリサーチ部門とソリューション部門に加え、独自の法人会員制度を擁する日本有数のシンクタンク。「多面的でクオリティーの高い調査研究活動と積極的な情報発信・政策提言」を行うとともに、「企業や官公庁の課題解決ニーズに応える実効性の高いコンサルティング」「会員企業の日々の事業活動に役立つ多彩なビジネスサービス」を展開している。高水準のリサーチ力と提言力、実践的なソリューションには定評がある。
URL　http://www.mizuho-ri.co.jp

あいわ税理士法人

2002年11月、藍和共同事務所を母体として設立された税理士法人。約30名の公認会計士・税理士を擁し、会計・税務コンサルティングをはじめ、株式公開支援、事業承継・相続コンサルティングや企業買収におけるデューデリジェンス業務、組織再編・連結納税支援サービスなどを提供している。
また、各種セミナーの開催・専門誌への情報提供なども積極的に行っている。
URL　http://www.aiwa-tax.or.jp

執筆者紹介

【序章・第Ⅰ部担当】
佐野暢彦（さの のぶひこ）
　　みずほ総合研究所 コンサルティング部 上席主任コンサルタント

【第Ⅱ部担当】
杉山康弘（すぎやま やすひろ）
　　税理士 あいわ税理士法人 パートナー
本間大輔（ほんま だいすけ）
　　税理士 あいわ税理士法人 シニアマネージャー
山口広志（やまぐち ひろし）
　　公認会計士 あいわ税理士法人 シニアマネージャー

【第Ⅲ部担当】
堂本　隆（どうもと たかし）
　　みずほ総合研究所 相談部 主席コンサルタント

グループ内組織再編
2012年4月19日 発行

著者　みずほ総合研究所／あいわ税理士法人
発行者　柴生田晴四
〒103-8345
発行所　東京都中央区日本橋本石町1-2-1　東洋経済新報社
電話 東洋経済コールセンター03(5605)7021
印刷・製本　丸井工文社

本書のコピー，スキャン，デジタル化等の無断複製は，著作権法上での例外である私的利用を除き禁じられています。本書を代行業者等の第三者に依頼してコピー，スキャンやデジタル化することは，たとえ個人や家庭内での利用であっても一切認められておりません。
Ⓒ 2012〈検印省略〉落丁・乱丁本はお取替えいたします。
Printed in Japan　ISBN 978-4-492-53309-3　http://www.toyokeizai.net/